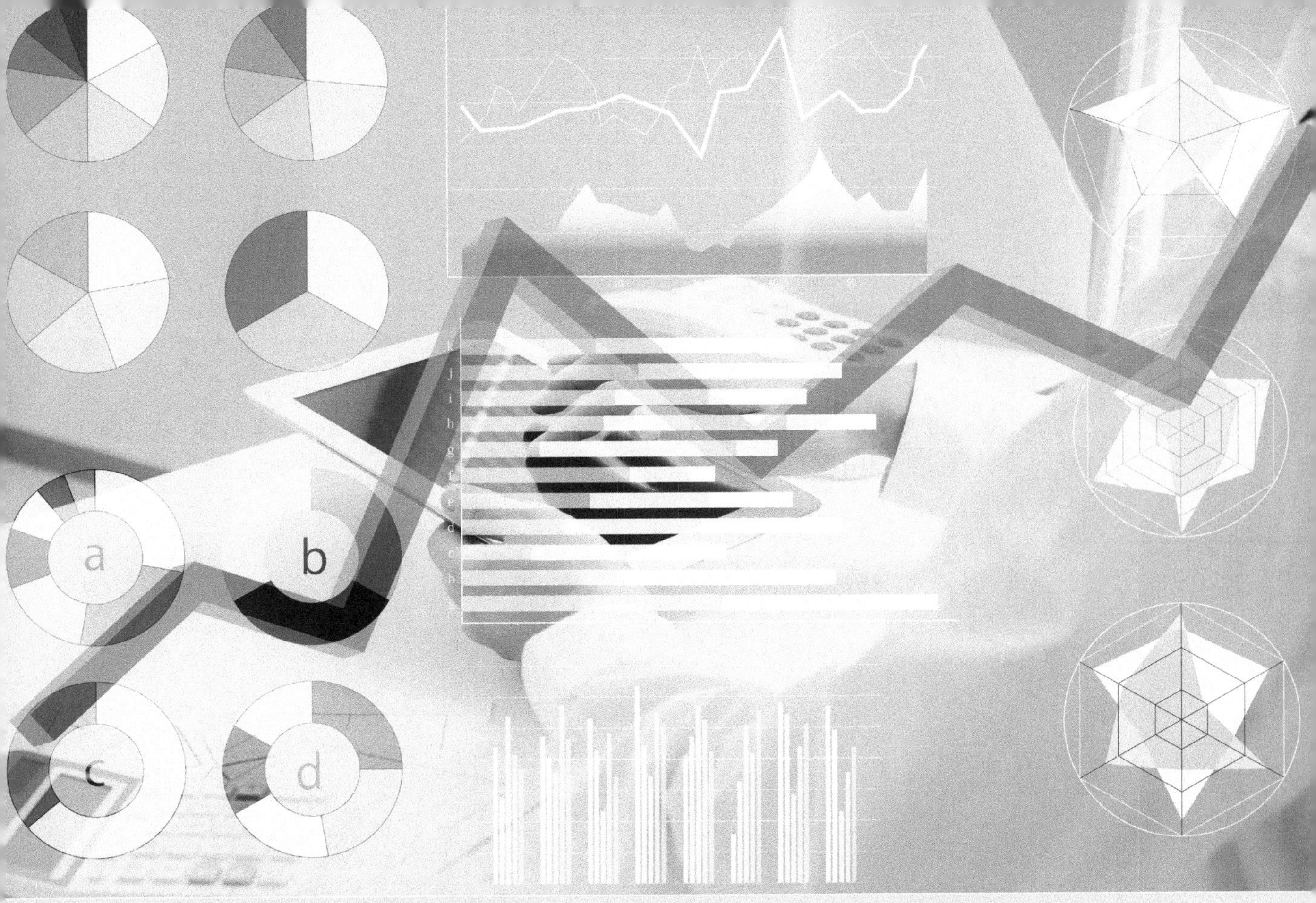

PRINCIPLES *of* ACCOUNTING

K-IFRS

회계의 기본원리

K-IFRS

이중희 · 김영화 · 김혜진 공저

經文社

머리말

회계에 대한 이해는 회계업무 담당자에게만 필요한 것이 아니라 일상적으로 경제생활을 영위하는 모든 사람에게 유용하다. 작든 크든 우리가 속해있는 대부분의 조직에서 이미 회계적인 개념과 용어들이 알게 모르게 깊숙이 자리 잡고 있기 때문이다. 이에 반해 회계학은 과거와는 다른 글로벌한 기업환경에 따라 다소 어려워지고 이해하기 좀 더 힘들어졌다. 기업의 활동이 복잡해지면서 이를 정보화하는 회계학도 같이 복잡해진 부분이 있기 때문이라 생각한다. 하지만 회계학의 기본 골격은 변함이 없으며, 회계의 기본적 틀과 흐름을 이해하고 있다면 회계처리의 다양한 변주도 충분히 이해 가능할 것이다.

회계학을 접할 때 부딪치는 장벽 중 하나는 적지 않은 분량이라고 할 수 있다. 하지만 이 역시 기본 개념을 충분히 이해하고 있다면 더 쉽게 학습범위를 넓혀갈 수 있으리라 생각한다. 따라서 본서는 재무회계의 논리적인 체계와 전체적인 흐름에 대한 기본적인 이해도를 높이고자 노력하였다.

1장에서는 현대 경제체제 속에서 회계의 역할과 사회적 의미를 살펴봄으로써 회계 환경에 대한 거시적인 안목을 갖도록 하였다. 2장과 3장에서 회계의 기초 개념과 재무제표의 기본요소인 자산, 부채, 자본에 대한 학습을 통해 4장의 회계등식을 자연스럽게 받아들일 수 있도록 하였다. 5장에서는 분개를 시작으로 수정전시산표까지 기중의 거래를 기록하는 방법을 본격적으로 살펴보고, 6장에서는 수정분개부터 회계기간이 종료되는 시점까지의 회계처리를 살펴보도록 하였다. 5장과 6장을 통해 회계순환과정을 일주한 경험은 7장과 8장의 재무제표와 기업회계기준을 더욱 잘 이해할 수 있도록 도와줄 것으로 생각된다.

본서는 회계의 원리에 집중하여 전체 흐름을 이해하는 것에 초점을 두었으므로 전공자뿐만 아니라 특히 비전공자의 회계 문해력 향상에도 도움이 될 것으로 생각한다. 아울러 본서는 한국채택국제회계기준의 내용을 반영하여 저술하였으며, 한국채택국제회계기준에서 명확하게 규정하지 않은 내용이나 재무보고서의 양식 등은 일반기업회계기준을 참고하였다.

마지막으로 이 책이 출판될 수 있도록 힘써주신 경문사 한헌주 사장님과 편집부 관계자 여러분께 감사의 인사를 전한다.

2024년 2월

저자 일동

차례

> Principle of Accounting

제 1 장 회계와 사회

생각해 볼 문제

01. 현대 경제사회에서 믿을 수 있는 기업정보가 중요한 이유는 무엇이며, 신뢰할 수 있는 기업정보의 일차적인 책임은 누구에게 있다고 생각하는가?

02. 신뢰성 있는 회계정보라는 사실을 확인하기 위해 마련된 제도적 장치는 어떤 것이 있는가?

03. 회계정보의 인증에 대한 회계감사인의 책임은 어디까지인가?

04. 오늘날 회계윤리가 더욱 중요해진 이유는 무엇인가?

05. 조직의 영속성을 담보하는 요소는 무엇인가?

과거부터 현재까지 인간은 여러 가지 자원을 사용하면서 살아왔다. 원시시대에는 주변에서 구할 수 있는 것들로 의식주를 해결하며 생존했고, 현대에 이르러서는 먼 지역에 있는 자원도 쉽게 이용하면서 이전 시기와 비교할 수 없을 정도로 풍요롭게 생활하고 있다. 그러나 기술의 발전에도 불구하고 필요한 자원은 언제나 한정적이었으며, 인간의 욕망을 채울 수 있는 무한한 자원이란 존재하지 않았다.

역사에서는 항상 제한된 자원을 이용해서 더 빨리 더 우수한 결과를 얻을 수 있는 능력, 즉 효율적으로 자원을 사용하는 능력을 가진 집단이 우월적인 지위를 차지하며 자신들의 영토나 지배력을 확대해왔다. 석기, 청동기, 철기 시대를 거쳐 현재까지 인류의 문명사는 이런 과정의 반복이라 할 수 있다. 원하는 물건을 사기 위해 가격을 검색하고 가성비를 따지는 현대인의 일상에서 한정된 자원으로 더 큰 만족을 얻고자 하는 우리의 욕구를 다시 한번 확인할 수 있다.

이렇듯 효율성을 중시하는 것은 개인뿐 아니라 조직 또한 마찬가지이다. 그중에서도 효율적으로 자원을 사용하고자 하는 개인들의 상호작용이 가장 잘 드러나는 대표적인 조직이 기업이며 조직의 자원에 대한 기록을 회계라 한다.

제1절 기업 활동과 회계

자원은 사회와 조직의 원활한 운영에 큰 영향을 미치는 요소이므로 바빌론 같은 고대 왕국에서부터 현대 기업인 마이크로소프트에 이르기까지 모든 조직은 자원의 조달과 운용에 대해 상세하게 기록하고 관리한다. 이러한 자원의 조달과 운용에 대한 기록이 회계기록이다. 하지만 과거와 현재의 회계기록은 기록방식, 전달하고자 하는 내용 및 목적 등 많은 부분에서 상당히 많이 달라졌다. 과거에는 자원(또는 자금)이 들어오고 나간 것을 단순하게 기록하는 정도였지만, 현대의 회계는 새로운 환경에 따라 생겨난 혁신적인 개념인 복식부기(the double entry system)를 기반으로 하여 체계화되고 복잡해졌다.

복식부기는 하나의 거래를 두 번 이상 적는다는 뜻으로 서로 다른 관점에서 거래를 파악하여 각 관점에 따른 금액을 모두 기록하는 방식이다. 예를 들어 누군가에게 만 원을 빌렸다면 내 손에는 만 원의 지폐가 쥐어졌지만 동시에 훗날 만 원을 갚을 의무가 생기게 된다. 즉, 사용 가능한 자원이 증가했다는 사실과 갚아야 할 빚이 증가했다는 걱정이 있을 수 있다. 이런 관점 모두를 기록하는 것이 복식부기의 기록방식이다. 이렇게 기록된 금액은 정해진 과정에 따라 각각 처리되지만 결국 재무제표에 다시 모이게 되어있다. 따라서 기록된 금액이 서로 같지 않으면 오류가 생겼음을 한눈에 알 수 있게 된다. 관점은 서로 다르지만, 동일한 금액이 두 번 기록되었기 때문이다. 이런 혁신적인 기록 방법은 기업 활동의 변화와 함께 등장하였다.

가내수공업 수준에서 이루어지던 유럽 지역의 생산 활동은 15세기 무렵에 크게 확대되었다. 그 이유는 항해술의 발달로 인해 신대륙과 아시아로 무역대상 지역이 넓어지면서 교역량이 증가하였기 때문이다. 내륙을 통해 이루어지던 아시아의 향신료 공급이 차단되자 가격이 폭등하였고 이런 수요는 사람들의 눈을 바다로 향하게 하였다. 항해술의 발달로 가능해진 항해 무역은 순조로운 항해로 큰 이익을 볼 수도 있지만, 배가 난파하는 경우 모든 손실을 전적으로 책임져야 하는 매우 모험적인 사업이었다.

여기서 관심을 가져야 할 부분은 그들의 무역 규모가 이전 시기보다 커졌다는 점이다. 교역의 규모가 커지면서 배가 난파했을 때 재산을 한꺼번에 모두 잃을 수 있는 위험도 커졌기 때문에 투자자들은 손실이 발생할 위험을 나눌 방법을 찾고자 하였다. 그들이 찾은 방법은 여러 선단에 조금씩 투자하여 위험을 낮추는 투자 포트폴리오를 짜는 것이었다. 즉, 하나의 선단을 꾸리는데 여러 사람으로부터 자금을 조달하는 방법이었다. 그러자 한 번의 항해에 이해관계를 가지는 관련자들이 많아졌다. 경제공동체나 다름없는 그들에게는 서로에 대한 신뢰, 특히 손익의 계산과 분배에 대한 신뢰가 절대적으로 필요하였다. 예나 지금이나 거래는 서로에 대한 신뢰를 바탕으로 하여 이루어지는데, 이 시기에 등장한 것이 복식부기이다. 1494년 프란체스코 수도회의 수도승인 루카 파치올리(Luca Pacioli)가 쓴 「산술, 기하, 비 및 비례총람」이라는 저서에 수록된 복식부기법은 부정을 방지하는 획기적인 기록방식으로 여겨지며, 르네상스 시대의 상업자본의 확장과 함께 신뢰할 수 있는 계산체계를 가진 새로운 기록법으로 정착하였다.

증기기관의 탄생으로 대표되는 18세기 산업혁명은 인간의 노동력에 의존하던 재화의 생산이 기계에 의해 대체되면서 생산량이 폭발적으로 증가하였고 그로 인해 농업 중심의 사회가 급격하게 공업사회로 탈바꿈하게 되었다. 이전보다 더 효율적인 생산을 원하는 기업들은 제조공정에 기계를 도입하기 위해 대규모의 자금을 필요로 하였다. 그러나 자금 조달에 가장 걸림돌이 되는 것은 기업의 손실을 소유주가 전적으로 책임을 져야 한다는 점이었다. 주주가 투자한 자금만큼의 유한책임을 지는 주식회사 제도는 지금은 누구나 알고 있는 상식이지만, 19세기 중반까지만 하여도 특정한 개인이나 조직에만 허용되던 특권이었다. 1862년 영국에 주식회사법이 도입되면서 이런 특권이 사라지고 주식회사의 설립이 자유로워지자 현대적 개념의 주식회사와 증권시장이 등장하게 되었다.

기업으로서는 대규모 자금조달의 필요성이 높아지는 상황에서 투자자들은 손실의 부담을 낮추면서 투자할 수 있는 제도가 갖춰지자 투자자들이 증가하는 것은 당연한 결과였다. 이러한 기업 규모의 확대는 투자자만 변화시킨 것이 아니라 자금의 운영자 즉, 경영자도 변화시켰다. 예전처럼 자금을 가장 많이 투자한 사람이 기업의 운영권을 가지는 것이 아니라, 확대된 규모의 기업 활동을 원활하게 운영할 수 있는 능력을 가진 운영자가 필요해진 것이다. 이런 시대적 변화는 전문경영인의 등장을 초래하였고, 기업을 소유한 투자자와 기업을 운영하는 경영자가 분리되는 흐름으로 이어졌다.

르네상스 시대의 상업자본과 산업혁명 이래의 산업자본의 변화 과정에서 주목할 점은 기업 활동에 따른 직접적인 이해관계자가 많아졌다는 점이다. 이전 시대와 비교할 수 없을 정도로 커진 자본시장에서 한정적인 자원을 가진 투자자들은 가장 효율적으로 활동하는 기업을 찾으려고 노력한다. 즉, 투자 대비 위험이 가장 작은 기업 또는 위험 대비 수익이 가장 큰 기업을 찾고자 하는 것이다. 투자자들이 원하는 기업 활동에 대한 정보는 자원을 모으고 활용하는 능력이며, 이런 정보를 제공하는 역할을 담당하는 분야가 회계이다. 기업 역시 자원의 효율적인 사용에 대한 정보를 투자자들에게 제공해야 할 필요가 있다. 이런 정보를 통해 자신의 능력을 보여줌으로써 더 많은 자금의 조달이 가능하기 때문이다. 다시 말하면, 기업이란 자원을 이용하여 경제활동을 수행하는 조직이며, 회계는 경제활동의 효율성과 효과성을 자원의 흐름을 통해서 살펴볼 수 있도록 정보를 제공하는 시스템이다.

함께 읽어보기

송도사개치부법

현대 회계는 유럽의 복식부기를 토대로 이루어졌다. 그러나 우리나라에도 복식부기와 유사한 장부기록 방식이 존재하였는데, 이를 송도사개치부법이라 한다. 사개의 의미에 대해서는 여러 가지 해설이 있지만, 송도사개치부법에 대해 총괄적인 해설서를 펴낸 현병주 씨에 의하면 현대의 복식부기와 유사하게 자산, 부채, 수익, 비용의 네 가지를 의미한다고 한다. 장부조직도 분개장과 원장에 해당하는 일기장과 장책으로 구성되어 있고, 장책에 전기하면서 대차평균의 원리가 관철되고 있다는 점 등이 복식부기와 일치한다고 하였다.

일명 개성부기라고 불리는 이 방법은 1900년대 초 대한제국 시기에 우리나라 최초의 근대적 은행이었던 대한천일은행의 설립 초기에 사용되었으나 일본 침략시기에 폐지되어 사라졌다. 하지만 고려의 수도였던 송도(현재의 개성)에서 발생한 장부기록법이라는 이름에서 알 수 있듯이 이 기록방법은 고려의 개성상인으로부터 전해 내려온 것으로 알려져 있다. 그렇다면 루카 파치올리의 저서보다 앞선 시기라 볼 수 있기 때문에 복식부기의 유래가 우리나라라는 의견도 있다. 하지만 현재 발견된 가장 오래된 장부는 1786년 의 장부로 북한에 보관되어 있다. 그러나 고려시대에 작성된 장부라는 직접적인 증거가 발견되지 않아 복식부기의 우리나라 유래설은 개연성은 있지만 확실한 물증이 없는 상태이다.

제2절 회계정보의 신뢰성

만약 내가 열심히 모은 돈을 밑천으로 1달 동안 사업을 했다고 가정해 보자. 장부에 영업 내용을 꼼꼼하게 기록할 필요가 있을까? 물론, 소득세를 신고하기 위해서 장부가 필요하겠지만, 세금 문제를 제외하고 생각해 보면 기록이 꼭 필요하지 않다고 생각할 수 있다. 왜냐하면 한 달 전 사업을 시작할 때 가지고 있던 금액과 지금 가지고 있는 금액을 비교하면 한 달 동안 얼마를 벌었는지 혹은 손실을 봤는지 금방 알 수 있기 때문이다. 그러나 사업을 시작할 때 친구와 동업을 했다면 어떨까? 나와 친구가 각각 50%씩 투자한 사업체의 운영을 친구가 도맡아서 했다면, 그 때에도 위와 같은 방식으로 계산해서 이익을 나눠가질 수 있을까? 아마 그렇지 않을 것이다. 친구라 하여도 아무 근거 없이 마냥 믿는다는 것은 힘든 일이기 때문이다.

사업에 관련된 이해관계자가 많다는 것은 서로의 신뢰를 지지해 줄 증거가 필요하다는 것을 의미한다. 사업의 내용을 정확하게 기록하고 정리한 장부는 서로에 대한 신뢰를 굳건하게 할 수 있는 장치이다. 상업자본이 번성하던 시기에 복식부기가 널리 전파되었던 역사적 사실이 그것을 증명하고 있다.

2.1 외부감사제도의 필요성

현대의 자본시장은 기업과 관련된 정보를 주고받는 수많은 사람들의 참여로 이루어진다. 대표적인 자본시장인 주식시장에서는 투자자들이 각자 자신이 가진 정보를 토대로 투자목적에 따라 자유롭게 주식을 거래한다. 투자자들은 적든 많든 자신이 가진 자원을 기업 활동에 투자하는 것이기에 기업에 대한 모든 정보에 관심을 가질 수밖에 없다. 제품을 만드는데 소요된 금액이 얼마인지, 생산한 제품은 얼마나 판매되며 얼마의 이익을 남겼는지 등에 대한 정보를 얻고 싶을 것이다. 투자자들이 알고자 하는 이런 정보를 누가 제공할 수 있을까? 당연히 기업 활동에 관한 정보는 기업의 경영자가 제공할 수밖에 없다. 투자자들은 기업에 자원을 제공하지만 정작 자원의 운용은 기업의 경영자가 하고 있기 때문이다. 마치 과거 귀족 가문의 집사들이 귀족들의 재산관리 책임을 맡았던 것처럼 경영자에게는 투자자의 재산을 성실하게 관리하고 그 결과를 보고할 책임이 있다. 이를 경영자의 수탁책임(stewardship)이라고 한다. 투자자와 경영자는 정보이용자와 정보제공자의 입장에 있으며, 이 관계는 서로에 대한 신뢰가 담보되어야 유지될 수 있다. 기업의 운영자인 경영자가 회계정보를 작성할 수밖에 없는 환경에서 특히 투자자에게는 신뢰의 문제가 더욱 절실해진다.

투자자의 신뢰를 확보할 수 있는 가장 설득력 높은 방법은 기업과 이해관계가 없는 제3자로 하여금 기업이 제공하는 회계정보를 확인하도록 하는 방법일 것이다. 이해관계가 없다는 것은 기업과 별개로 공정하게 자신의 의견을 표시할 수 있는 독립적인 위치에 있어야 한다는 의미이다. 이 요건은 정보의 품질에 대한 전문가 인증을 신뢰할 수 있도록 만드는 필수 항목이다. 이뿐만 아니라 독립적인 제3자는 회계에 대해 전문적인 지식을 가지고 있어야 한다. 기업의 활동이 다양해지고 사회적 영향력과 책임이 커진 만큼 처리해야 할 기업의 정보가 많고 복잡한 양상을 띠고 있기 때문이다.

이렇듯 이해관계자들이 믿을 수 있도록 기업이 작성한 회계정보를 독립적인 전문가가 확인하도록 한 제도를 외부감사(external auditing)라고 하며, 이 역할을 담당하는 자를 외부감사인이라고 한다. 외부감사는 회계정보를 확인할 수 있는 전문적인 지식을 갖추었다고 인정된 직군인 공인회계사(CPA: Certified Public Accountant)가 수행하는 고유한 업무이다.

[그림 1-1] 외부감사제도

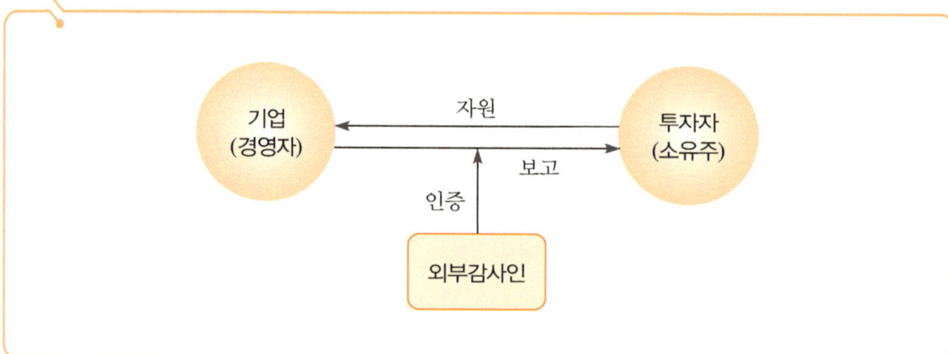

2.2 감사보고서와 감사의견

(1) 감사의 종류

어떤 사물(사건)을 명확하게 알기 위해 자세히 살펴보는 것을 조사(investigation)라고 한다. 감사(auditing)는 조사의 일종으로 그 대상이나 목적에 따라 재무제표 감사, 업무감사, 이행감사 등으로 구분된다. 그 가운데 공인회계사만이 가능한 고유 업무는 재무제표감사이다. 일반적으로 회계감사라고 하면 재무제표감사를 의미한다.

재무제표감사(audit of financial statement)는 재무제표가 사전에 설정된 평가기준에 따라 적정하게 작성되었는지에 대해 공인회계사가 전문가적인 의견을 제시하려는 목적으로 수행되는 감사이다. 재무제표는 기업 활동에 수반되는 자원에 대한 회계보고서로서, 기업의 재무상태와 성과를 평가할 수 있는 정보를 제공하기 위하여 경영자의 책임 하에 작성된다. 결국 재무제표감사의 결과에 따라 투자자는 경영자에 의해 제공된 회계정보를 믿고 자신의 의사결정에 이용할 수 있게 되는 것이다.

회계감사는 투자자에게 신뢰를 주지만 동시에 경영자에게도 동기부여가 될 수 있다. 회계감사를 받는다는 사실을 알고 있는 경영자는 스스로 오류를 줄이고 적정한 회계처리를 하려고 노력할 것이기 때문이다. 그러나 회계감사에 대해 사람들이 가지고 있는 일반적인 오해 혹은 주의해야 할 점이 있는데, 그것은 회계감사가 경영자의 능력에 대한 평가가 아니라는 사실이다. 경영자의 능력은 재무제표를 통해 투자자들이 파악해야 할 사항이며, 회계감사는 단지 회사의 상태나 성과가 재무제표에 그대로 표시되어 있는가를 확인해주는 인증 과정 즉, 재무제표의 신뢰성 여부를 판별하는 절차이다.

현재 우리나라는 '주식회사 등의 외부감사에 관한 법률'(이하 외감법)에서 재무제표감사를 반드시 받아야 하는 기업들을 명시하고 있는데, 자산, 부채, 매출액 및 종업원의 수 등을 기준으로 하여 일정 규모 이상이 되는 회사들은 외감법상 회계감사 대상이 된다. 외감법상 감사인은 공인회계사로 한정되어 있으며, 감사인이 지켜야할 절차와 기준으로 '회계감사기준'이 마련되어 있다.

이밖에 업무감사(operational audit)는 조직이나 기업의 영업활동이나 업무처리 절차의 문제점을 분석하고 개선을 권고하기 위한 목적으로 수행되는 감사이며, 이행감사는 조직이 정해진 법률, 절차, 의무규정을 준수하고 있는지를 확인하기 위한 감사이다. 회계감사의 주요 목적이 제3자에 대한 인증기능인 반면, 업무감사와 이행감사의 주요 목적이 인증기능이 아니므로 감사인이 반드시 공인회계사로 한정되지 않으며 감사 목적에 따라 상급기관이거나 또는 동일 조직의 내부인이 될 수 있다. 업무감사와 이행감사의 경우 독립적인 제3자가 감사인의 필수 요소가 아니며, 감사의 평가 기준이나 감사보고서 또한 다양한 형식으로 작성될 수 있다.

(2) 감사보고서

감사인은 감사가 끝난 후 수집된 증거를 토대로 감사의 결론을 도출해 내고 보고서를 작성한다. 회계감사의 경우 감사보고서에 여러 이해관계가 얽혀있기 때문에 감사인의 주관적인 평가나 표현이 보고서에 포함되지 않도록 작성해야 해석상의 혼란을 방지할 수 있고 이용자의 이해가능성을 높일 수 있다. 따라서 회계감사보고서는 감사의견 문단, 경영진의 책임 문단, 감사인의 책임 문단 등 정해진 양식에 따라 감사의견을 표명하도록 구성되어 있다.

감사의견 문단에서는 감사대상을 밝히며 재무제표에 대한 감사인의 의견을 표명한다. 감사의견의 근거 문단에서는 감사가 감사기준에 따라 수행되었다는 사실 등을 기술한다. 그리고 정보이용자의 의사결정에 영향을 미칠만한 사항들, 예를 들어 계속기업으로서의 존속 여부 등을 강조사항이나 기타사항 문단으로 추가할 수 있다. 책임 문단에는 재무제표를 공정하게 표시할 책임이 경영자에게 있음을 기술하고, 감사인은 재무제표가 공정하게 작성되고 표시되었는지를 감사하고 이에 대한 의견을 표시할 책임이 있음을 기술한다.

다음은 감사보고서의 예시이다.

외부감사인의 감사보고서

oo주식회사
주주 및 이사회 귀중

감사의견

본 감사인은 첨부된 oo주식회사(이하 "회사")의 재무제표를 감사하였습니다. 동 재무제표는 20x1년 12월 31일과 20x2년 12월 31일 현재의 재무상태표, 동일로 종료되는 양 보고기간의 손익계산서, 포괄손익계산서, 자본변동표 및 현금흐름표 그리고 유의적인 회계정책의 요약과 그 밖의 설명정보로 구성되어 있습니다.

우리의 의견으로는 회사의 재무제표는 oo주식회사의 20x1년 12월 31일과 20x2년 12월 31일 현재의 재무상태, 동일로 종료되는 양 보고기간의 재무성과 및 현금흐름을 한국채택국제회계기준에 따라 중요성의 관점에서 공정하게 표시하고 있습니다.

감사의견의 근거

우리는 대한민국의 회계감사기준에 따라 감사를 수행하였습니다. 이 기준은 우리가 윤리적 요구사항을 준수하며 재무제표에 중요한 왜곡표시가 없는지에 대한 합리적인 확신을 얻도록 감사를 계획하고 수행할 것을 요구하고 있습니다. 우리가 입수한 감사증거가 감사의견을 위한 근거로서 충분하고 적합하다고 우리는 믿습니다.

재무제표에 대한 경영진과 지배기구의 책임

경영진은 한국채택국제회계기준에 따라 이 재무제표를 작성하고 공정하게 표시할 책임이 있으며, 부정이나 오류로 인한 중요한 왜곡표시가 없는 재무제표를 작성하는데 필요하다고 결정한 내부통제에 대해서도 책임이 있습니다.

감사인의 책임

우리의 책임은 우리가 수행한 감사를 근거로 해당 재무제표에 대하여 의견을 표명하는데 있습니다. 감사는 재무제표의 금액과 공시에 대한 감사증거를 입수하기 위한 절차의 수행을 포함합니다. 절차의 선택은 부정이나 오류로 인한 재무제표의 중요한 왜곡표시위험에 대한 평가 등 감사인의 판단에 따라 달라집니다. 감사인은 이러한 위험을 평가할 때, 상황에 적합한 감사절차를 설계하기 위하여 기업의 재무제표 작성 및 공정한 표시와 관련된 내부통제를 고려합니다. 그러나 이는 내부통제의 효과성에 대한 의견을 표명하기 위한 것이 아닙니다. 감사는 또한 재무제표의 전반적 표시에 대한 평가뿐 아니라, 재무제표를 작성하기 위하여 경영진이 적용한 회계정책의 적합성과 경영진이 도출한 회계추정치의 합리성에 대한 평가를 포함합니다.

□□□ 회계법인
대표이사 XXX (인)
○○시 ○○구 ○○로 100
20X3년 2월 28일

(3) 감사의견

회계정보 이용자들이 감사보고서에서 가장 관심을 가지는 부분은 감사의견 문단이다. 감사의견은 재무제표 전체에 대한 종합적인 의견으로서 모호한 표현을 배제하고 간단하게 표시될 필요가 있다. 따라서 감사의견은 적정의견, 한정의견, 부적정의견, 의견거절의 네 가지 유형 중 하나가 제시되는데 각각의 의미는 다음과 같다.

① 적정의견(unqualified opinion)

적정의견은 감사인이 합리적인 증거를 기초로 판단할 때 경영자가 작성한 재무제표가 회계기준에 따라 적정하게 작성되었음을 의미한다. 의견문단에서 '우리의 의견으로는...공정하게 표시하고 있습니다.'라는 문구를 통해 감사의견이 적정의견임을 확인할 수 있다.

여기서 적정하다는 의미는 회계정보를 작성할 때 지켜야 할 회계기준을 따라 재무제표가 작성되었다는 의미이다. 이는 회사의 성과나 재무상태가 적절하고 양호하다는 의미가 아니라는 점을 반드시 기억하여야 한다. 따라서 회계기준을 잘 따랐다면 회사의 성과나 재무상태에 관계없이 적정의견을 받을 수 있다. 즉, 경영자가 작성한 재무제표에 감사인이 적정의견을 제시했다는 것은 재무제표에 대해 경영자와 감사인의 의견이 일치한다는 의미이다.

② 한정의견(qualified opinion)

재무제표의 특정한 부분에 대해서는 적정의견을 제시할 수 없지만 그 외 다른 부분은 적정하게 처리되었다고 판단될 때 감사인이 제시되는 의견을 한정의견이라 한다. 감사의견 문단에 '~부분을 제외하고 적정하게 표시하고 있습니다'라는 문구가 있으면 감사인이 한정의견을 표명한 것이다. 감사인이 동의하지 않는 부분이 있지만 그 부분이 재무제표 전체에 미치는 영향이 한정적이라고 판단하는 경우에 표명되는 감사의견이다.

③ 부적정의견(adverse opinion)

부적정의견은 경영자가 작성한 재무제표가 회계기준에 따라 적정하게 작성되었다고 볼 수 없다는 감사인의 의견을 뜻한다. 경영자의 회계처리에 대해 감사인이 동의할 수 없을 때 표명되는 의견으로, 광범위한 범위에서 감사인과 경영자의 의견이 일치하지 않는다는 의미이다.

④ 의견거절(disclaimer of opinion)

의견거절은 '감사의견의 표명을 거절합니다'라는 문구를 통해 확인할 수 있다. 감사의견을 형성하기 위해서는 자신의 의견을 뒷받침할 충분한 증거를 확보해야 하는데, 감사업무가 제한되어 증거를 얻지 못했으므로 어떤 의견도 제시할 수 없다는 사실을 기술하는 것이다. 회계감사는 경찰수사가 아니므로 회사가 증빙자료나 서류를 제공하지 않는 경우 감사인이 이를 강제할 수 없다. 다만 감사범위가 제한되어 의견을 거절한다는 의견을 제시할 수 있을 뿐이다.

2.3 외부감사제도의 한계

회계감사는 재무제표의 신뢰성을 높이고 나아가 자본시장이 원활하게 기능하도록 만드는 중요한 역할을 담당하고 있다. 그래서 회계감사인은 자본시장의 파수꾼이라는 영예로운 이름으로 불리지만, 부적절한 감사의견을 표명할 위험에 항상 노출되어 있다.

회계감사는 회사의 거래 중에서 선정된 표본을 대상으로 이루어지기 때문에 표본이 전체집단(모집단)을 대표하지 못할 가능성이 항상 존재한다. 이런 위험을 표본위험이라고 하는데, 이러한 통계적인 위험으로 인해 적절하지 못한 감사의견이 제시될 가능성이 항상 존재할 수밖에 없다. 표본위험을 제거하는 방법은 거래 전부를 조사하는 것이지만 기업의 규모, 감사에 투입할 수 있는 시간과 인원 등의 자원을 고려하면 전수조사는 현실적이지 않다.

또한 전수조사를 기본으로 하여 감사를 하더라도 부적절한 감사의견이 제시될 위험은 여전히 존재한다. 감사인의 전문적인 능력이 미흡할 수도 있고, 감사인이 감사절차를 제대로 수행하지 않을 가능성이 있기 때문이다. 이런 종류의 위험을 감사 과정에 내포된 비표본위험이라고 한다.

이렇듯 감사위험(audit risk)은 완전히 제거될 수 없기에 감사인은 절대적인 수준이 아닌 합리적인 수준에서의 확신을 제공한다. 감사의견 문단과 근거 문단에 '우리의 의견' 또는 '합리적 확신을 얻기 위해서'라는 문구가 포함되는 이유이다. 재무제표 이용자들이 회계감사에 대한 이러한 사실을 분명히 알고 있어야 감사의견에 대한 오해가 줄어들 수 있으며, 또한 회계감사인이 져야 할 책임에 대해서는 분명하게 책임을 물을 수 있게 된다.

회계부정이나 분식회계와 관련한 사건이 발생했을 때 회계감사인이 감사기준 또는 법규를 준수하지 않았거나 전문가적인 능력이 미흡해서 부적절한 감사의견이 제시되었다면 감사인이 책임을 져야 할 부분이다. 하지만 감사인의 능력 밖에 존재하는 위험에 대해서까지 감사인의 책임을 물을 수는 없을 것이다.

제3절 회계윤리

현재 경제 사회의 밑바탕을 이루고 있는 윤리적 개념은 서로에 대한 신뢰이며, 회계보고와 회계감사가 회계정보 제공자와 이용자 사이의 신뢰를 확인하기 위한 제도라는 사실을 앞서 살펴보았다. 그러나 모든 사회제도가 그렇듯이 제도화 또는 명문화된 기준이라는 것은 우리가 지켜야 할 최소한의 것이다.

어떤 사람에 대해 얘기할 때 '그 사람은 양심적인 사람이며, 법 없이도 살 사람'이라고 하는 말을 종종 들을 수 있는데, 이 말은 법, 규정이라는 것이 사람이 살아가는 동안 지켜야 할 최소한의 기준이라는 의미를 내포하고 있다. 우리는 법보다 윤리가 더 포괄적 개념이라는 사실을 익히 알고 있으며 이를 직관적으로 수용하고 있다. 법률보다는 양심이라는 도덕적 가치가 지켜질 때 우리의 삶이 더 풍요로워질 수 있다는 것은 명백한 사실이다.

회계는 기업의 거래를 기록, 분류, 요약하여 재무보고를 하는 것이며, 이를 통해 생산된 정보는 많은 사람의 이해관계에 영향을 미친다. 만약 회계 정보가 부정이나 비윤리적인 행동으로 왜곡된다면 이해관계자들 사이에 초래된 불신으로 인해 자본시장이 원활하게 작동하지 못하게 되고 결국 사람들의 생활 또한 힘들어지게 될 것이다. 따라서 회계와 관련된 업무를 담당하는 사람들이 사회적으로 합의된 원칙과 기준을 준수하는 것은 기본적인 의무이다. 회계원칙이나 회계기준은 마치 우리 사회의 법률과 비슷한 역할을 하고 있기 때문이다. 그러나 사람들은 회계 정보를 다루는 사람들이 합법적인 기준뿐 아니라 도덕적인 기준도 지켜주길 기대한다. 회계정보가 가지는 사회적 역할이 중요하기 때문에 관련자들에게 더 큰 도덕성을 요구하는 것이다. 이러한 사회적인 기대 즉, 회계의 모든 과정에 윤리적 방법과 윤리적 기준을 적용하는 것을 회계윤리(accounting ethics)라고 한다.

3.1 경영자의 회계윤리

기업의 경영자는 투자자들로부터 조달된 자원을 사용할 수 있는 권한을 가지고 있다. 그러나 동시에 자원의 사용에 대해 보고할 의무도 지니는데, 이를 회계책임(accountibility)이라 한다. 경영자의 회계책임에는 회사의 직원들이 저지를 수 있는 부정이나 법규위반을 방지하고 적발하는 일도 포함된다. 회계정보의 작성 책임이 최종적으로는 경영자에게 있으나 회계정보의 작성은 결국 자원의 사용과 결부되어 있고 그 과정에는 직원들이 함께 하기 때문이다.

윤리의 최소 범위가 사회제도로 만들어진다면, 경영자의 회계윤리는 내부통제제도를 효과적으로 설계하고 운용할 책임에서 시작된다고 볼 수 있다. 내부통제제도(internal control system)란 회사의 사업목적을 달성하기 위해서 마련된 모든 정책과 절차를 의미하는데, 부정과 오류를 사전에 예방하고, 부정과 오류가 발생하는 즉시 탐지하여 적발할 수 있는 기능을 갖춘 시스템을 말한다. 예를 들어 직원들 각자의 책임 범위를 설정해 두면 부정이나 오류가 발생하더라도 누구의 책임인지 왜 그런 일이 발생했는지를 알 수 있다. 특정한 자산에 접근할 수 있는 통제장치가 있다면 자산이 부적절하게 사용되는 것을 막을 수 있다. 또한 자산의 보관과 그 기록 업무를 분리하면 부적절하게 사용된 자산이 숨겨지는 일을 막을 수 있다. 이렇듯 부정 발생 가능성이 높은 업무를 여러 명이 나누어서 관리하도록 만들거나, 거래를 처리할 때 반드시 문서를 기록하도록 하여 증거를 확보하는 등의 절차를 갖추는 것이 내부통제제도이다. 효과적인 내부통제제도는 회계기록의 정확성과 회계정보의 신뢰성을 유지할 수 있도록 하는 중요한 요소가 된다.

경영자의 회계윤리는 회계정보의 제공자로서 지켜야 할 윤리적 기준이다. 만약 경영자가 좋지 않은 성과 때문에 금융기관으로부터 대출 상환 압박을 받거나 아니면 자신이 받을 보상이 회사의 성과와 연계되어있는 상황에서 회사의 성과가 낮을 것으로 예상된다면 경영자는 과연 어떻게 할까? 우리는 그가 개인적인 이익을 배제하고 윤리적으로 행동할 것을 기대하지만 경영자는 우리의 기대를 저버릴 수도 있다.

경영자가 회계정보를 의도적으로 왜곡 표시하여 이해관계자들에게 제공하는 이런 행위를 회계 부정이라고 한다. 재무제표를 보기 좋은 수치로 왜곡시키는 분식회계를 회계 부정과 같은 것으로 이해하는 경우가 많지만, 엄밀하게 보자면 재무제표를 좋지 않게 만드는 것 또한 왜곡이므로 분식회계보다는 회계부정이 더 정확한 용어이다. 회사의 성과를 줄여서 보고하면 세금을 더 적게 내거나 정부의 규제나 임금 상승 압력을 피할 수 있는 등 회계정보를 좋지 않게 왜곡시키고자 하는 유인도 현실에서는 다양하게 존재한다.

재무제표가 회사의 성과나 재무 상황을 있는 그대로 나타내는 정도를 회계의 투명성이라고 한다. 있는 그대로를 보여주는, 왜곡되지 않은 회계정보를 투명한 회계정보라고 한다면 회계정보의 신뢰성은 회계정보의 투명성에 따라 결정된다고 할 수 있다. 기본적으로 회계정보의 투명성을 높이기 위한 제도적 장치를 마련하는 사회적인 노력이 필요하지만, 근본적으로는 경영자의 윤리적 판단과 행동이 우선되어야 한다는 것에는 이론의 여지가 없을 것이다.

3.2 회계감사인의 회계윤리

회계감사인은 공인회계사로만 한정되어 있다. 회계감사는 회계에 대한 전문적인 지식이 필요한 분야이며 그에 합당한 지식을 갖췄다고 사회적으로 인정하는 직군이 공인회계사이기 때문이다. 하지만 회계감사는 재무제표에 신뢰를 부여하는 인증 과정이므로 전문지식을 가졌다는 것만으로는 감사인의 자격요건이 충분한 것은 아니다. 신뢰에는 정직성, 성실성 등의 윤리적인 요소가 중요하게 작용하기 때문이다.

감사인이 갖추어야 할 회계윤리를 이해하기 위해서는 우선 두 가지 유형의 수임제도부터 살펴볼 필요가 있다. 먼저, 회계감사를 받아야 하는 회사가 감사인을 자유롭게 선임할 수 있는 제도를 자유수임제라고 한다. 즉, 회사가 감사인을 선택할 수 있는 것이다. 이 제도의 단점은 회사로부터 수임료를 받는 감사인이 독립적인 제3자의 지위를 충분히 확보하지 못할 가능성이 있다는 점이다.

이에 반해 강제배정제는 감사인을 각 회사에 배정하여 회계감사를 하도록 하는 방식이다. 강제배정제는 회사가 감사인을 선택할 수 없기 때문에 자유수임제에 비해 감사인의 독립적인 지위가 크게 높아질 수 있다는 장점이 있다. 그러나 감사품질 즉, 감사업무의 질은 감사인의 독립적인 지위와는 반대로 낮아질 수 있다. 강제배정으로 수임료가 보장되면 감사인이 감사에 노력을 덜 기울이게 되고, 이것이 감사품질의 하락으로 이어질 수 있기 때문이다. 또한 강제배정은 감사인의 자유로운 경제활동을 제한하는 제도라는 부정적인 측면이 있다.

감사인이 갖추어야 할 회계윤리의 기본은 독립성을 갖추는 것에서 시작된다. 독립성은 감사인이 감사증거를 수집하거나 의견을 표명하는 과정에서 감사대상인 회사나 이해관계자에 의해 영향을 받지 않는 공정한 상태를 의미하여, 공정한 상태란 객관적 또는 주관적인 상태를 모두 아우른다.

예를 들어 친인척이 경영자로 있는 회사를 감사하는 감사인은 감사 업무의 공정성에 대해 의심을 살 수 있다. 이런 외적인 상황으로 인해 감사인의 독립성을 의심받지 않도록 감사인이 지켜야 할 의무를 외관상의 독립성이라고 한다. 한편, 외부의 압력을 배제하고 공정하게 업무를 처리하겠다는 마음 자세는 밖으로 드러나지 않는 주관적인 상태를 의미하며 이를 정신적 독립성이라 한다. 이런 정신적 독립성은 다른 사람은 알 수 없지만 본인은 알 수 있을 것이다.

감사인이 독립적 지위에 대해 의심받지 않으려면 외관상의 독립성을 갖추는 것이 최소한의 필요조건이며, 내면적으로도 공정한 자세를 유지하겠다는 정신적 독립성을 함께 갖추어야 비로소 완전한 독립성을 갖추는 것이다. 현재 우리나라의 회계감사는 자유수임제로 운영되지만, 독립성의 저하를 보완하기 위한 여러 제도를 함께 시행하고 있다.

3.3 회계윤리에 대한 금언

근대 회계의 발전에 큰 영향을 미친 미국의 회계역사를 살펴보면 성실하고 정직한 장부 기록을 얼마나 중요하게 여겼는지 알 수 있다. 미국의 초창기 산업사회의 지도자와 경영자들은 '회계가 곧 윤리이고, 윤리적인 바탕이 없는 회계는 부정부패이다.'라는 자세를 지녔음을 알 수 있는 기록들이 많이 있다. 물론 그 이전에도 저명한 인사들이 회계의 윤리적 측면을 이야기한 자료들을 많이 찾아볼 수 있는데, 그 내용을 소개하면 다음과 같다.

루카 파치오로(Luca Pacioli)는 저서를 통해 복식부기의 기장 방법을 소개하는 것 못지않게 상업과 회계의 윤리성을 강조하였다. 루카 파치오로가 남긴 금언과 기록은 다음과 같다.

- 기업이 성공하는 데 필요한 것은 회계기록이고 기업인은 장부를 질서 정연하게 기록하고 유지하여야 한다.
- 기업인의 목적은 합법적이고 만족할 만한 이익을 올리는 것이다. 그래야 살아남을 수 있다. 그러기 위해서는 항상 신성한 하나님을 마음속에 간직하여야 한다. 그러한 의미에서 모든 장부의 표지에 '하나님의 이름으로'라는 기록 또는 십자가 표시를 하였다.
- 기업인으로서 성공하기 위해 요구되는 조건은 유능한 법률가로서 요구되는 조건보다 다양하고 복잡하다.
- 부(富)가 자선에 의해 없어지지 않는 것과 같이 종교적 명상에 의해 시간이 낭비되지 않는다.
- 회계를 정확히 하는 사람은 우정을 영원히 지속시킬 수 있다.

루카 파치오로 외에도 잰 임팬(Jan Ympyn), 존 뱅크스(John Banks), 윌리엄 고든(William Gordon), 데이간(P. Deighan) 등 많은 학자와 실무자들이 복식부기를 공부하고 관련 저서를 출간하였다. 출판된 저서에는 복식부기 내용 외에 다음과 같은 금언들이 서술되어 있다.

- 실체를 무시하면 심신의 고통과 불안의 원인이 되고, 완벽한 회계장부를 가지지 못해 계산이 불완전하고 부정확하면 하는 일이 고뇌의 근원이 되고 더욱 고통 속으로 빠져든다.[1)]

---

1) 잰 임팬(Jan Ympyn)은 베니스식 복식부기를 네덜란드, 프랑스 등에 전파한 사람으로 1543년에 부기 책을 출판하였다.

- 하나님은 성실함을 좋아하는데, 그것은 당신들의 영광이다. 당신들의 회계장부를 치밀하게 작성하고, 모든 사람에게 정직하여라. … 당신들이 해야 할 황금률을 기억하라. … 그러므로 당신들에게 맡겨진 회계를 정확히 하라.2)
- 상인은 상거래에 대한 성실한 기록과 질서 있게 정리하는 법, 정확하게 수정하는 법을 알고 있어야 한다. 그리고 사업의 내용은 전반적이든 부분적이든 타인을 위해서뿐만 아니라 자기 자신을 위해서도 공개되어야 한다. 이것은 번영과 복리를 위해서뿐만 아니라 사업 자체를 위해서도 그러하다.3)
- 인간이면 만날 수밖에 없는 어떤 악마도 회계를 깨끗하고 공정하고 분명하게 기록한 사람의 성품을 문제 삼을 수 없고, 그의 성실함을 더럽힐 수 없고, 그의 명성을 해칠 수 없다.4)
- 부기의 목적은 마음의 평화와 정신적 안정을 위한 것이다.5)

재무 장관직을 10년간 수행한 독일 문학의 거장 괴테는 인류가 낳은 위대한 발명 중 하나가 복식부기라고 칭송하였다. 이처럼 부정과 오류를 예방하거나 적발하는 유용한 기록 방법으로 각광 받으며 등장한 복식부기는 기업의 경제활동이 복잡해짐에 따라 여러 절차와 제도를 갖추면서 신뢰를 기반으로 하는 경제사회의 토양을 다지는 데 기여하였다.

그러나 기록 방법이 아무리 구조화 되어 있어도 이를 비켜 가려는 의도를 가지고 이뤄지는 부정행위까지 전부 차단할 수는 없는 일이다. 증빙 서류를 위조하거나 고의로 회계장부를 조작하는 등의 작은 부정은 경영활동이 실패하도록 만드는 출발점이 된다.

회계정보를 작성하는 경영자와 그 종업원은 사적 이익을 개입시키지 않고 정

---

2) 존 뱅크스(John Banks)는 동인도(East India)의 거상으로 금융가이다.

3) 윌리엄 고든(William Gordon)

4) 데이간(P. Deighan)은 1807년 아일랜드에서 처음으로 출판된 부기책의 저자이다.

5) 17세기 베니스인으로 알려진 모쉐티(Moschetti)의 부기에 대한 언급이다. 그 외에도 베르너 좀바르트(Werner Sombart), 막스 베버(Max Weber) 등 많은 학자들이 부기의 윤리성을 강조한 말을 남겼다.

직하고 성실하게 회계정보를 작성해야 하며, 회계감사인은 전문직업인으로서 가져야 할 윤리강령의 수준을 넘어서 자본시장을 지켜낸다는 사명감을 가져야 할 것이다.

함께 읽어보기

장암 대동계와 남평 문씨 문중계

전라남도 영암군 장암리에는 1613년부터 남평 문씨 문익현의 후손들이 일가를 이루며 살고 있다. 이들은 현재 14대에 이르도록 400여 년간 문중계와 장암동계를 운영하고 있다. 이 계는 문중 재산과 마을 공동재산의 내용을 '용하기'라는 장부에 예전의 방식대로 기록하는 전통을 이어가고 있는데, 그 기록방식이 우리나라 고유의 복식부기인 송도사개치부법과 유사한 부분이 많이 있다.

매년 열리는 총회는 전 계원들 앞에 회계장부를 공개하는 결산 보고로 시작하여 계원들의 질문에 담당자가 답변하는 등 현대의 주주총회와 같은 형식으로 진행된다. 또한 용하기를 살펴보면 중요한 재산인 쌀을 측정할 때 홉(180ml 정도), 작(한 홉의 1/10)의 단위를 사용할 정도로 매우 세밀하며, 수분 증발로 인한 쌀의 자연감소분을 '도이상축'으로 표시하는 등 현대와 거의 유사한 회계개념들이 적용되었음을 알 수 있다.

공동의 재산에 대한 정밀한 측정, 정직한 기록 및 투명한 공개는 계원들 간에 신뢰를 형성하여 수백 년 동안 모임이 이어지는 데 큰 역할을 하였다. 이렇듯 구성원 사이의 신뢰는 조직의 영속성으로 이어지는데, 그 신뢰의 한 축을 담당하는 것이 회계 기록과 제도라는 사실을 깨닫게 하는 사례이다.

제4절 회계의 사회적 역할

투명한 회계정보는 투자자로 하여금 효율적인 자원이용자를 가려낼 수 있도록 돕는다. 그 결과 한정적인 자원이 효율적으로 이용된다면 사회 전체의 부가 증대될 것으로 기대할 수 있다.

4.1 풍요로운 사회건설

합리적인 경제주체가 경제적인 의사결정을 한다면 의사결정자 개인의 부가 증대될 뿐만 아니라 사회 전체의 부가 늘어나 사회 전체가 풍요로워질 수 있다.

예를 들어 당신이 현금 1,000,000원을 가졌다고 가정해 보자. 이 자금을 어떻게 사용할 것인가? 지금 당장 소비할 것인가 아니면 미래의 더 많은 소비를 위해 현재의 소비를 포기할 것인가? 만약 미래의 더 나은 소비를 위해 현재의 소비를 포기한다면 이를 투자라고 한다.

당신이 투자를 결정했다면 다음 순서는 투자방안을 찾는 것이다. 주식을 구입하여 이익을 배당받고 주주의 권리를 행사할 것인가? 아니면 은행에 예금하여 이자를 받는 안전한 투자를 선택할 것인가? 그렇지 않으면 기업에 자금을 빌려줄 것인가? 이러한 결정은 각각의 투자방안이 가져올 미래 현금수입과 위험에 대한 개인적인 선호도에 따라 달라진다. 미래란 유동적이어서 예측이 빗나갈 위험이 항상 도사리고 있다. 주식은 은행예금보다 더 위험하지만 더 높은 수익을 기대할 수 있는 반면, 은행예금은 위험이 낮지만 정해진 이자만큼의 수익만 얻을 수 있다. 즉 투자이익은 위험에 대한 대가로 위험의 크기와 비례한다.

당신이 어떤 투자안을 선택하더라도 다음 단계에서는 구체적인 투자대상을 탐색해야 한다. 주식투자를 하기로 했다면 수많은 기업 중에 선택을 해야 하며, 은행예금을 하기로 했더라도 많은 은행 중에 선택을 해야 한다. 이 때 유용하게 이용할 수 있는 정보 중 하나가 회계정보이다. 해당 조직이 조달된 자금을 얼마나 효율적으로 사용하였는지 회계정보를 통해 확인하고 미래를 예측할 수 있기 때문이다. 미래의 불확실성에 대한 대가가 회계정보에 의해 어느 정도 예측 가능해진다면, 회계정보는 미래의 불확실성을 줄이는데 기여하는 것이 된다.

합리적 정보이용자가 경제적 의사결정을 한다면 가장 효율적으로 자원을 이용하는 조직에 자원이 유입되어 고용을 증대시키고 사회 전체의 부를 증대시킬 수 있다. 이 과정에 이용되는 회계정보는 결국 희소자원의 효율적인 배분을 통해 풍요로운 사회 건설에 이바지하는 역할을 하는 것이다. 보다 구체적인 사례를 들어보자.

예제 1-1 회계정보의 역할 : 효율적인 배분의 결과

어떤 사회에 빵을 생산하는 A, B, C 세 개의 회사가 존재한다고 가정하자. 그리고 그 사회에서 조달할 수 있는 자본은 ₩1,200,000으로 한정되어 있으며, 자본의 투자수익은 생산되는 빵의 수량과 비례한다고 가정하자. 즉, 빵 1개 생산에 ₩1의 수익이 보장된다.

[물음]

1. 세 회사에 관해 아무런 정보가 없다면, 자본주는 어떻게 투자하겠는가?
2. 각 회사에 ₩1,200,000의 자본이 전부 투자된다고 가정한다면, 각 회사가 생산할 수 있는 빵의 수량을 예측하면 다음과 같다. 각 기업의 생산능력에 대한 정보가 이와 같이 주어질 경우, 자본주는 어떤 투자 결정을 하겠는가?

회 사	생산예측수량
A	120,000개
B	90,000
C	60,000

3. 위의 두 가지 물음에 대한 해답을 통해 정보의 역할에 대해 생각해 보자. 사회에서 소비할 수 있는 빵의 개수를 비교하여 답하시오.
4. 기업의 생산능력에 대한 정보는 투자자에게 얼마의 가치가 있는가?

해답

1. 세 회사에 관해 아무것도 아는 것이 없다면 대부분의 투자자는 위험을 분산하기 위하여 세 회사에 같은 비율로 나누어 투자할 것이다.

2. 생산한 단위당 ₩1의 투자수익이 생기므로 투자자는 보유한 자본을 모두 A회사에 투자할 것이다.
3. ① 아무 정보가 없는 상황에서 각 회사에 1/3씩 투자하였다면 사회 전체가 소비할 수 있는 빵의 수량은 다음과 같이 90,000개가 된다.

회 사	투자액	생산수량		투자수익
A	₩400,000	40,000개	(120,000개×1/3)	₩40,000
B	400,000	30,000	(90,000개×1/3)	30,000
C	400,000	20,000	(60,000개×1/3)	20,000
계	1,200,000	90,000		90,000

② 2번의 정보를 이용하면 투자자는 보유한 자본을 모두 A사에 투자할 것이며, 그 경우 사회 전체적으로 소비할 수 있는 빵은 120,000개가 된다.

①과 ②의 두 경우를 비교했을 때, 기업의 생산능력에 대한 정보는 더 유리한 의사결정을 하는데 도움이 된다. 사회 전체적으로는 소비할 수 있는 빵이 30,000개만큼 더 많아지며, 투자자의 입장에서는 ₩30,000만큼의 수익을 더 얻을 수 있다. 따라서 회계정보는 개인의 부뿐만 아니라 사회 전체의 부를 증대시키는 역할을 담당한다고 말할 수 있다.

4. 정보가 없을 경우와 비교하면 기업의 생산능력에 대한 정보는 투자자에게 ₩30,000의 이득을 제공한다. 이 정보가 확실하다고 판단하는 투자자는 정보의 가격이 ₩30,000 이하일 경우 기꺼이 이 정보를 구입할 것이다. 이러한 상황에서 위 정보의 최대 가치는 ₩30,000이라고 할 수 있다.

4.2 건전한 사회 발전

앞서 살펴본 바와 같이 회계는 한정된 자원을 효율적으로 배분하여 풍요로운 사회 건설에 기여할 수 있다. 더 나아가 회계는 늘어난 부를 사회구성원들에게 공평하게 배분하는 일에도 기여할 수 있다. 증가된 부의 원인이 어떤 생산요소에서 비롯된 것인지 알 수 있다면, 생산요소별로 기여한 정도에 따라 적정한 몫을 계산하고 배분할 수 있기 때문이다. 이 과정에 필요한 정보는 회계시스템으로부터 제공될 수 있다.

또한 회계정보는 사회의 모든 구성원들이 차별없이 이용할 수 있는 공공재의 성격을 가지기 때문에 특정 정보가 소수인의 전용물이 될 때 일어날 수 있는 불평등을 방지하는데 기여할 수 있다.

한편, 우리 사회가 정직한 사회로 한걸음 더 나아가도록 만드는 일에도 회계의 역할이 있다. 사회의 모든 구성원들이 자신의 생활을 영위하기 위해 소득 활동을 하기 마련인데 이러한 소득을 정직하게 기록하고 이를 바탕으로 세금을 납부하는 분위기가 성숙된다면 오늘날 우리 사회가 겪고 있는 여러 가지 문제들을 극복하고 보다 건전한 사회에 한 걸음 더 다가설 수 있을 것이다.

함께 읽어보기 **회계정보의 역할**

여러분들은 아마도 캠핑을 경험하였거나 앞으로 경험하게 될 것이다. 캠핑을 떠날 때 반드시 챙기는 도구 중의 하나는 '손전등'이다. 왜 손전등을 챙겨 가는가? 칠흑같이 어두운 밤길을 가야 한다고 상상해 보자. 만약 손전등이 없다면 얼마나 불안할 것인가! 바로 앞에 절벽이 있는지? 발 앞에 뱀이 도사리고 있지는 않은지? 옻나무에 몸이 닿지는 않을 것인지?…… 손전등은 가야 할 길을 밝혀줌으로써 불안감을 줄여 줄 것이다.

회계정보의 역할은 밤길을 갈 때 필요한 손전등과 같은 것이다. 돈을 빌려주거나 주식에 투자하려 할 때 상대방이 어떻게 될 것인지를 알려주는 것이 회계정보의 역할이다. 만약 상대방에 대해 아무런 정보가 없다면 칠흑같이 어두운 밤길을 갈 때 앞을 밝혀주는 도구를 전혀 가지지 못한 것과 같다. 그러나 상대방에 대한 회계정보를 분석하고 상대방이 어떻게 될 것인지를 예측할 수 있다면 미래에 어떤 일이 전개될 것인지를 예측하고 대비할 수 있다.

이와 같이 회계정보는 미래의 불안감 즉, 미래의 불확실성을 줄여주는 역할을 한다. 마치 어두운 밤길을 가는 나그네의 앞을 밝혀주는 손전등처럼.

연습문제

01. 회계의 사회적 역할에 대해 다음의 단어들을 모두 사용하여 설명하시오.

> 자본시장, 경영자의 수탁책임, 신뢰성, 자원의 희소성, 효율적 배분

02. 재무제표감사의 목적과 필요성에 대해 설명하시오.

03. 회계감사인이 표명하는 감사의견은 적정의견, 한정의견, 부적정의견, 의견거절의 네 가지 유형이 있다. 각 유형의 의미에 대해 설명하시오.

04. 회계감사는 완벽한 신뢰가 아니라 합리적인 신뢰를 추구한다. 합리적 신뢰란 무엇이며, 합리적 신뢰를 추구하는 이유는 무엇이라고 생각하는가?

05. 다음은 신문기사의 일부이다. (가)에 들어갈 내용으로 가장 적절한 것은?[FAT 2급, 63회]

> 외부감사인의 회계감사 대상 회사의 재무제표 작성 지원을 금지하며, 회사가 자체 결산 능력을 갖추고 (가)의 책임하에 재무제표를 작성하도록 했다.
>
> (XX신문, 2023년 3월 31일)

① 내부감사인　　② 과세당국
③ 경영자　　④ 공인회계사

06. (가)와 (나)에 들어갈 내용으로 가장 적절한 것은?

> 회계감사를 하는 감사인은 기업의 재무제표가 (가)를 준수하여 작성되었는지 감사한다. 이때 감사인의 회계감사의 업무지침인 (나)를 준수하여야 한다.

	(가)	(나)
①	회계기준	회계감사기준
②	회계감사기준	회계기준

회계의 기초 제 2 장

생각해 볼 문제

01. 회계의 목적은 무엇인가?
02. 회계시스템은 회계정보이용자에 따라 달라지는가?
03. 회계보고의 실체는 누구인가?
04. 회계시스템에 적용되는 전제조건, 즉 기본적인 가정은 무엇이며, 왜 필요한가?
05. 유용한 회계정보가 되기 위해 갖추어야 할 특성들은 무엇인가?
06. 일반적으로 인정된 회계원칙이란 무엇이며, 왜 필요한가?
07. 발생주의와 현금주의의 차이점은 무엇인가?

제1절 회계의 본질

회계는 여러 측면에서 다양하게 해석될 수 있다. 기업의 정보를 주고받는 과정에서 사용되는 도구로 본다면 회계는 언어적인 특성을 지니며, 관련 자료의 처리와 전달이 구조적으로 이루어진다는 측면에서는 정보시스템이라고 할 수 있다. 또한 회계를 둘러싼 정보의 이용자와 제공자의 측면에서 본다면 회계는 서비스 활동이라고 볼 수 있다.

1.1 회계는 기업의 언어이다

우리는 조직적인 사회에서 살아가고 있다. 조직이란 개별적으로 수행하기 어려운 활동을 보다 능률적으로 수행하기 위해 두 사람 이상이 모인 것이며, 조직이 원활하게 운영되려면 구성원 간의 원활한 의사소통이 필요하다. 의사소통에 있어 가장 기본적인 수단은 당연히 언어일 것이다. 언어에는 일정한 규칙이 있고, 사용하는 낱말이나 문장에도 특정한 의미가 담겨있다. 또한 사회환경이 변하면 새로운 낱말이 등장하기도 하고 기존에 사용하던 단어가 사라지기도 하며 사회가 복잡해질수록 언어의 구조도 복잡해진다.

목표를 달성하기 위한 조직의 활동에는 늘 경제행위가 수반되기 마련인데, 조직의 경제활동에 대한 의사소통은 회계를 매개로 하여 이루어진다. 회계가 언어처럼 기능하는 것이다. 회계도 언어처럼 일정한 규칙과 의미가 있으며 경제활동의 영역이 확대될수록 더욱 복잡해진다. 회계는 언어, 법률 등과 같이 환경의 변화에 적응하면서 진화하기 때문에 회계를 공부한다는 것은 회계의 독특한 규칙과 용어의 의미를 익힌다는 것을 의미한다.

사회적으로 경제활동을 하는 조직을 경제주체라고 하는데, 가계, 기업, 정부가 가장 중요한 경제주체이다. 그 중 기업은 그들의 고객에게 재화나 용역을 제공하는 생산적인 조직이며, 희소자원을 획득하여 가치를 증대시키고 이를 기업 외부에 있는 사람들에게 판매하는 경제활동을 수행한다. 따라서 회계는 이와 같은 일련의 경제활동에 대해 기업이 이해관계자들과 커뮤니케이션하기 위한 기업의 언어(language of business)이다.

한편, 정부나 지방자치단체는 국민이나 주민이 납부한 세금을 효율적으로 활용하여 국민 또는 주민에게 재화나 공공서비스를 제공하는 생산적인 조직이다. 따라서 세금을 효율적으로 활용하여 적절한 공공서비스를 제공하였는지, 지속적으로 공공서비스를 제공할 능력이 있는지를 판단하는 데 유용한 정보를 제공해야 한다. 이렇듯 영리를 목적으로 하지 않는 비영리조직 또한 자원을 이용하여 활동한다는 점에서 영리조직과 다를 바 없고 이들 역시 회계를 통해 사회와 소통한다. 이러한 학교, 종교단체나 자선단체 등의 회계를 비영리회계라 한다. 이 책에서는 영리를 목적으로 하는 기업회계를 중심으로 회계의 규칙과 회계에서 사용하고 있는 용어의 의미 등을 설명하고 있다.

1.2 회계는 정보시스템이다

기업의 경제활동은 매우 다양하고 복잡하기 때문에 일상적인 언어로 그 내용을 주고받는 것은 거의 불가능하다. 따라서 전달할 가치가 있는 경제활동을 식별하고 그 내용을 요약한 회계정보(accounting information)로 의사소통한다. 정보(information)란 의사결정에 이용할 가치가 있는 자료이며, 정보시스템이란 이런 정보가 전달되는 체계를 의미한다. 기업의 경제활동이 회계시스템을 통하여 이용가능하면서 유용한 정보로 처리되고 이 정보를 매개로 기업이 사람들과 의사소통하기 때문에 회계를 정보시스템(information system)이라고 한다. 이러한 회계정보시스템의 구조를 [그림 2-1]과 같이 표시할 수 있다.

기업은 자신의 경제활동을 측정하고 요약하여 산출한 회계정보를 정보이용자에게 전달한다. 회계정보이용자는 이 정보를 자신의 의사결정에 이용함으로써 기업의 경제활동에 영향을 미치고 회계담당자에게 피드백을 제공하게 된다. 예를 들어 어떤 회사가 10억 원의 자금이 필요하여 은행에 차입신청을 하였다고 가정해 보자. 은행이 대출 여부를 결정할 때에는 회사가 약속된 기일 안에 원금과 이자를 갚을 능력이 있는지 판단하는 것이 가장 중요할 것이다. 기업의 상환

[그림 2-1] 회계정보시스템의 구조

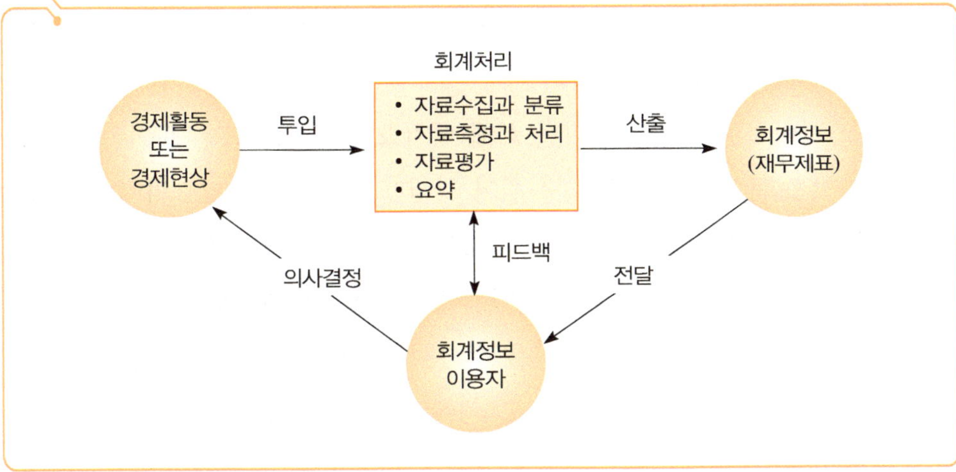

능력을 평가하기 위해서는 회사가 사업을 잘하고 있는지, 빚이 많아 도산할 가능성은 없는지 등의 여러 정보가 필요한데, 이러한 정보 중에서 가장 중요한 것이 회사의 경제활동과 재무상태를 나타내는 회계정보이다. 은행은 회사가 제출한 회계정보를 분석하여 돈을 빌려줄 것인지를 판단하며, 이러한 은행의 결정은 사업 확장과 같은 회사의 경제활동에 영향을 미친다.

의사소통이란 일방적인 전달이 아니라 전달과 피드백의 과정을 포괄하는 개념이다. 정보시스템의 중요한 두 가지 기능은 측정(measurement)과 의사소통(communication)이다. 측정은 기업의 경제활동 또는 경제 현상이 기업에 미치는 영향의 크기, 즉 금액을 결정하는 과정을 말한다. 예를 들어, 은행에서 10억 원을 차입하는 경제활동이 있었다면 이러한 경제활동은 회사의 현금 보유액을 10억 원 증가시키는 결과를 가져온다. 이와 같이 경제활동을 화폐액으로 결정하는 과정을 측정이라 한다. 따라서 회계는 측정과 의사소통의 기능을 하는 정보시스템이라고 할 수 있을 것이다.

1.3 회계는 서비스 활동이다

회계는 기업의 정보를 이용하고자 하는 사람과 기업 간의 의사소통 수단이며,

회계정보 이용자들은 회계정보를 이용해서 보다 합리적인 의사결정을 할 수 있게 된다. 그렇다면 회계는 회계정보 이용자들에게 도움을 주는 서비스 활동(service activity)으로 볼 수 있다.

회계를 서비스 활동으로 본다면 회계 서비스의 대상은 매우 광범위하며, 넓은 의미에서 보면 사회의 모든 구성원이 회계가 제공하는 서비스의 수혜자라고 할 수 있다. 그렇지만 그중에서 가장 대표적인 이용자는 투자자와 채권자일 것이다. 회사가 발행한 주식을 보유하고 있거나 취득할 계획이 있는 투자자라면 그 주식을 보유하고 있는 기간 동안 받을 수 있는 배당금과 미래의 특정 시점에 그 주식을 매각하여 받을 수 있는 금액을 예측해야 한다. 기업에 자금을 공급하는 주주와 채권자는 회계정보의 가장 밀접하고 중요한 서비스 대상이다.

한편, 기업의 입장에서는 소비자에게 제공할 재화나 용역의 가격을 결정하거나 특정 설비의 교체 여부, 신제품의 생산 여부, 집중적으로 판매해야 할 품목의 선정, 원재료를 안정적으로 공급받을 수 있는 업체의 선정 등과 같은 의사결정을 할 때 회계정보의 도움을 받을 수 있다. 노동조합은 임금교섭을 할 때, 정부는 철도, 전기, 체신 및 공공요금의 규제, 조세정책 수립이나 육성해야 할 산업의 선정 등과 같은 결정을 할 때 회계의 도움이 필요하다. 소비자는 특정 제품의 가격이 적정한지를 판단할 때 회계의 도움을 받을 수 있다. 회계가 제공하는 서비스를 직접적 또는 간접적으로 받는 대상자는 이외에도 다양하다. 이런 면에서 회계는 서비스 활동이며 사회의 모든 구성원은 회계가 제공하는 서비스의 수혜자라고 할 수 있다.

제2절 회계의 목적과 분류

모든 일에 있어서 가장 중요한 부분은 어떤 일을 왜 하는지 명확하게 인식하는 것이다. 기본적으로 일의 개념이 정립되어야 그에 맞는 구체적인 방안도 모색하게 된다. 회계의 본질에서 살펴본 바와 같이, 회계는 정보이용자가(for whom) 상황을 잘 알고서 판단이나 의사결정을 할 수 있도록(why) 경제적인 정보를(what) 식별하고 측정하여 전달하는(how) 과정이라 할 수 있다.

2.1 회계의 정의와 목적

회계에 대한 정의는 시대에 따라 다르게 인식되었다. 회계의 사회적 역할이 크게 인식되지 않았던 과거에는 회계를 거래나 경제적 사건을 측정, 기록, 분류, 요약, 해석하는 기술로 정의하였다. 그러나 현대의 회계는 사회적인 역할과 기능이 중요하게 인식되고 있다. 즉, 회계는 단순한 기술이 아니라 사회에 필요한 정보를 전달하는 정보시스템으로 기능한다는 것이다.

이런 면에서 회계(accounting)는 경제적 실체에 대한 재무적 자원의 변동을 측정하고 전달함으로써 정보이용자의 경제적 의사결정에 유용한 정보를 제공하는 정보시스템으로 정의할 수 있다. 측정(measurement)이란 경제활동을 계량해서 수치화하는 것을 말한다.

회계의 목적은 회계의 정의에서 도출할 수 있다. 즉, 회계의 목적은 이용자의 경제적 의사결정에 유용한 정보를 제공하는 것이다. '이용자', '경제적 의사결정' 및 '유용한 정보'는 회계와 회계의 목적을 이해하는 가장 기본적인 용어이다. 다음 부분에서는 '이용자'와 '경제적 의사결정'을 각각 살펴보고, '유용한 정보'는 설명의 편의상 다음 절에서 회계정보의 속성과 함께 살펴보기로 한다.

2.2 회계정보의 이용자

회계정보 이용자를 시점별로 살펴보면, 기업과 현재 이해관계가 있는 회계정보 이용자, 지금은 아니지만 앞으로 이해관계가 생길 수 있는 잠재적 이용자로 나눌 수 있다. 그러나 이해관계라는 것은 언제든지 생성, 소멸할 수 있기에 이런 분류가 크게 의미 있는 것은 아니다. 오히려 기업 외부에 위치하여 주어진 회계정보를 이용하는 외부이용자와 기업 내부에서 자유롭게 회계정보를 이용할 수 있는 내부이용자로 나누어 살펴보는 것이 의미가 있을 것이다.

(1) 외부의 정보이용자

기업 외부의 회계정보이용자는 주식을 소유하고 있는 주주(투자자)와 자금을 빌려준 채권자(주로 금융기관), 주식 매입을 고민하는 잠재적인 주주, 외상거래를 하는 거래처, 세금을 징수해야 하는 정부, 기업의 가치를 평가하는 재무분석가 등 매우 다양하다. 이 중 가장 중요한 정보이용자는 투자자와 채권자이다. 기업 입장에서 보면 이들은 필요한 자원을 공급해 주는 자금의 원천이라는 공통점이 있다. 반면에 투자자로부터 조달한 자금은 상환의무가 없는 자금이며 채권자로부터 조달한 자금은 상환의무가 있다는 차이점이 있다. 정부는 세금을 징수하기 위해 기업의 회계정보를 이용하며, 거래처는 신용도를 파악하거나 기업을 합병하기 위해서 회계정보를 이용하기도 한다.

이렇듯 외부의 정보이용자는 매우 다양한 유형이 있으며, 기업이 제공하는 회계정보를 이용할 수밖에 없다는 점에서 필요한 정보를 자유롭게 이용할 수 있는 내부의 정보이용자와 다르다. 외부 정보이용자들에게 필요한 정보를 제공하는 것인 회계를 재무회계(financial accounting)라고 한다.

(2) 내부의 정보이용자

기업 내부에 있는 회계정보 이용자는 경영자를 의미한다. 주주들로부터 의사결정 권한을 위임받아 기업을 관리하는 경영자들은 여러 가지 대체안 중에서 기업의 부(富)를 극대화시키는 방법을 선택함으로써 자신의 책임을 다하고자 한다. 경영자의 선택이 기업에 미칠 영향을 분석하는 과정에 필요한 정보를 제공하기 위한 회계시스템을 관리회계(management accounting)라고 한다.

경영자는 기업 내부에서 자유롭게 회사의 정보에 접근할 수 있다. 이런 특성은 다른 회계정보이용자와 경영자를 구분 짓는 가장 큰 차이점이다.

2.3 회계의 분류

회계는 크게 재무회계와 관리회계의 두 분야로 나누어지는데, 여기에 세무회계를 포함하여 세 분야로 분류하기도 한다. 이는 회계정보를 이용하는 이용자의 유형에 따라 구분한 분류로서 수요에 맞는 회계정보를 생산해서 제공하기 위해 필요한 분류이다.

(1) 재무회계

재무회계(financial accounting)는 외부이용자들이 이용할 수 있는 회계정보를 생산하여 제공하는 회계분야이다. 앞서 살펴본 바와 같이 회계정보의 외부이용자는 다양한 유형으로 구성되어 있어서 각 유형의 정보이용자가 필요로 하는 정보를 별도로 정리하여 제공할 수 없다. 따라서 외부이용자 전체가 공동으로 이용할 수 있는 회계정보를 제공하는 회계 분야를 재무회계라 한다.

재무회계에서는 거래와 사건을 측정하고 기록하여 회계정보를 생산하는 일련의 과정에서 어느 유형의 정보이용자에게만 유리하거나 불리하지 않도록 편의 없이 공정한 회계정보가 제공되어야 한다는 점이 중요하다. 따라서 재무회계의 회계정보는 사회적으로 합의된 정보처리규칙을 준수하여 작성되어야 하는데, 이 규칙을 일반적으로 인정된 회계원칙(generally accepted accounting principle, GAAP)이라 한다. 각 국가에서는 자국의 경제사회 상황을 고려하여 일반적으로 인정된 회계원칙을 규정하고 있는데, 우리나라의 경우에는 재무회계에서 준수해야 할 대표적인 회계기준으로 한국채택국제회계기준(K-IFRS)과 일반기업회계기준이 있다.

(2) 관리회계

관리회계(managerial accounting)는 기업 내부에 있는 경영자들의 관리적 의사결정에 유용한 정보를 제공하기 위해 마련된 회계시스템을 말하며, 그 정보는 경영자의 의사결정 목적에 적합하면 되기 때문에 사회적으로 합의된 규칙의 제약을 받지 않는다. 관리회계는 예산의 편성, 판매가격 결정 등의 경영관리 목적의 의사결정에 유용한 내부적인 정보를 필요로 하기 때문에 회계정보의 작성과

보고에 특별한 사회적인 규제 없이 비교적 자유롭다.

관리회계의 한 부분으로서 제품의 원가를 결정하고 관리하는 분야를 원가회계(cost accounting)라고 한다. 원가회계는 제품의 제조과정에서 발생하는 원가를 정확하게 측정하고자 하는 분야이다.

(3) 세무회계

기업 외부의 정보이용자 중 세금을 징수해야 하는 정부를 위한 회계시스템을 세무회계(tax accounting)로 구분하기도 한다. 세무회계는 기업이 창출한 이익을 바탕으로 세무당국에 납부해야 하는 세액을 세법에 따라 계산하며, 세법의 범위 안에서 세금을 최소화하는 세무계획을 포함한다. 세무전문가는 재무회계의 이해와 지식을 바탕으로 세무에 관한 법률, 규칙, 법령, 판례 등에 관한 충분한 지식과 이해를 필요로 한다.

회계는 크게 재무회계, 관리회계 및 세무회계로 구분하지만 회계시스템의 주축은 재무회계시스템에 있다. 재무회계시스템은 기업 전체의 경영활동에 대한 광범위한 회계정보를 산출하며, 이렇게 생산된 정보 중 일부는 관리회계에서도 이용되고 있다.

〈표 2-1〉 재무회계, 관리회계 및 세무회계의 비교

구 분	재무회계	관리회계	세무회계
주요 이용자	투자자, 채권자 등 외부정보이용자	경영자 등 내부정보이용자	정부
보고서	일반 목적의 재무제표	특수 목적의 보고서	세금 신고서류
작성기준	일반적으로 인정된 회계원칙	특정 기준이 없음	세법
정보의 특성	주로 과거의 재무적 정보	재무적, 비재무적 정보	회계자료를 세법기준에 맞게 조정
보고서 작성주기	보통 1년, 6개월(반기), 3개월(분기)	필요에 따라 수시로 작성	세금 신고 시

2.4 경제적 의사결정

우리는 항상 의사결정을 해야 하는 상황에 직면한다. 등교할 때에 버스를 이용할 것인가 아니면 전철을 이용할 것인가? 수업이 끝난 후에 곧바로 집으로 갈 것인가 아니면 도서관에서 공부를 할 것인가? 동문회에 참석할 것인가 아니면 참석하지 않을 것인가? 이러한 문제들이 있을 때 각각의 방안이 자신에게 어떠한 영향을 미치는가를 생각하고 자신에게 도움이 되는 방안을 선택할 것이다.

이와 같이 의사결정(decision making)이란 선택 가능한 두 가지 이상의 대체적인 방안 중에서 어느 하나를 합리적으로 선택하는 과정이다. 또한 경제적이라는 말은 최소의 비용으로 최대의 효과를 추구하는 것을 의미한다. 따라서 경제적 의사결정이란 여러 가지 선택 가능한 방안 중에서 최소의 비용으로 최대의 효과를 가져올 수 있는 방안을 선택하는 합리적인 과정이다. 기업의 이해관계자들은 여러 정보를 토대로 경제적 의사결정을 하는데, 그 중 중요한 정보가 회계정보인 것이다.

제3절 회계정보처리과정

3.1 회계정보시스템

회계정보시스템은 기업실체의 경제활동 자료를 식별·측정·요약하여 전달하는 시스템이다. 회계처리 과정을 구체적으로 표시하면 [그림2-2]와 같다.

회계시스템은 투입과정인 거래로부터 시작된다. 기업의 경제활동 또는 경제현상 전부가 회계처리 되는 것은 아니고 회계상 거래로 인식되는 부분만 회계처리 된다. 거래로 인식되기 위해서는 인식기준을 충족하며 측정 가능하여야 한다.

회계정보처리의 시작은 분개이며, 분개가 이루어지는 장부를 분개장이라 한다. 분개장에는 모든 거래가 기록되며 이후에 분개장의 내용이 원장과 보조부로 옮겨지는데, 이를 전기라고 한다. 시산표는 분개와 전기가 올바르게 되었는지 확인해 볼 수 있는 장치인데, 회계기간 중의 회계처리는 주로 분개와 전기로 이루어진다. 회계기간이 끝나면 결산과정이 진행되고 그 결과물이 재무제표로 작성된다.

이 책의 제5장에서는 회계기간 중의 회계처리를, 제6장에서는 기말의 회계처리 과정을, 제7장에서는 재무제표에 대해 다루고 있다.

[그림 2-2] 회계정보처리과정

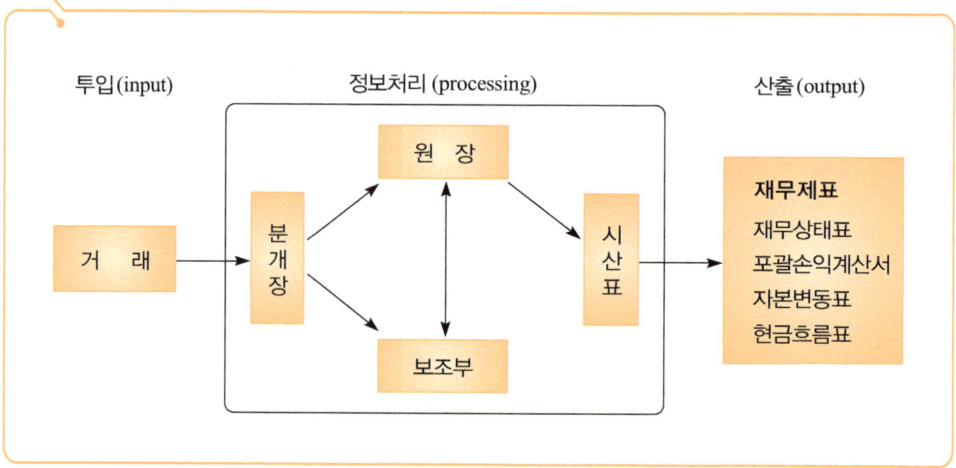

3.2 보고실체와 회계시스템

회계는 경제주체의 경제활동을 측정대상으로 하고 있다. 경제주체를 회계용어로 바꾸면 기업실체(business entity) 또는 보고실체라는 말로 표현할 수 있다. 기업실체는 기업이 소유주, 경영자, 종업원 등과 구별되며, 그들과 분리되어 독립적인 지위에서 경제활동을 하는 경제행위의 주체라는 의미이다. 만약 회계의 바탕에 기업실체의 개념이 없다면, 기업의 재산과 기업 소유주의 재산이 혼합될 수 있고 기업의 경제활동과 소유주의 경제활동을 구분하는 경계가 모호해져서 기업의 경제활동을 독립적으로 측정하기가 어려워진다.

기업실체는 다른 기업실체와도 구별된다. 예를 들어 재벌 회장이 여러 개의 기업을 소유하더라도 각 기업의 경영활동은 독립적으로 측정되고 요약되는 것이 원칙이라는 의미이다. 만약 둘 이상의 기업이 지배종속 관계에 있어 경제적으로 하나의 실체로 볼 여지가 있다하더라도 회계처리는 독립적으로 이루어진다. 다만 재무제표를 작성할 때에는 연결재무제표를 작성한다. 연결재무제표는 경제적으로 하나의 경제실체로 판단되는 개별기업의 재무제표를 합하여 하나로 만든 재무제표이다.

회계의 보고실체는 기본적으로 영리를 목적으로 하는 기업을 의미한다. 그러나 현대의 회계는 여러 유형의 비영리 조직으로 그 대상이 확장되고 있다. 영리를 목적으로 하지 않는 조직이라도 설립목표를 달성하기 위한 활동에 자금을 모으고 지출하는 과정이 수반되기 때문이다. 과거에는 이러한 비영리조직의 자금이 크지 않았으나 지금은 그 규모와 비중이 엄청나게 커졌고, 또한 자금이 해당 목적에 사용되는지 확인하고 싶어하는 사람들이 많아지기도 하였다. 따라서 오류와 부정을 방지하고 효과적으로 자원을 관리할 수 있는 회계시스템을 도입하는 단체들이 늘어나고 있는데, 정부, 종교단체, 학교 또는 사회복지법인 등이 여기에 해당된다.

보고실체를 기준으로 회계시스템을 구분한다면, 영리기업 회계시스템, 정부회계시스템과 비영리회계시스템으로 구분할 수 있다.

정부회계(governmental accounting)는 보고실체가 정부인 회계로, 정부기관의 예산과 집행, 정부자산의 취득과 처분 및 목표의 달성과 효율성 평가 등 재무회계와 관리회계 측면의 회계정보를 사용한다. 우리나라 정부는 2009년부터 복식부기에 의한 회계처리를 시작하였고 '국가회계기준'에 따라 회계처리하고 있다.

비영리회계(accounting for nonprofit organization)는 자발적인 자금 제공자에 의해 조달된 자금으로 영리 목적 없이 운영되는 조직의 회계로 병원회계, 학교회계, 종교단체회계 등을 포함하는 용어이다.

제4절 회계의 기본가정과 회계정보의 속성

학문이란 특정 분야의 연구 활동들이 모여 만들어진 지식체계로서, 수많은 논리적·실증적 연구를 통해 획득한 정보가 체계화되는 과정이다. 이러한 논리적 체계화를 이루기 위해서는 다양한 조건들이 전제되는데, 이를 회계학에서는 공준(postulates) 또는 기본가정이라고 한다. 회계의 기본적인 가정(basic assumptions)은 계속기업의 가정(going concern assumption)이다. 이 개념은 회계처리의 실무 지침인 회계원칙을 도출하는 데 필수적인 전제조건이다.

4.1 계속기업의 가정

만약 당신이 개발지역의 토지를 천만 원에 매입하였고 한 달 후에 천이백만 원에 처분하였다고 가정하자. 다른 경제활동을 아무것도 하지 않았다면 한 달에 이백만 원의 이익이 생겼으며 재산이 천이백만 원이 되었음을 쉽게 알 수 있다. 영업활동이 1회로 종결되었고 투자금이 모두 회수되었으니 이백만 원의 이익을 투자자들에게 배분할 수 있다.

그러나 기업은 반복적으로 영업활동을 수행하므로 기존의 거래가 종결되지 않은 상태에서 새로운 거래를 시작하는 것이 일반적이다. 그러므로 모든 거래가 종결되지 않은 상태에서 영업활동의 성과를 정확하게 파악할 수 없게 되며 그로 인해 투자자에게 배당을 할 수 없는 등 많은 문제가 발생한다. 따라서 현대의 회계는 기업이 계속적으로 영업활동을 한다는 전제하에 인위적으로 기간을 구분하여 발생기준의 회계처리를 한다. 기업의 경영성과와 재무상태를 파악하기 위해서 기업이 청산할 때까지 기다릴 수 없기 때문이다. 즉, 계속기업의 가정은 기업실체가 그 목적과 의무를 이행하기에 충분할 정도로 장기간 존속하며 정상적인 영업활동을 계속할 것이라고 가정하는 것이다. 계속기업의 가정으로 기업의 이해관계자들은 회사가 재무적 의무사항을 정상적으로 이행할 것이라는 믿음을 가질 수 있다.

[그림 2-3] 회계기간의 예

계속기업의 가정은 회계기간의 설정, 발생기준 등의 여러 가지 개념을 파생시킨다. 회계기간은 사업의 내용에 따라 영업결과가 도출되는 기간으로 회계연도(fiscal year) 또는 사업연도라고 한다. 일반적으로 회계기간은 1년이지만 달력상 1월에서 12월을 의미하는 것은 아니다. 회사는 사업 내용에 따라 개별적으로 회계기간을 설정할 수 있으며 사업의 시작일과 종료일의 기간이 1년이라는 의미이다.

회계기간을 구분해서 경영성과를 파악하는 일은 그리 간단하지 않다. 만약 영업활동의 대부분은 당기에 이루어졌으나 그 결과가 다음 회계기간에 결정된다든지, 당기에 지출이 생겼으나 그 효과가 여러 회계기간에 걸쳐 나타난다면 기간별로 영업활동의 성과를 결정하는데 혼란이 따를 수 있다. 이런 경우 거래나 사건의 중요한 상황이 발생한 시점이 언제인가를 판단하여 해당 회계기간에 영업활동을 회계처리하는 개념을 발생기준(accrual basis)이라 한다. 발생기준에 대비되는 개념은 현금기준으로, 현금기준(cash basis)은 현금이 유입되거나 유출될 때 영업활동의 성과를 인식하자는 개념이다.

예를 들어 발생기준과 현금기준을 적용해 보자. 이전 회계기간에 상품을 건네주고(혹은 판매하고) 대금을 다음 회계기간에 받았다면 영업성과는 어느 회계기간에 기록해야 할까? 물건을 사고팔 때 해당 물건을 주고받는 것이 가장 중요한 일이라고 생각하고 발생기준을 적용한다면, 상품을 건네준(인도한) 회계기간의 영업성과로 기록된다. 그러나 현금기준에 의하면 상품 판매대금을 받은 회계기간의 성과로 인식될 것이다. 어떤 기준을 적용하느냐에 따라서 회계기간별 성과가 달라지게 된다. 물론 상품을 건네자마자 상품대금을 받았다면 어느 기준을 적용하든지 같은 회계기간의 성과로 기록될 것이다.

영업활동의 중요한 부분이 무엇이냐에 대해서는 추가적인 논의가 필요하겠지만, 발생기준에 따라 기업활동의 성과를 평가하는 것이 현금기준보다 더 합리적인 방법으로 받아들여지고 있다. 회계는 발생기준에 의한 회계처리를 기본원칙으로 하고 있다.

함께 읽어보기

통조림 깡통 이야기

배가 난파되어 물리학자, 화학자, 그리고 경제학자가 무인도에 표류하였다. 가진 식량은 콩통조림 하나인데 통조림을 열 수가 없었다. 그러자 물리학자는 이런 제안을 하였다.
"제가 계산한 바에 의하면, 통조림의 무게는 1파운드이고 20피트 상공에 던져올리면 지상에 떨어지는 순간의 낙하속도는 초당 183피트입니다. 그러니까 떨어질 지점에 바위를 놓아두고 통을 그 높이에서 던지면 통조림을 열 수 있습니다."
이를 듣던 화학자는 다음과 같이 말하였다.
"통조림 깡통을 정확히 20피트 상공에 던져 올릴 수 없어서 그 방법은 위험합니다. 제게 좋은 생각이 있습니다. 불을 피워 통조림 깡통을 1분 37초 동안 가열합시다. 계산해보니 그렇게 하면 통조림 솔기가 터지기 시작하는데 그 때 바로 깡통을 불에서 꺼내는 방법이 더 안전합니다."
그러자 조용히 듣고 있던 경제학자가 이렇게 말했다.
"두 방법 모두 깡통을 열기는 하겠지만 실행하기에 너무 복잡합니다. 제 생각에는 깡통 따개(can opener)를 구하는 것이 깡통을 열 수 있는 좋은 방법입니다."
이 이야기는 경제학에 대한 중요한 사실과 단점을 한 가지씩 내포하고 있다. 많은 경제이론들이 가정을 설정해서 문제를 해결하려 한다는 점과 그 가정이 어리석고 우스꽝스러울 수 있다는 것이다. 〈출처: 법경제학 입문(송상현 · 정상조 공역, 경문사, 13~14쪽) 각색〉

만약 회계학자가 있었다면 어떤 반응을 보였을까? 아마도 다음과 같은 주장을 하였을 것이다.
"현실적으로 볼 때 세 분의 방법은 큰 도움이 되지 않습니다. 특히, 경제학자가 주장하신 방법은 지나치게 비현실적입니다. 우리가 해야 할 일은 현실을 직시하고, 그 가운데서 해결 방법을 찾는 것입니다. 깡통의 콩을 일부 먹지 못하게 되더라도 주위에서 깡통을 딸 수 있는 도구를 찾아야 합니다. 자, 우리 함께 뾰족한 돌을 찾아 나섭시다."

4.2 회계정보의 속성

회계의 목적은 유용한 정보를 제공하는 것이다. '유용하다'라는 것은 '쓸모있다', '유익하다', '도움이 된다'는 뜻을 내포하고 있다. 회계정보의 속성이란 회계정보의 유용성을 높일 수 있는 보다 구체적인 특성을 의미한다. 유용성의 의미를 좀 더 상세하게 설명하여 개념화 하는 것이다. 회계정보의 특성은 회계정보가 지녀야 할 질적인 특성과 회계시스템이 제공하는 정보의 양과 시기를 결정하는 제약요인의 두 부분으로 나누어 생각해 볼 수 있다.

(1) 질적 특성

유용한 회계정보는 이용자가 정보를 쉽게 이해할 수 있어야 하며, 이용자의 이용목적에 적합한 것이어야 하고, 나타내고자 하는 바를 충실하게 표현해야 한다. 뿐만 아니라 동일한 기업의 과거 내용과 현재 내용을 비교할 수 있으며, 특정 기업을 다른 기업과 비교할 수 있어야 한다. 아무리 좋은 정보가 있더라도 정보 이용자가 이해할 수 없거나 이용자의 목적에 적합한 것이 아니면 쓸모가 없고, 아무리 많은 정보가 있더라도 검증이 불가능하거나 적시성이 없고, 비교가능하지 못하다면 정보로서의 이용가치가 없다는 것이다.

회계정보의 질적 특성(qualitative characteristics)은 목적적합성과 충실한 표현이라는 근본적 질적 특성과 이를 보강하는 질적 특성인 비교가능성, 검증가능성, 적시성 및 이해가능성으로 설명된다.

① 근본적 질적 특성

근본적 질적 특성은 회계정보가 갖추어야 할 가장 중요한 속성을 의미하며, 목적적합성과 충실한 표현의 두 가지 특성이 여기에 해당한다.

■ 목적적합성(relevance)

목적적합한 정보란 이용자가 과거, 현재 또는 미래의 사건을 평가하거나 과거의 평가를 확인 또는 수정하도록 도와주어 경제적 의사결정에 영향을 미치는 정보를 말한다. 목적적합한 정보는 정보이용자의 의사결정에 차이가 나도록 할 수 있으며, 회계정보에 예측가치, 확인가치 또는 이 둘 모두가 있다면 그 정보는 의사결정에 차이가 나도록 할 수 있다.[1)]

정보의 예측가치와 확인가치는 상호 관련이 있다. 기업이 현재 보유하고 있는 자산규모와 그 구성에 관한 정보는 이용자가 기업의 기회 활용능력과 위기 대응능력을 예측하는 데 유용한 정보이므로 예측가치를 가지며, 이러한 정보는 이용자의 과거 예측이 적절하였는지를 피드백함으로써 확인가치를 지닌다. 또한 재무상태와 과거 경영성과에 대한 정보는 미래의 재무상태와 경영성과, 그리고 배당과 급여의 지급능력, 주가변동, 기업의 의무 이행능력과 같이 이용자와 직접적 이해관계가 있는 사안을 예측하는 기초 자료로 이용된다.

정보의 목적적합성은 정보의 중요성(materiality)에 따라 영향을 받는다. 정보가 누락되거나 잘못 기재된 경우, 특정 보고기업의 재무정보에 근거한 정보이용자의 의사결정에 영향을 줄 수 있다면 그 정보는 중요한 것이다.[2)]

■ 충실한 표현(faithful representation)

회계정보가 유용하기 위해서는 목적적합한 현상을 표현하는 것뿐만 아니라 나타내고자 하는 현상을 충실하게 표현해야 한다. 완벽하게 충실한 표현을 하기 위해서는 완전하고, 중립적이며, 오류가 없어야 할 것이다.[3)]

완전한 서술은 정보이용자가 경제적 현상을 이해하는 데 필요한 모든 정보를 포함하는 것이며[4)], 중립적 서술은 재무정보의 선택이나 표시에 편의(bias)가 없는 것으로 정보이용자가 재무정보를 유리하게 또는 불리하게 받아들일 가능성을 높이기 위해 편파적이 되거나, 편중되거나, 강조되거나, 경시되거나 그 밖의 방식으로 조작되지 않는다.[5)]

충실한 표현은 모든 면에서 정확한 것을 의미하지는 않는다. 오류가 없다는 것은 경제적 현상의 기록에 오류나 누락이 없고, 사용되는 절차의 선택과 적용시

---

1) 개념체계 QC6
2) 개념체계 QC11
3) 개념체계 QC12
4) 개념체계 QC13
5) 개념체계 QC14

오류가 없음을 의미한다. 오류가 없다는 것은 모든 면에서 완벽하게 정확하다는 것을 의미하는 것이 아니다. 추정치로서 금액을 명확하고 정확하게 기술하고, 추정절차의 성격과 한계를 설명하며, 그 추정치를 도출하기 위한 적절한 절차를 선택하고 적용하는 데 오류가 없다면 그 추정치의 표현은 충실하다고 할 수 있다.[6)]

② 보강적 질적 특성

보강적 질적 특성이란 근본적 질적 특성을 보충해주는 특성을 말한다. 여기에는 비교가능성, 검증가능성, 적시성, 이해가능성의 네 가지 속성이 해당한다.

▪ 비교가능성(comparability)

회계정보 이용자는 한 기업의 재무상태와 경영성과의 추세를 식별하기 위해 재무제표를 기간별로 비교할 수 있어야 하며, 또한 다른 기업과의 상대적인 재무상태와 경영성과 및 재무상태의 변동을 평가하기 위해 기업 간 재무제표를 비교할 수 있어야 한다. 따라서 유사한 거래나 그 밖의 사건의 재무적 영향을 측정하고 표시할 때 한 기업 내에서, 그리고 당해 기업의 기간별로 일관된 방법이 적용되어야 하며, 기업 간에도 일관된 방법이 적용되어야 한다.

▪ 검증가능성(verifiability)

검증가능성은 정보가 나타내고자 하는 경제적 현상을 충실히 표현하는지를 정보이용자가 확인하는 데 도움을 준다. 검증가능성은 합리적인 판단력이 있고 독립적인 서로 다른 관찰자가 어떤 서술이 충실한 표현이라는 데 의견이 일치할 수 있다는 것을 의미한다.[7)]

검증은 직접적 또는 간접적으로 이루어질 수 있다. 직접검증은 현금을 세는 것과 같이, 직접적인 관찰을 통하여 금액이나 그 밖의 표현을 검증하는 것을 의미하며, 간접검증은 모형, 공식 또는 그 밖의 기법에 대해 투입요소를 확인하고 같은 방법을 사용하여 그 결과를 재계산하는 것을 의미한다.[8)]

---

6) 개념체계 QC15

7) 개념체계 QC26

■ 적시성(timeliness)

정당한 사유 없이 정보의 보고가 지체된다면 그 정보는 목적적합성을 상실할 수 있다. 경영진은 적시성 있는 보고와 신뢰성 있는 정보 제공의 장점에 대한 상대적 균형을 고려할 필요가 있다. 신뢰성과 목적적합성이 균형을 이루기 위해서는 이용자의 경제적 의사결정 요구를 어떻게 최대한 충족시킬 수 있느냐를 우선 고려하여야 한다.

■ 이해가능성(understandability)

정보를 명확하고 간결하게 분류하고, 특징지으며 표시하면 이해가능하게 된다.[9] 회계정보 이용자는 경영 및 경제활동과 회계에 대한 합리적인 지식을 가지고 있으며, 관련 정보를 분석하기 위하여 합리적인 노력을 기울일 의지가 있는 것으로 가정한다.

(2) 유용한 정보에 대한 원가제약

효익과 원가 간의 균형(원가효율성, 효익>비용, benefits>costs)은 질적 특성이라기보다는 유용한 정보에 대한 제약요인이다. 특정 정보에서 기대되는 효익은 그 정보를 제공하기 위하여 소요되는 원가보다 커야 한다. 아무리 목적적합하고 믿을 수 있으며 중요한 정보라고 할지라도 그 정보를 산출하여 전달하고 이용하는 데 소요되는 비용이 그 정보를 이용함으로써 얻게 될 효익보다 크다면 그 정보는 제공할 가치가 없는 것이다. 따라서 전달될 정보는 그 정보를 이용함으로써 얻을 수 있는 효익이 그 정보를 이용할 수 있기까지의 비용보다 큰 경우에만 유용하다.

8) 개념체계 QC27

9) 개념체계 QC30

함께 읽어보기

회계정보의 질적 특성

간혹 두통이 있을 때 사람들은 진통제를 복용한다. 그 이유는 진통제가 통증 완화에 '도움'이 되고 결과적으로 '유용'하기 때문이다. 진통제를 먹을 때는 설명서에 기재되어 있는 '효능(예를 들면, 두통, 치통, 생리통 등)'이 실제로 나타날 것으로 기대하고 복용한다. 다시 말하자면, 진통제를 복용하면 복용하지 않았을 때와 비교해서 두통 정도에 차이가 있을 것으로 판단하기 때문에 진통제를 복용하는 것이다. 이와 같이 약(정보)을 먹었을 때와 안 먹었을 때의 결과에 차이가 난다면, 그 약(정보)은 목적에 적합하다고 말한다(목적적합성). 목적에 적합한 이유는 복용한 후의 가까운 미래에 어떤 현상이 나타날 것인지를 예측할 수 있으며(예측가치), 그 결과를 확인(확인가치)할 수 있기 때문이다.

한편, 약과 함께 동봉된 설명서에는 '효능'뿐만 아니라 약의 '성분'이 제시되어 있다. 이때 성분에 기재되어 있는 내용은 표현하고자 하는 대상(약)을 표현한 결과이다. 따라서 표현하고자 하는 대상인 '약'과 표현한 결과인 '성분'이 일치해야 한다(충실한 표현). 예를 들어, 어떤 약의 설명서에 'A성분 10mg'이라고 표현되어 있으나 실제 약에는 'A성분'이 5mg밖에 포함되어 있지 않다면 그 약은 믿을 수가 없다. 뿐만 아니라 약에 대한 성분을 전문가들이 측정하였을 때 그 측정결과가 비슷해야 한다(검증가능성). 예를 들어, 갑, 을, 병이라는 3명의 전문가가 어떤 약에 'A성분'이 얼마나 포함되어 있는지를 측정하였는데 갑은 15mg, 을은 10mg, 병은 5mg이라는 결과를 얻었다면 그 약은 믿을 수가 없다.

이처럼 설명서에 기재되어 있는 '성분'이 실제로 함유되어 있어서(충실한 표현) 약을 복용하면 '효능'이 나타날 것으로 기대(목적적합성)하기 때문에 약을 복용하는 것이다.

연습문제

01. 다음 중 일반기업회계기준상 회계의 목적에 대한 설명으로 가장 거리가 먼 것은? [전산회계2급, 106회]

① 미래 자금흐름 예측에 유용한 회계 외 비화폐적 정보의 제공
② 경영자의 수탁책임 평가에 유용한 정보의 제공
③투자 및 신용의사결정에 유용한 정보의 제공
④ 재무상태, 경영성과, 현금흐름 및 자본변동에 관한 정보의 제공

02. 다음 중 재무회계 정보의 유용성에 대한 설명으로 가장 거리가 먼 것은?

① 정보이용자에게 유용한 정보를 제공한다.
② 경영자의 관리적 의사결정에 필요한 자료를 제공한다.
③ 기업 이해관계자들의 이해조정을 위한 기초자료를 제공한다.
④ 사회 전체적으로 자원의 효율적인 배분을 증가시킨다.

03. (　)은(는) 기업실체의 경제적 거래나 사건에 대해 관련된 수익과 비용을 그 현금 유출입이 있는 기간이 아니라 해당 거래나 사건이 발생한 기간에 인식하는 것을 말한다. (　)에 들어갈 용어로 옳은 것은? [FAT 2급, 68회]

① 현금주의　　② 수익비용대응
③ 이연　　④ 발생주의

04. 다음에서 설명하는 개념은 무엇인가? [FAT 1급, 67회 기출문제 변형]

> 원기업을 소유주와 독립적으로 존재하는 회계단위로 간주하고, 이 단위의 관점에서 그 경제활동에 대한 재무정보를 측정, 보고한다고 가정한다.

① 발생주의　　② 기업실체
③ 계속기업　　④ 기간별 보고

05. 다음에서 설명하는 회계의 개념으로 옳은 것은? [FAT 2급, 66회 기출문제 변형]

> • 회계순환과정에 있어 기말결산정리를 하게 되는 근거가 된다.
> • 기업실체의 존속기간을 일정한 기간 단위로 분할하여 각 기간에 대해 경제적 의사결정에 유용한 정보를 보고하는 것이다.

① 계속기업　　② 기업실체
③ 화폐단위　　④ 기간별 보고

06. 다음 설명에 해당하는 개념을 찾아 해당번호를 쓰시오.

> ① 유용성　② 무오류　③ 목적적합성　④ 중립성　⑤ 검증가능성
> ⑥ 중요성　⑦ 계속성　⑧ 기업실체　⑨ 계속기업　⑩ 화폐측정

(1) 회계정보의 보강적 질적 특성 중 하나로써, 능력을 갖춘 둘 이상의 사람이 동일한 자료와 기록을 검토하여도 본질적으로 차이가 없는 결론을 얻을 수 있어야 한다.

(2) 기업의 과거와 현재자료가 비교가능성을 가지기 위해서 회계정보 처리기준에 적용되어야 하는 속성.

(3) 유용한 회계정보가 되기 위해 갖추어야 할 근복적인 질적 특성이며, 정보이용자의 의사결정에 차이가 나도록 할 수 있는 속성이다.

(4) 특별한 반증이 없다면 기업의 경영활동은 영속적으로 이루어진다는 가정이다.

(5) 기업의 자산은 소유주의 재산과 분리되며, 기업을 독립적인 경제행위의 주체로 인식하는 개념이다.

07. 성격과 경제환경이 다른 기업이 동일한 회계처리방법을 적용한다면, 다음 중 어떤 질적 특성이 가장 낮아질까?

① 적시성　　② 비교가능성
③ 이해가능성　　④ 검증가능성

08. 다음 중 회계정보의 근본적 질적 특성에 해당하는 것은?

> [보기]　가. 충실한 표현　나. 비교가능성　다. 적시성
> 　　　　라. 이해가능성　마. 목적적합성　바. 검증가능성

① 가 – 마　　② 나 – 라
③ 다 – 바　　④ 라 – 바

09. 다음 중 발생기준에 따라 작성되는 재무제표가 아닌 것은?

① 재무상태표　　② 포괄손익계산서
③ 자본변동표　　④ 현금흐름표

10. 다음 중 발생주의 회계에 대한 설명으로 옳지 않은 것은? [FAT 1급, 61회]

① 발생주의 회계는 수익과 비용을 그 현금유출입이 있는 기간이 아니라 당해 거래나 사건이 발생한 기간에 인식하는 것을 말한다.
② 발생주의 회계는 수익과 비용의 이연, 기간별 배분의 개념을 포함하지 않는다.
③ 현금흐름표는 발생주의에 따라 작성되지 않는다.
④ 발생주의 회계와 현금주의 회계의 주된 차이는 수익과 비용을 인식하는 시점이 다르다는 데 있다.

11. 수익, 비용을 현금주의에 따라 인식한다면, 다음 중 올해 수익, 비용이 인식되지 않는 것은 무엇인가?

① 지급하지 못했던 작년분 건물임차료를 올해 현금으로 지급하였다.
② 상품을 외상으로 판매하였다.
③ 용역을 제공하고 받지 못했던 대가가 보통예금 계좌에 입금되었다.
④ 1년분 자동차 보험료를 현금으로 미리 지급하였다.

12. 다음 거래에서 개인기업의 자본금계정에 영향을 미치지 않는 거래는? [전산회계2급, 105회]

① 현금 1,000,000원을 거래처에 단기대여하다.
② 사업주가 단기대여금 1,000,000원을 회수하여 사업주 개인 용도로 사용하다.
③ 결산 시 인출금 계정의 차변 잔액 1,000,000원을 정리하다.
④ 사업주의 자택에서 사용할 에어컨 1,000,000원을 회사 자금으로 구입하다.

13. 다음 자료에서 파악되는 당기 임대료는 얼마인가?

- 회계기간은 1월1일부터 12월31일까지 1년이다.
- 4월1일 임대료로 3,600,000원을 현금으로 받았다.
- 임대료는 월할 계산한다.

① 900,000원　② 2,700,000원　③ 3,600,000원　④ 4,500,000원

14. 다음 중 재무제표의 질적 특성 중 목적적합성에 대한 설명으로 옳지 않은 것은? [전산회계1급, 102회 특별회차]

① 정보이용자들의 의사결정 목적과 관련이 있어야 한다.

② 객관적으로 검증가능해야 한다.

③ 예측가치를 가지고 있어야 한다.

④ 피드백가치를 지니고 있어야 한다.

15. ㈜연무는 2022년 12월 26일 거래처에 상품을 인도하였으나 상품 판매대금 전액이 2023년 1월 5일에 입금되어 동일자에 전액 수익으로 인식하였다. 위 회계처리가 2022년도의 재무제표에 미치는 영향으로 올바른 것은?(단, 매출원가에 대해서는 고려하지 않는다.) [전산회계1급, 106회]

① 자산의 과소계상　　② 비용의 과대계상

③ 부채의 과소계상　　④ 수익의 과대계상

제 3 장 재무제표의 기본요소

생각해 볼 문제

01. 자산이란 무엇이며, 어떻게 조달되는가?

02. 자본이란 무엇이며, 자본이 증감하는 원인은 무엇인가?

03. 재무상태표와 손익계산서는 무엇이며, 어떻게 연결되어 있는가?

04. 손익계산서를 통해서 얻을 수 있는 정보는 어떤 것인가?

05. 유동비율은 어떻게 계산되며, 정보이용자에게 무엇을 알려 줄 수 있는가?

제1절 자 산

1.1 자산의 의의

자산에 대한 회계적 정의는 다음과 같다. 자산(assets)은 과거 경제적 사건의 결과로 현재 기업이 통제하고 있으며, 미래에 경제적 효익을 가져올 것으로 기대되는 경제적 자원이다. 여기서 경제적 자원(economic resources)이란 소비, 생산 및 교환 등과 같은 경제활동을 수행하는 데 사용될 희소가치가 있는 재화나 용역을 의미한다. 기업과 개인을 막론하고 모든 경제활동은 경제적 자원 없이 수행될 수 없기 때문에 자산을 통해 기업이 미래에 얻게 될 경제적 효익을 추정해 볼 수도 있다.

[그림 3-1] 자산의 기본적인 특성

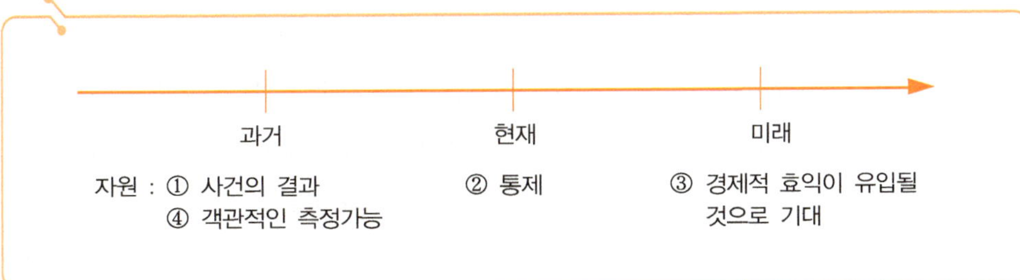

기업의 경영활동은 영업활동, 투자활동, 재무활동으로 이루어지는데, 생산설비를 갖추고 원재료를 구입하여 물품을 생산, 판매하고 대금을 회수하는 모든 과정은 자산과 관련되어 있다.

예를 들어 원재료 구입이나 대금 회수 등의 영업활동과 관련해서 생각해 볼 수 있는 가장 대표적인 자산은 현금이다. 현금은 희소한 자원이며 어떤 경제활동에도 유용하게 사용될 수 있는 경제적 자원이라는 점에서 자산으로 판단하는 데 주저함이 없을 것이다. 또한 판매를 위해 구입한 완제품을 상품, 판매를 위해 제조한 물품을 제품으로 구분하는데, 상품과 제품은 판매과정을 거쳐 미래에 경제적 효익을 가져올 것으로 기대하기 때문에 현재 보유하고 있는 자산이다. 이 외에도 기계나 공장건물처럼 제품 제조를 위해 사용되는 재화 또한 간접적으로 미래의 효익을 가져오는 자산으로 볼 수 있다.

미래에 경제적 효익을 가져올 수 있는 특성을 용역잠재력(service potentials)이라는 용어로 표현하기도 한다. 즉, 자산은 용역잠재력을 가지는 경제적 자원이라는 의미이다. 용역잠재력은 현금 등의 물리직 형태가 있는 사원뿐만 아니라 물리적 형태가 없는 자원에도 존재한다. 무형의 자산도 존재한다는 의미이다.

만일 기업이 새로운 기술을 발명하여 특허를 획득하였다면, 해당 기술을 사용하여 신제품을 만들어 경제적 효익을 얻을 수 있을 것이다. 이 때 배타적이고 독점적인 권리인 특허권은 미래 경제적 효익 즉, 용역잠재력을 가진 무형의 자산으로 볼 수 있다. 상표권 등 대부분의 법적인 권리는 특허권과 마찬가지로 무형의 자산이다.

자산이지만 물리적인 형태가 없는 경우에 대해 더 생각해 보자. 만약 상품을 3월에 판매하고 대금을 4월에 받기로 했다면, 판매 시점인 3월에 '받을 돈'이 있다고 기록을 해야 할 것이다. 이때 '받을 돈'은 미래 경제적 효익을 가져올 수 있는가? 물론이다. 4월에 현금이 들어올 것으로 기대되며 이는 용역잠재력이 있는 자산이다. 이런 자산을 매출채권이라고 한다. 일반적으로 외상대금이라 말하지만 회계에서는 상품 및 제품의 판매로 생긴 외상대금을 매출채권이라고 하며 자산으로 처리한다.

이와 같이 현금, 예금, 매출채권, 토지, 기계, 특허권 등 영업활동을 통해 획득되거나 영업활동에 사용할 목적으로 보유하고 있는 경제적 자원들은 대부분 자산으로 볼 수 있다. 이러한 자산이 가지는 용역잠재력에 대한 정보는 미래에 대한 정확한 예측이 필요한 회계정보이용자에게 매우 중요한 정보이다. 따라서 회계정보이용자는 기업이 어떤 자산을 얼마나 보유하며, 어떻게 운용하고 있는지에 대해 많은 정보를 얻고자 한다.

1.2 자산의 측정

(1) 측정의 의미

측정(measurement)은 경제활동을 계량해서 수치화하는 것을 의미한다. 기업이 보유한 자산 역시 측정을 통해 수치화되는데, 회계에서는 모든 경제활동을 화폐액으로 측정하여 회계처리 한다. 화폐액으로 측정된 정보는 더 객관적이고 검증가능한 정보로 이용될 수 있기 때문이다.

예를 들어 A사가 보유하고 있는 상품이 10,000개라는 정보와 A사가 보유한 상품이 5억 원이라는 정보를 주었다고 가정해 보자. 이 중 상품 5억 원이라는 정보가 더 객관적으로 이해가능한 정보일 것이다. 왜냐하면 상품 중 일부가 유행에 뒤처져 판매가능성이 매우 낮더라도 개수 정보는 이를 반영할 수 없어 상품 가치에 대한 객관적인 평가가 불가능하지만 금액으로 측정한 정보는 상품 가치를 그대로 반영할 수 있기 때문이다. 또한 화폐액으로 측정하면 상품, 기계와 특허권 등 모든 유형의 자산에 공통으로 적용해 수치화할 수 있다는 장점도 있다.

회계에서 화폐액을 측정도구로 삼는다는 것을 다시 생각해 보면, 화폐액으로 측정할 수 없는 경제활동은 회계의 대상이 되지 않는다는 의미이기도 하다. 따라서 미래에 경제적 효익을 가져올 수 있는 자산이지만 측정의 문제로 인해 회계정보가 되지 못하는 항목이 있을 수 있다. 이의 대표적인 예가 인적 자원(human resource)이다. 능력있는 경영진이나 연구진은 기업의 입장에서 훌륭한 자산이 될 수 있겠지만, 회계적 관점에서는 불확실성이 매우 크고 측정이 불가능하기 때문에 자산에 포함되지 않는다.

(2) 측정기준

회계상의 측정은 제2장에서 살펴본 목적적합성, 충실한 표현 등 회계정보의 속성을 충족하도록 이루어져야 한다. 그러나 모든 속성을 충족하는 측정기준은 없으며, 회계정보가 더 유용한 정보가 될 수 있도록 상황에 따라 측정기준을 선택하여야 한다. 회계의 측정기준에는 여러 가지 개념이 있지만, 여기에서는 역사적원가와 공정가치에 대해서 살펴보기로 한다.

역사적원가(historical cost)는 거래나 경제적 사건이 발생했을 때 측정된 화폐액을 말한다. 즉, 거래나 사건으로 인해 자산이나 부채 등이 발생된 시점에 측정한 금액이다. 역사적 원가는 취득원가(acquisition cost)라고도 한다.

공정가치(fair value)는 측정일에 시장참여자의 정상적인 거래에서 자산을 매도하거나 부채를 이전할 때 지급하게 될 화폐액을 말한다.

예를 들어 현재 20억 원에 거래되는 토지를 몇 년 전에 10억 원에 취득하였다고 가정해 보자. 역사적원가를 측정기준으로 한다면 토지는 10억 원으로 측정되며, 공정가치로 측정하면 토지는 20억 원으로 표시된다. 현재가 아닌 토지 구입시기에 측정한다면 역사적원가와 공정가치 모두 10억 원이 될 것이다.

역사적원가와 공정가치 중 어떤 측정기준이 자산의 용역잠재력을 잘 반영하면서도 충실한 정보가 되는지도 함께 생각해 보자.

현시점의 재무보고서에 토지를 20억 원으로 기록한다면 이는 미래의 경제적 효익을 잘 반영하는 목적적합성이 높은 정보일 수 있다. 공정가치는 시장참여자 사이에 합의된 미래 기대치를 의미하기 때문이다. 그러나 20억 원이라는 가격은 예측가치이기 때문에 측정의 불확실성이 높고 이는 충실한 표현을 해칠 수 있다. 만약 토지를 10억 원으로 기록한다면 불확실성이 제거되어 충실한 표현이 되겠지만 미래의 예측가치 측면에서는 부족한 정보가 될 수 있다. 그러므로 측정기준은 각각의 장단점을 가지고 있기에 상황에 따라 여러 요소를 고려하여 측정기준을 선택하여야 한다.

한국채택국제회계기준에서는 자산과 부채의 측정기준으로 역사적원가를 기본으로 하지만 여러 부분에서 공정가치 측정기준을 점점 더 많이 적용하고 있다.

1.3 자산의 분류

기업의 경영활동에는 많은 경제적 자원 즉, 자산이 필요하며 경영활동의 유형 또한 다양하기에 기업이 보유하고 있는 자산의 종류는 매우 다양하다. 따라서 자산에 대한 정보를 제공할 때는 체계적으로 분류, 정리하여 제공하여야 회계정보의 유용성이 높아질 수 있다. 한국채택국제회계기준에서는 표시되어야 할 자산 항목을 최소한으로 나열하고 있고 항목의 순서나 형식을 구체적으로 규정하고 있지는 않다. 그러나 일반적으로는 자산을 여러 가지 기준에 따라 분류하여 제공하고 있는데, 자산의 분류기준으로는 유동성 기준, 보유목적 기준, 형태 기준 등이 있다.

〈표 3-1〉 자산의 분류

유동자산	당좌자산	현금및현금성자산, 매출채권, 단기금융자산, 미수금, 미수수익, 선급금, 선급비용 등
	재고자산	상품, 제품, 원재료, 저장품, 재공품 등
비유동자산	투자자산	장기금융자산, 투자부동산, 관계기업투자주식 등
	유형자산	토지, 건물, 기계장치, 비품, 건설중인자산 등
	무형자산	산업재산권(특허권, 실용신안권 등), 저작권, 개발비, 영업권 등

유동성 기준이란 자산을 구분 표시하는 가장 대표적인 기준이다. 유동성(liquidity)은 현금화 가능성을 의미하는데, 영업활동에 투입된 자산이 현금화되는 것을 실현이라고도 한다. 기업경영에 있어서 현금의 중요성은 매우 크기 때문에 정보이용자들은 유동성에 큰 관심을 가진다. 어떤 기업이 부도가 났다는 것은 약속된 날짜에 약속된 현금을 지급하지 못하였다는 의미이며, 부도가 나면 정상적인 영업활동이 불가능해질 가능성이 증가하기 때문에 현금은 매우 중요한 자산이다. 따라서 자산을 분류할 때는 유동성이 높은 자산과 유동성이 낮은 자산을 구분해서 표시하며, 자산의 나열순서 역시 유동성이 높은 자산을 먼저 표시하는 것이 일반적이다.

유동성이 높다는 표현은 매우 주관적이기 때문에 이를 좀 더 객관화시킬 때 일반적으로 1년을 기준으로 판단한다. 1년 이내에 현금으로 변할 가능성, 실현가능성이 높은 자산은 유동자산, 1년 이내에 현금화 가능성이 낮은 자산은 비유동자산으로 분류한다. 이때 1년의 기준이 되는 날은 재무보고일이다.

1년 기준 외에 정상영업주기를 기준으로 유동성을 판단할 수도 있다. 정상영업주기(normal operating cycle)란 영업활동을 위한 자산을 취득한 시점부터 그 자산이 현금으로 회수되는 시점까지의 기간을 의미한다. 제조기업이라면 원재료를 매입하여 제품을 제조하고 판매한 후 판매대금을 회수하는 과정이 진행되는 기간이 정상적인 영업주기가 된다. 평균적으로 기업의 영업주기는 1년 이내이지만 업종에 따라서는 정상적인 영업주기가 1년을 초과할 수도 있다.

보유목적에 따라 자산을 분류해보면, 영업 목적으로 보유하는 자산과 투자목적으로 보유하는 자산으로 구분할 수 있다. 예를 들어 토지에 대한 정보를 제공할 때, 공장을 짓기 위해 취득한 토지와 시세차익을 얻을 목적으로 취득한 토지의 정보가 섞여서 제공된다면 기업의 영업활동에 대한 정보를 얻고자 하는 정보이용자에게 유용한 정보가 되지 못한다. 따라서 시세차익을 목적으로 취득한 토지는 투자자산으로 분류한다. 투자자산을 제외한 다른 자산은 대부분 영업활동에 사용할 목적으로 보유하는 자산들이다.

형태에 따른 분류는 물리적 형태의 유무에 따른 분류이다. 물리적 형태가 있는 자산과 물리적 형태가 없는 자산의 관리 방법이 같을 수 없기에 따로 구분하는 것이다.

자산의 분류은 가장 먼저 유동성기준에 따라 이루어지며, 보유목적이나 형태에 따른 분류는 그 다음으로 적용되는 기준이라고 이해하면 편리하다. 분류기준에 따른 자산의 분류는 다음과 같다.

(1) 유동자산

유동자산은 1년 이내에 현금화될 가능성이 높은 자산으로 당좌자산과 재고자산으로 분류한다.

① 당좌자산(quick assets)

당좌자산은 판매과정을 거치지 않고 현금화될 수 있는 자산으로 유동성이 가장 높은 자산이다. 현금및현금성자산, 매출채권, 단기금융자산, 미수금 등이 여기에 속한다.

- **현금및현금성자산**

현금, 요구불예금[1] 및 현금성자산을 합쳐서 외부보고용 재무제표를 작성할

---

1) 계좌명의자의 인출 요구를 은행이 거부할 수 없는 예금을 말한다.

때 사용하는 항목을 현금및현금성자산이라고 한다. 회계처리는 다음과 같이 개별적으로 이루어진다.

통화와 통화대용증권[2])은 합쳐서 현금 계정으로 처리한다. 요구불예금은 보통예금 계정과 당좌예금 계정으로 구분하여 회계처리 한다. 현금성자산[3])은 단기금융자산 중에서 현금으로 전환이 쉽고 가치변동의 위험이 매우 낮은 자산을 현금에 포함시키는 항목이다.

• 매출채권

매출채권은 상품 및 제품을 판매하고 회수하지 못한 판매대금을 말한다. 가장 중심적인 영업활동과 관련하여 발생한 중요도가 높은 채권으로, 미수금 등과 구분하여 표시한다.

• 단기금융자산

단기금융자산이란 단기매매 목적으로 보유하고 있는 주식이나 채권, 정기예금 등의 단기투자자산을 말한다. 여유자금을 현금으로 보유하지 않고 단기적인 투자수익을 얻고자 운용하는 금융상품이 여기에 해당한다.

• 미수금, 미수수익, 선급금, 선급비용 등

미수금 등은 1년 이내에 실현되거나 실현될 것으로 예상되는 자산을 말한다. 수익과 비용의 발생 및 이연과 관련되거나, 자산의 취득 및 처분과 관련된 채권이다.

② 재고자산(inventories)

재고자산은 판매과정을 통하여 현금 또는 다른 자산으로 교환되거나 제품의 제조활동에 투입할 목적으로 보유하는 유동자산이다. 상품, 제품, 원재료, 저장품, 재공품 등이 있다.

---

2) 자기앞수표, 우편환, 만기가 도래한 사채이자표 등 통화와 유사한 의미를 갖는 증서들이다.
3) 취득 당시 만기가 3개월 이내인 금융상품을 현금성자산으로 분류한다. 단기금융상품 중 취득시 만기가 3개월 이상 남았으면 단기금융자산이다.

• **원재료, 저장품**

제조활동에 투입될 자산이다.

• **재공품**

제조 과정 중에 있는 자산으로 완성 시에 제품이 된다.

• **상품, 제품**

판매를 목적으로 보유하고 있는 자산이다.

(2) 비유동자산

자산 중에서 유동자산으로 분류되지 않는 모든 자산은 비유동자산으로, 보유목적, 형태 등에 따라 다음과 같이 구분한다.

① 투자자산(long-term investments)

투자자산은 장기적인 투자수익을 목적으로 보유하는 자산으로 중심 영업활동과 관련이 없는 자산들을 말한다. 임대를 목적으로 보유하는 유・무형자산, 영업활동에 사용하지 않는 부동산, 정해진 목적 이외에는 사용할 수 없는 장기성 예금 등이 여기에 포함된다.

• **장기금융자산**

장기금융자산은 장기적인 투자수익을 얻기 위해 보유하고 있는 주식이나 채권 등의 금융자산을 의미한다.

• **투자부동산**

투자부동산은 영업활동에 사용할 목적이 아니라 투자수익을 얻을 목적으로 보유하는 부동산을 의미한다.

• **관계기업투자주식**

관계기업투자주식은 다른 기업을 지배하거나 통제할 목적으로 장기간 보유하는 주식을 의미한다.

② 유형자산(property)

유형자산은 영업활동에 사용할 목적으로 보유하는 자산 중 물리적 형체가 있으면서 한 회계기간을 초과해서 사용될 것으로 예상되는 자산이다.

토지, 건물, 기계장치, 차량운반구, 비품, 공구 등이 여기에 속한다.

유형자산은 사용목적으로 보유한다는 점에서 판매목적의 재고자산과 구분되며, 영업활동에 사용된다는 점에서 영업활동이 아닌 투자자산과 구분된다.

③ 무형자산(intangible assets)

무형자산은 영업활동에 사용할 목적으로 보유하지만 물리적 형체가 없는 자산이다. 무형자산은 물리적 형체가 없으므로 확실하게 자산의 성질을 갖추어야 한다. 외부에서 취득한 무형자산은 자산의 정의를 충족하는 것으로 판단할 수 있지만, 내부에서 창출한 무형자산은 엄격하게 자산의 정의를 충족하는 경우에만 개발비라는 무형자산으로 인정받을 수 있다. 무형자산에는 산업재산권, 저작권, 개발비, 영업권 등이 있다.

예제 3-1

다음 항목 중 자산항목을 찾으시오.

① 이익잉여금	② 이자비용
③ 매출채권	④ 미지급금
⑤ 매입채무	⑥ 매　출
⑦ 기　계	⑧ 자 본 금
⑨ 토　지	⑩ 차 입 금

해답

매출채권, 기계, 토지

제2절 부 채

2.1 부채의 의의

앞서 자산은 기업이 보유한 경제적 자원이라는 점을 살펴보았다. 그렇다면 사업 활동을 위해서 자산을 확보하여야 하는데 이를 위해서는 자금이 필요해진다. 원재료나 기계 등의 경제적 자원을 취득할 수 있는 현금이 필요하다는 의미이다. 그러면 현금이라는 자산은 어떻게 조달할 수 있을까? 그 시작은 기업의 주인인 주주(소유주)가 자금을 내놓아 기업을 설립하는 것으로부터 출발한다. 그러나 그 금액이 부족하다면 기업이 자금을 빌릴 수도 있다. 기업은 경제행위의 실체이며 회계기록의 주체이기에, 기업은 자신의 명의로 자금을 빌릴 수도 있고 빌린 자금을 갚아야 할 의무도 지게 된다. 이런 의무를 부채라고 한다.

부채(liabilities)는 과거 사건에 의해 발생하였으며, 미래에 경제적 효익이 유출될 것으로 기대되는 현재의 의무이다. 즉, 과거에 빌린 현금은 미래에 현금으로 갚아야 하며, 갚기 전까지는 갚을 의무를 지고 있다는 것이다. 부채의 가장 중요한 속성은 현재 시점에서의 의무(채무)라는 점이다.

[그림 3-2] 부채의 기본적인 특성

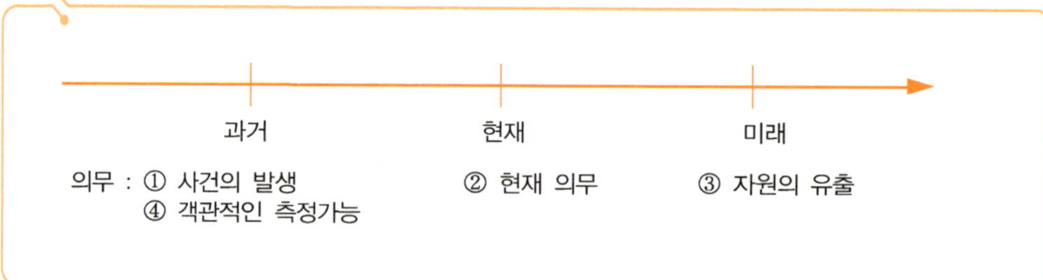

이와 같은 부채의 특성을 [그림 3-2]와 같이 정리할 수 있다. 부채란 미래에 자산을 이전하거나 용역을 제공해야 하고 이를 위해 경제적 자원이 희생될 가능성이 높은 채무이다. 따라서 현재의 의무를 회피할 수 있다면 부채라고 할 수 없다.

만약 기업이 은행에서 1,000,000원을 빌렸다고 가정하자. 기업 입장에서 현금 자산 1,000,000원이 생겼으며 이와 동시에 갚아야 할 부채 1,000,000원도 생겼다. 그 후 현금을 지급하고 상품 600,000원을 구입하였다면, 현금은 400,000원이 되고 600,000원의 상품 자산이 생기게 된다. 이 거래로 자산은 변화했으나 부채에는 변동이 없다. 다시 말하면, 사업 활동으로 인해 보유 자산이 변동하더라도 자산의 원천인 부채는 1,000,000원으로 변동이 없다는 것이다.

부채는 기업의 입장에서는 갚아야 할 금액이고, 채권자(빌려준 사람)의 입장에서는 기업 자산에 대해 자신의 몫을 주장할 수 있는 금액이다. 따라서 부채를 채권자 지분, 채권자의 몫이라고도 한다.

2.2 부채의 분류

부채는 크게 유동부채(current liabilities)와 비유동부채(non-current liabilities)로 분류한다. 분류 기준은 자산의 경우와 마찬가지로 1년 기준 또는 정상영업주기 기준을 적용한다. 따라서 1년 이내에 상환해야 할 부채는 유동부채가 되고, 1년 이후의 장기에 걸쳐 상환할 수 있는 부채는 비유동부채가 된다.

1년의 기준일은 보고일이 되며, 보고일 후 1년 이상 부채의 상환을 연기할 수 없는 부채는 유동부채이다.

(1) 유동부채

• 매입채무

매입채무는 제품을 제조하기 위한 원재료, 상품 등 중심영업활동의 대상인 재고자산을 외상으로 구입한 경우에 사용하는 부채 항목이다.

• 단기차입금

단기차입금은 1년 이내에 상환하기로 하고 자금을 차입했을 때 사용하는 부채 항목이다.

• **미지급금, 미지급 비용, 선수금, 선수수익 등**

미지급금 등은 비용의 발생과 수익의 이연, 또는 재고자산 이외의 자산의 외상구입 시에 사용하는 부채이다.

(2) 비유동부채

• **사채**

사채는 일반 대중으로부터 자금을 빌리기 위해 상환일과 이자율 등을 적어 발행한 증권을 말한다. 사채를 구입한다는 것은 사채 발행회사에 구입금액만큼의 자금을 빌려준다는 의미가 되며, 기업 입장에서는 부채가 된다. 대부분 1년 이상의 상환기간을 설정하기에 사채는 비유동부채가 된다.

• **장기차입금**

장기차입금은 보고일로부터 상환기일까지 1년 이상인 차입금을 말한다.

• **장기충당부채**

충당부채란 부채의 정의를 충족하지만 미래에 지출될 경제적 효익의 금액 및 시기가 불확실한 부채를 의미한다. 예를 들어 품질보증기간이 1년인 상품을 판매하였다면, 보증의무를 현재 부담하고 있으며 미래에 품질보증 요구가 발생할 것으로 예상되지만 그 시기와 정도는 불확실하다. 이런 경우에 지출금액을 추산하여 제품보증충당부채의 항목으로 처리한다.

〈표 3-2〉 부채의 분류

유동부채	매입채무, 단기차입금, 미지급금, 미지급비용, 선수금, 선수수익 등
비유동부채	사채, 장기차입금, 장기매입채무, 장기선수금, 퇴직급여채무, 제품보증충당부채 등

제3절 자 본

주주는 기업의 사업 성공을 기대하며 자금을 기업에 투자한다. 그들은 기업의 사업 활동이 성공하면 큰 이익을 얻을 수도 있지만 반대의 경우에는 손실을 입을 수 있다는 사실을 충분히 인지하고 있다. 따라서 기업에게 있어 주주로부터 투자받은 자금은 필요한 자금의 조달 원천이 된다는 점에서 부채와 같지만, 부채와 성격이 매우 다른 자금의 조달 원천이다.

3.1 자본의 의의

자본(owners' equity)은 기업의 전체 자산에서 채권자 지분을 제외한 나머지 자산이며, 이를 순자산(net assets), 잔여지분(residual claim) 또는 자기자본으로 표현한다. 결국 기업이 보유하고 있는 자산은 채권자의 몫과 주주의 몫으로 이루어져 있다. 이를 부채와 자본으로 표현하면 다음과 같은 등식이 된다.

> 자산 = 부채 + 자본
>
> 자본 = 자산 − 부채

자본은 크게 두 가지 요인에 의해 변동한다. 하나는 기업과 소유주(주주)와의 거래에 의한 자본의 증감이다. 소유주가 출자하면 자본이 증가하고, 소유주에게 배당을 하거나 출자금을 소유주가 회수한다면 기업의 자본은 감소한다. 기업과 소유주(주주) 간의 이러한 거래를 자본거래라고 한다.

자본 변동의 또다른 원인은 기업과 소유주 이외의 자 사이에 이루어지는 거래에 있다. 상품의 매입과 판매, 사업에 필요한 설비의 구입과 처분, 자금의 차입과 상환 등 대부분의 사업 활동은 소유주가 아닌 자와의 거래로 이루어진다. 이런 거래의 결과는 곧 경영활동의 결과이며, 이익과 손실로 나타난다. 앞서 살펴본 바와 같이 사업의 성공과 실패는 소유주에게 귀결되므로, 이익이나 손실 역시 주주의 몫인 자본의 변동을 가져오는 원인이 된다. 이와 같은 소유주와의 거래 이외에 자본의 증감을 가져오는 거래를 손익거래라고 한다.

자본의 증감요인을 요약하면 <표 3-3>과 같다.

〈표 3-3〉 자본의 증감요인

① 자본의 증가를 가져오는 요인

- 소유주의 출자
- 소유주의 출자 이외의 요인 (경영활동 결과)

② 자본의 감소를 가져오는 요인

- 소유주 대한 분배
  - 배당
  - 반환(감자)
- 소유주에 대한 분배 이외의 요인 (경영활동 결과)

예제 3-2

다음은 번호별로 별개의 자료이다. 빈칸에 적절한 금액을 계산하시오.

	자 산	부 채	자 본
(1)		₩100,000	₩ 50,000
(2)	₩300,000	250,000	
(3)	150,000		80,000

해답

(1) 150,000원
(2) 50,000원
(3) 70,000원

3.2 자본의 분류

자본의 분류는 기업의 법률적 형태에 따라 달라질 수 있다. 기업은 소유 형태나 책임 범위에 따라 개인회사, 합명회사, 합자회사, 유한회사, 주식회사 의 유형으로 설립되는데, 법률에 의해 인격을 부여받은 법인의 경우에는 소유주의 투자금액, 자본거래와 영업활동의 결과를 엄격하게 구분 표시하여야 한다. 또한 기업 유형에 따라 소유주에 대한 명칭도 조금씩 달라진다. 개인기업의 경우에는 소유주를 사업주 또는 자본주라고 하며, 합명회사, 합자회사, 유한회사의 경우에는 사원, 주식회사의 경우에는 주주(shareholder 또는 stockholder)라고 한다. 주식회사는 기업에 자본을 납입한 증서로 주식을 발행하기때문에 주식을 소유한 사람이 주주 즉, 기업의 소유주가 된다.

일반적으로 주식회사의 자본은 자본금, 자본잉여금, 자본조정, 기타포괄손익누계액, 이익잉여금으로 구분한다.

① 자본금(capital stock)

자본금은 기업이 발행한 주식의 액면금액을 말하며, 상법에 따라 다른 자본 항목과 구분해서 표시해야 하는 법정자본금이다. 예를 들어, A사가 액면금액 5,000원인 주식 1주를 500,000원에 발행하였다면, 투자받은 전체 자본은 500,000원이지만, 자본금은 5,000원으로 회계처리 한다. 자본금과 자본은 다른 개념을 일컫는 명칭이라는 점을 명확하게 인식하여야 한다.

② 자본잉여금(additional paid-in capital)

주주와의 거래를 통하여 증가된 자본 중에서 자본금을 제외한 자본을 자본잉여금 항목으로 분류한다. 주식발행초과금, 자기주식처분이익, 감자차익 등이 이에 해당한다. 위에서 살펴본 A사의 예에서 자본금 5,000원을 제외한 495,000원이 자본잉여금이 된다. 즉, 주식발행초과금이 495,000원이며, 주식발행초과금은 자본잉여금 항목이다.

〈표 3-4〉 자본의 분류

자본금	
자본잉여금	주식발행초과금, 자기주식처분이익, 감자차익 등
자본조정	자기주식, 주식할인발행차금, 자기주식처분손실, 감자차손 등
기타포괄손익누계액	자산재평가이익, 매도가능금융자산평가손익, 해외사업환산손익, 파생금융상품평가손익 등
이익잉여금	

③ 자본조정(capital adjustment)

자본조정이란 자본의 납입이 완전히 종결되지 않은 자본거래 또는 자본거래에 의해 자본이 감소한 경우 등에 해당되는 항목을 말한다. 예를 들면, 자기주식, 주식할인발행차금, 자기주식처분손실, 감자차손 등이 이에 해당한다.

④ 기타포괄손익누계액(cumulative other comprehensive income)

기타포괄손익누계액은 재무상태표일 현재 기타포괄손익의 누적 잔액을 말한다. 매도가능금융자산평가손익, 해외사업환산손익 및 파생금융상품평가손익 등이 이에 해당한다. 포괄손익계산서에서 당기손익이 아닌 기타포괄손익으로 인식된 부분이 여기에 반영된다.

⑤ 이익잉여금(retained earnings)

이익잉여금이란 손익거래로부터 발생한 자본의 증가분을 의미한다. 이를 달리 표현하면 이익 중에서 다른 자본 항목으로 대체되지 않거나 주주에게 배당되지 않고 남은 부분을 이익잉여금이라 한다. 포괄손익계산서의 당기순이익 항목이 이익잉여금으로 대체된다.

예제 3-3

※ 다음은 ㈜랩바틀의 기말 계정잔액이다.

매입채무	₩500,000	매출채권	₩200,000
차 입 금	300,000	비 품	800,000
현 금	200,000	자 본 금	?
재고자산	100,000	미지급금	100,000

[물음]

1. 자산합계는 얼마인가?
2. 자본금은 얼마인가?

해답

1. 1,300,000원
2. 400,000원

제4절 수익과 비용

기업의 활동은 크게 영업활동, 투자활동, 재무활동으로 분류된다. 그 중 영업활동은 기업의 설립 목적에 해당하는 사업을 실행하는 활동을 의미한다. 즉, 전자회사가 전자제품을 제조하여 판매하는 활동, 이동통신회사가 이동통신 서비스를 제공하는 활동, 식품회사가 식품을 제조하여 판매하는 활동 등 기업마다 다양한 유형의 사업 활동을 전개하지만 사업 유형을 불문하고 이런 활동을 영업활동이라고 한다. 투자활동은 기계 구입, 공장 건설 등 영업활동을 가능하도록 만드는 활동을 말한다. 재무활동은 투자활동과 영업활동에 사용할 자금을 확보하는 활동이다. 좁은 의미로 수익과 비용은 영업활동에 대한 정보를 제공하는 재무제표 요소이며, 넓은 의미로는 투자활동과 재무활동의 정보까지 모두 포함한다.

4.1 수익

수익(revenues)이란 일정기간에 기업의 주요 영업활동으로부터 발생한 경제적 효익의 증가분을 말한다. 여기서 주요 영업활동은 기업의 설립 목적에 따른 영업활동으로, 계속적이고 반복적으로 일어나는 영업활동을 의미한다. 타이어 제조기업이 타이어를 만들어서 판매하는 활동, 온라인 게임업체가 온라인게임 서비스를 제공하는 활동이 영업활동이며 이런 활동에서 얻게 되는 대가가 수익이다. 대표적인 수익 항목에는 매출, 용역수수료 등이 있는데 주로 재화를 공급할 때는 매출, 서비스를 제공할 때는 수수료수익이라는 계정을 사용한다.

수익이 발생하면 자산이 함께 증가한다. 예를 들어 온라인게임의 이용료가 시간당 5,000원인데, 고객이 2시간을 이용했다면 10,000원의 이용료를 받을 것이다. 그러면 영업활동을 통해 수수료수익 10,000원이 발생하였는데, 동시에 현금 자산 10,000원이 증가하였다. 물론 10,000원을 받기 위해서는 여러 가지 지출이 있었겠지만, 그 부분은 수익과 분리해서 비용으로 처리하며 이에 대해서는 다음 부분에서 설명한다. 계속적인 활동인 수익과 비용은 따로 분리하여 처리하여야 더 유용한 정보를 제공할 수 있기 때문이다.

만약 빵가게에서 빵을 20,000원어치 판매하였다면 현금 20,000원을 받았을 것이다. 즉, 매출이라는 수익이 20,000원 발생하면서 동시에 현금 자산이 20,000원 증가한 것이다. 여기에서도 마찬가지로 빵의 원가는 고려하지 않고 수익의 발생에만 집중한다. 만약 빵을 구입한 고객이 현금을 내지 않고 카드로 결제를 하였다면 어떻게 되는가? 이 거래 역시 수익이 발생하면서 자산이 증가한 것으로 판단한다. 카드회사로부터 빵값을 받을 권리가 생겼고, 이런 매출채권은 자산의 정의를 충족한다는 것을 앞서 살펴보았다.

수익은 계속적이고 반복적인 영업활동에 의해 발생한다고 하였는데, 이 개념을 좀 더 확장할 수도 있다. 즉 미래에 지속적으로 발생할 가능성이 낮아도 이를 수익의 범위에 포함시키는 것이다. 대신 이에 대해서는 이득(gains) 또는 차익이라는 명칭을 사용하여 수익과 구분한다. 예를 들어 5억 원에 취득하여 사용하던 토지를 8억 원에 처분하였다고 하자. 일반적인 제조기업에서는 토지의 취득과 처분이 계속적이고 반복적인 활동이 아니기에 3억 원의 차익(이득)이 발생한 거래로 분석된다. 반복적인 활동이 아니기에 거래가 발생할 때마다 거래의 결과를 즉시 인식하여 회계처리 하는 것이다.

4.2 비용

비용(expenses)이란 수익을 창출하기 위해 희생된 경제적 자원의 가치를 의미한다. 수익과 마찬가지로 계속적이고 반복적으로 일어나는 주요 영업활동에 의해 희생된 경제적 자원이 비용이다. 예를 들어 가구판매 회사가 100,000원에 구입한 가구를 300,000원에 판매하였다면, 100,000원이 비용인 것이다.

비용의 개념 역시 수익과 마찬가지로 개념을 확장할 수 있다. 미래에 지속적으로 발생할 가능성이 낮아도 비용의 범위에 포함시킬 수 있는데, 이에 대해서는 손실(loss) 또는 차손이라는 명칭을 사용하여 비용과 구분한다. 예를 들어 가구회사가 5,000,000원에 취득하여 사용하던 컴퓨터를 2,000,000원에 처분하였다고 한다면, 3,000,000원의 처분손실이 발생한다. 가구회사가 사용하던 컴퓨터를 처분하는 것은 계속적인 주요 영업활동이 아니다. 따라서 처분하는 즉시 처분에 따른 손실을 입었다는 것을 회계처리 하는 것이다. (이 예에서 감가상각의 문제를 논외로 한다.)

다시 한번 강조하자면 비용은 수익을 창출하기 위한 희생이다. 따라서 비용은 수익을 인식하는 기간에 해당 수익과 함께 회계처리 되어야 한다. 이는 기본적인 회계원칙 중 하나로서 수익비용대응의 원칙이라고 한다.

4.3 손익 및 포괄손익

이익(earnings, income)은 수익에서 비용을 차감한 금액을 의미한다. 수익이 비용보다 크면 이익, 수익보다 비용이 더 크면 손실이라고 한다. 실생활에서는 흔히 수익과 이익을 구분하지 않고 사용하기도 하지만, 회계적으로 수익과 이익은 다른 개념이라는 점을 인지하고 반드시 구분하여 사용하여야 한다.

수익에서 비용을 차감한 결과가 양의 값일 때 이익이라 하고 음의 값은 손실이라고 하는데, 두 상황을 함께 언급할 때는 손익이라고 한다. 한 회계기간의 수익과 비용을 정리하여 손익을 표시한 재무제표를 손익계산서라고 하는데, 손익계산서에는 이번 회계기간의 손익이라는 의미로 당기순손익이라는 표현을 사용한다.

한국채택국제회계기준에서는 손익계산서가 아닌 포괄손익계산서를 주요 재무제표로 채택하고 있다. 포괄손익계산서는 당기순손익과 기타포괄손익을 합쳐서 총포괄손익을 표시한 보고서이다.

총포괄손익이란 당기에 자본의 변동을 일으킨 모든 손익거래를 반영하여 계산한 손익이다. 이 중 일부의 손익거래는 당기순손익 계산에 포함되지 않는데, 이를 기타포괄손익이라고 한다. 즉 기타포괄손익(other comprehensive income)은 차익과 차손을 포함한 넓은 의미의 수익과 비용 중에서 당기순손익에 포함되지 않는 항목을 말한다.

손익계산서와 포괄손익계산서를 혼동하는 경우가 많은데, 이를 다시 정리하면 포괄손익계산서는 두 단계로 나누어 이익을 표시한다. 첫 단계에서는 수익에서 비용을 차감하여 당기순손익을 표시한다. 그다음 단계에서는 당기순손익에 기타포괄손익을 가감하여 총포괄손익을 표시하는 것이다. 이에 비해 손익계산서는 수익에서 비용을 차감한 결과인 당기순손익을 표시하는 재무제표이다.

한국채택국제회계기준을 적용하지 않는 기업이라면 수익에서 비용을 차감하여 당기순손익을 구하는 것으로 손익계산서의 작성이 완료된다.

제5절 재무상태표와 포괄손익계산서

기업의 외부 정보이용자에게 기업에 관한 재무정보를 전달하는 보고서를 재무제표라고 한다. 재무제표는 앞서 살펴본 재무제표 요소 중 관련 있는 요소를 묶어서 기업의 정보를 제공한다. 국제회계기준에서는 재무상태표, 포괄손익계산서, 자본변동표, 현금흐름표, 주석을 재무제표로 규정하고 있다. 이 중 가장 대표적인 재무제표가 재무상태표와 포괄손익계산서이다.

5.1 재무상태표

재무상태표(statements of financial position)는 기업실체에 대한 일정시점의 재무상태를 요약한 재무보고서로서 재무제표 요소 중 자산, 부채, 자본에 대한 정보를 담고 있다.

이번 장의 앞부분에서 살펴본 바와 같이, 기업이 보유한 자산은 빌리거나 투자받은 자금으로 마련한 것이다. 따라서 자산의 총액은 부채와 자본의 합계액과 같았다. 기업의 모든 사업 활동은 자산, 부채, 자본의 세 가지 요소 중 하나 이상에 변동을 일으키지만, 자산은 부채와 자본의 합과 같다는 등식은 항상 성립한다. 따라서 특정한 시점을 정해서 자산의 운용상태와 자금의 조달 상태를 보고서로 작성한 것을 재무상태표라 한다.

재무상태표는 두 가지 양식으로 작성할 수 있다. 보고서를 좌우로 구분하여 왼쪽에 자산을 나열하고 오른쪽에 부채와 자본을 적는 방식의 보고서는 계정식, 좌우 구분없이 위에서 아래로 쭉 기재하는 방식을 보고식이라고 한다. 재무상태표를 작성할 때는 보고서의 기본사항인 보고서의 명칭, 해당 기업명, 금액의 단위가 기재되어야 한다. 특히 보고서 명칭 아래에 보고서의 시점이 반드시 기재되어야 한다. 재무상태는 언제나 변할 수 있기 때문이다.

재무상태표

㈜행복투어	20×1년 12월 31일 현재		(단위 : 원)
현금	10,000,000	단기차입금	2,000,000
매출채권	5,000,000	자본금	13,000,000
자산총계	15,000,000	부채 및 자본총계	15,000,000

재무상태표

㈜행복투어 20×1년 12월 31일 현재	(단위 : 원)
자산	
현금	10,000,000
매출채권	5,000,000
자산총계	15,000,000
부채	
단기차입금	2,000,000
부채총계	2,000,000
자본	
자본금	13,000,000
자본총계	13,000,000
부채와 자본총계	15,000,000

예제 3-4

다음 재무상태표를 수정하여 올바른 재무상태표를 작성하라.
총계를 제외한 금액은 모두 올바른 금액이다.

재무상태표

㈜명랑	20×1년 12월 31일		(단위 : 원)
자산 :		부채와 자본 :	
현금	65,000	매출채권	350,000
토지	1,390,000	미수금	150,000
자본금	1,000,000	건물	1,100,000
매입채무	440,000	선수수익	580,000
이익잉여금	?	미지급보험료	715,000
자산총계	2,895,000	부채와 자본총계	2,895,000

해답

재무상태표

㈜명랑	20×1년 12월 31일		(단위 : 원)
자　　산 :		부채와 자본 :	
현　　금	65,000	매입채무	440,000
매출채권	350,000	미지급보험료	715,000
미 수 금	150,000	선수수익	580,000
토　　지	1,390,000	자 본 금	1,000,000
건　　물	1,100,000	이익잉여금	320,000
자산총계	3,055,000	부채와 자본총계	3,055,000

5.2 손익계산서[4]

손익계산서(income statement)는 일정기간 동안의 경영성과를 보고하는 보고서로서, 재무제표 요소 중 수익과 비용을 비교하여 당기순이익을 체계적으로 계산하여 보여준다. 수익과 비용의 결과인 손익은 주주의 몫이므로 손익계산서의 결과는 재무상태표의 자본으로 연결된다.

손익계산서의 양식 역시 계정식과 보고식의 두 가지 형태가 있다. 다음과 같이 보고서를 좌우로 구분하여 왼쪽에 비용을 나열하고 오른쪽에 수익을 적는 방식의 보고서는 계정식, 좌우 구분 없이 위에서 아래로 수익과 비용을 적절하게 조합해서 기재하는 방식을 보고식이라고 한다. 손익계산서 작성 시에는 보고서의 기본사항인 보고서의 명칭, 해당 기업명, 금액의 단위가 기재되어야 한다. 특히 보고서 명칭 아래에 보고서의 기간이 반드시 기재되어야 한다. 수익과 비용은 영업활동의 결과이기 때문에 활동기간을 명확하게 제시할 필요가 있다.

4) 본 교재에서는 회계원리 수준의 손익계산서로 한정한다. 기타포괄손익의 구체적인 내용에 대해서는 중급회계에서 다뤄질 것이다.

손익계산서

20×1년 1월 1일부터
20×1년 12월 31일까지

㈜행복투어 (단위 : 원)

비용	금액	수익	금액
광고비	150,000	수수료수익	4,500,000
임차료	850,000		
급여	1,200,000		
소모품비	550,000		
당기순이익	1,750,000		
합계	4,500,000	합계	4,500,000

보고식 손익계산서는 수익과 비용을 아래와 같이 여러 유형으로 나누어서 작성하여 경영성과를 더 유용하게 이용할 수 있도록 하고 있다.

	항목	구분
	매출액	중심영업활동
(−)	매출원가	중심영업활동
	매출총이익	중심영업활동
(−)	판매비와관리비	중심영업활동
	영업이익	중심영업활동
(+)	영업외수익	중심영업활동이 아닌 활동
(−)	영업외비용	중심영업활동이 아닌 활동
	법인세차감전순이익	
(−)	법인세비용	
	당기순이익	

매출액은 중심영업활동으로 계속적이고 반복적인 수익이며, 매출원가는 판매한 상품의 원가이다. 예를 들어 가구판매 회사가 100,000,000원의 매출을 올렸는데 판매한 가구의 구입 금액이 40,000,000원이라면, 이 회사의 매출액은 100,000,000원이며 매출원가는 40,000,000원이 된다. 만약 가구 구입 금액이 50,000,000원이었고 이 중 40,000,000원에 해당하는 가구가 판매되었다면, 매출원가는 40,000,000원이다. 미래 효익을 가져올 수 있는 자산의 용역잠재력이 소멸한 부분이 매출원가이며, 따라서 매출원가는 판매한 상품의 원가라는 점을 분명히 인식하여야 한다.

판매비와관리비는 판매과정에서 발생하는 비용과 일반적인 조직 관리비를 말한다. 광고비, 판매에 따른 운반비, 종업원의 급여와 회사 건물의 임차료 등이 여기에 해당한다. 매출액에서 매출원가를 차감하고 판매비와관리비를 차감한 결과는 영업이익이 된다. 영업이익은 기업의 중심영업활동에 의한 경영성과를 나타내므로 정보이용자들의 관심이 큰 항목이다.

수익 중에서 중심영업활동의 결과가 아닌 것이 있다. 예를 들어 자동차회사가 여유자금을 다른 사람에게 빌려주고 이자를 받았다면, 수익이 발생하였지만 영업활동에 의한 수익은 아니다. 이러한 수익을 영업외수익(other revenues)이라고 한다. 비용 중에는 기업의 중심영업활동과 직접적으로 관계없이 발생하는 경우가 있다. 제조업을 영위하는 기업이 차입한 자금에 대해 지급하는 이자는 중심영업활동과 직접적으로 관련이 없다. 이러한 비용을 영업외비용(other expenses)이라고 한다.

영업이익에서 영업외수익과 영업외비용을 가감하면 기업의 경영성과는 거의 계산이 되었지만, 세금을 납부해야할 의무가 있으므로 마지막으로 법인세비용을 차감한 후에야 당기순손익이 결정된다.

제6절 회계정보의 활용

기업의 이해관계자들이 그들의 경제적 의사결정에 회계정보를 활용하는 것은 당연한 일이다. 재무제표분석에서는 이를 전문적으로 다루고 있는데, 기업의 유동성, 안전성, 수익성, 활동성 등 다양한 측면에서 회계정보를 분석한다. 여기서는 회계정보의 기초적인 이용 방법을 간단하게 살펴보기로 한다.

(1) 유동비율

기업이 아무리 많은 이익을 창출한다고 하더라도 부채를 상환할 능력이 없으면 부도가 나거나 도산할 수 있다. 따라서 기업의 이해관계자들은 기업의 지급능력에 대한 정보에 관심을 가지게 된다. 유동성비율(liquidity ratio)은 자산의 현금화 정도를 나타내는 지표로서 단기채무를 상환할 능력을 판단하는데 도움이 되는 재무비율을 말한다.

기업의 단기적 지급능력을 측정하기 위하여 이용되는 것 중의 하나가 유동비율(current ratio)이다. 유동비율은 유동자산과 유동부채를 비교하여 기업의 단기적인 지급능력의 정도를 판단하는 데 이용되며 다음과 같이 계산된다.

$$\text{유동비율} = \frac{\text{유동자산}}{\text{유동부채}} \times 100$$

유동자산은 1년 이내에 현금으로 전환되는 자산이고, 유동부채는 1년 이내에 상환해야 할 부채이다. 따라서 특별한 상황이 없다면 유동부채를 상환하기 위해서 유동자산을 사용한다. 그러나 유동자산 중 재고자산은 시장수요가 줄어들면 현금으로의 전환이 어려울 수 있고 또한 시세가 변동하여 가격이 하락할 수도 있다. 매출채권은 상대방의 지급능력 여하에 따라 현금회수가 불확실한 자산이다. 이러한 이유 때문에 일반적으로 유동비율은 업종별로 차이는 있지만 최소 150% 이상이어야 하며 200%를 넘어서면 지급능력이 양호한 것으로 판단한다.

유동비율이 높을수록 단기채무능력이 양호하다고 판단할 수 있으나 너무 높을 경우에는 자산이 효율적으로 영업활동에 사용되지 못하고 있다고 판단할 수도 있다. 모든 재무비율에 대한 판단은 과거 경험의 결과이며 절대적이지 않다.

(2) 당좌비율

재고자산은 판매과정을 거쳐야 현금화가 되는 자산이기에 유동자산 중에서도 현금화의 불확실성이 높은 편이다. 경기침체 등으로 판매 여건이 나빠져 재고자산이 증가하는 상황이라면 1년이라는 기간 내에 현금으로 전환되기가 쉽지 않을 수도 있다. 이러한 이유로 유동비율보다 더 엄격하게 유동성을 판단하기 위해 당좌비율(quick ratio)을 이용하기도 한다. 당좌비율은 당좌자산과 유동부채를 비교하는 것으로 다음과 같이 계산한다.

$$\text{당좌비율} = \frac{\text{당좌자산}}{\text{유동부채}} \times 100 \quad \text{또는} \quad \frac{\text{유동자산}-\text{재고자산}}{\text{유동부채}} \times 100$$

당좌비율이 높을수록 단기적인 지급능력이 높다고 할 수 있으며 일반적으로 당좌비율의 적정선은 100% 이상으로 알려져 있다. 즉 당좌자산(현금+단기금융자산+매출채권)의 합계와 유동부채의 합계가 같은 수준이라면 기업의 단기적인 지급능력이 양호하다고 판단하는 것이다.

예제 3-5 유동비율과 당좌비율

A사와 B사의 자산과 부채는 다음과 같다. 만약 한 회사를 선택해서 1년 동안 현금을 빌려준다면, 어느 회사에게 빌려주겠는가? 주어진 회계자료를 이용해서 판단하시오.

회사명	당좌자산	재고자산	유동부채	비유동부채	자본총계
A회사	₩40,000,000	₩10,000,000	₩10,000,000	₩20,000,000	₩30,000,000
B회사	10,000,000	40,000,000	20,000,000	20,000,000	20,000,000

해답

대여 기간이 1년이라면 두 회사의 유동비율을 이용하여 상환가능성을 판단할 수 있다. 두 회사의 유동비율을 계산하면 다음과 같다.

A사: (₩40,000,000 + ₩10,000,000) / ₩10,000,000 = 500%
B사: (₩10,000,000 + ₩40,000,000) / ₩20,000,000 = 250%

유동비율은 단기지급능력을 판단할 수 있는 지표이므로 유동비율이 높은 A사에게 자금을 빌려주었을 때 회수가능성이 더 높은 것으로 판단된다.
단기지급능력에 대해 유동비율보다 더 엄격한 지표가 당좌비율이다. 두 회사의 당좌비율을 계산하면 다음과 같다.

A사: ₩40,000,000 / ₩10,000,000 = 400%
B사: ₩10,000,000 / ₩20,000,000 = 50%

당좌비율 역시 A사가 높게 나타나므로 A사를 선택하는 것이 유리하다.
대출의사결정에서 유동비율과 당좌비율이 매우 중요한 지표임에는 틀림없지만 이 비율만을 고려하여 의사결정을 하는 것은 아니다. 업종이나 규모에 따라 이들 비율의 적정수준이 달라질 수 있으며, 그 외의 다른 비율들도 고려하여 종합적으로 판단할 필요가 있다.

(3) 부채비율

기업의 단기적인 지급능력도 중요하지만 보다 장기적인 기간에서의 안전성에 관한 정보도 중요한 정보이다. 특히 장기적인 관점에서 투자 여부를 결정할 때나 자금의 장기 대여를 결정할 때는 기업의 안전성을 먼저 확인하게 된다.

부채비율(debt ratio)은 총부채와 자기자본을 비교하여 계산한다. 부채비율이 100%를 넘어서면 장기 부채를 상환하지 못한 가능성이 높아진다. 부채비율이 높을수록 장기지급능력이 낮다는 것을 의미한다. 부채비율이 낮은 기업은 안정적으로 운영을 하고 있는 것으로 판단되지만, 또 다른 면으로 본다면 레버리지 효과를 잘 활용하지 못하는 것으로 볼 수도 있다.

$$\text{부채비율} = \frac{\text{부채}}{\text{자본}} \times 100$$

레버리지(leverage)는 지렛대이며, 레버리지 효과는 작은 힘으로 큰 움직임을 만들어낸다는 의미이다. 예를 들어 5%의 이자로 자금을 차입하여 12%의 영업이익을 낸다면 7%의 이익이 남는다. 이와 같이 래버러지 효과가 큰 경우라면 차입을 통해 많은 자금을 조달하여 영업활동에 활용할수록 더 큰 이익을 기대할 수 있다.

예제 3-6 **부채비율**

A사와 B사의 자산과 부채는 다음과 같다. 만약 3년 후에 상환하는 조건으로 한 회사에게만 현금을 빌려주려고 한다면, 어느 회사에게 빌려주겠는가? 회계자료를 이용해서 그 이유를 설명하시오.

회사명	당좌자산	재고자산	유동부채	비유동부채	자본총계
A사	₩40,000,000	₩10,000,000	₩10,000,000	₩20,000,000	₩30,000,000
B사	10,000,000	40,000,000	20,000,000	20,000,000	20,000,000

해답

상환기간이 3년이므로 장기적인 안정성을 판단하기 위해 부채비율을 이용할 수 있다. 두 회사의 부채비율을 계산하면 다음과 같다.

A사 : (₩10,000,000 + ₩20,000,000) / ₩30,000,000 = 100%
B사 : (₩20,000,000 + ₩20,000,000) / ₩20,000,000 = 200%

부채비율이 A사가 낮으므로 장기지급능력이 더 양호한 것으로 판단된다.
유동비율과 당좌비율 또한 A사가 더 높게 나타나는 점도 A사에게 유리한 부분이다.

(4) 매출총이익률

기업의 이해관계자들은 기업이 얼마나 안전한가에 대한 관심뿐만 아니라, 얼마나 많은 수익을 창출하느냐에 관심이 있다. 즉, 소유주의 입장에서 보면 자신이 투자한 자금을 기업이 얼마나 효율적으로 활용하고 있으며, 얼마나 많은 수익을 창출하고 있는가를 파악할 필요가 있다. 왜냐하면 자본의 효율적인 활용은 소유주 자신의 이익을 증가시키는 직접적인 요인이기 때문이다.

기업의 수익성을 나타내는 지표 중 대표적인 지표가 매출총이익률이다. 매출총이익률(gross profit margin)은 매출액 1원 당 벌어들인 매출총이익의 크기를 계산한 비율이다. 판매비와관리비를 제외한 매출원가만을 고려한 이익률이기에 판매에 따른 수익성을 가장 직접적으로 나타내는 지표이다.

$$\text{매출총이익률} = \frac{\text{매출총이익}}{\text{매출액}} \times 100$$

(5) 자본이익률

소유주의 입장에서 투자자본에 의한 성과 지표로 다음과 같이 계산되는 자본이익률(return on equity)이라는 비율을 이용한다. 투자된 자본이 창출한 이익의 크기를 나타내는 자본이익률은 채권자에 대한 대가인 이자비용을 제외한 성과라는 점에서 주주들의 관심이 높은 지표이다.

$$\text{자본이익률} = \frac{\text{당기순이익}}{\text{자본}} \times 100$$

(6) 총자산회전율

총자산회전율(asset turnover)은 기업이 자본을 얼마나 경제적으로 활용하였는지를 파악하기 위한 비율 중의 하나이다. 매출액을 총자산으로 나누어 계산되며, 이 때 총자산은 평균액을 적용한다. 재무상태표 항목의 평균은 기초금액과 기말금액을 합쳐서 반으로 나눈 금액을 적용한다.

이 비율이 높으면 높을수록 매출활동의 성과가 좋다고 할 수 있다.

$$\text{총자산회전율} = \frac{\text{매출액}}{\text{총자산*}}$$

* (기초자산 + 기말자산)/2

(7) 재고자산회전율

기업이 적정한 재고자산을 보유하고 있는지를 판단할 수 있는 지표가 재고자산회전율(inventory turnover)이다. 재고자산회전율은 1년 동안의 매출원가를 재고자산과 대비하여 계산하므로 회계기간 동안 재고자산의 활용정도를 보여준다. 재고자산회전율이 높으면 높을수록 재고자산의 회전이 잘된다는 것을 의미하며, 지나치게 낮으면 재고자산에 과다하게 투자하고 있음을 말해준다.

$$\text{재고자산회전율} = \frac{\text{매출원가}}{\text{재고자산}^{*}}$$

* (기초재고자산 + 기말재고자산)/2

연습문제

01. 아래 설명에 가장 적합한 개념을 찾아 번호를 적으시오.

① 자본잉여금	② 이익잉여금	③ 기업실체	④ 계속기업	⑤ 기간별 보고
⑥ 이중성	⑦ 재무상태표	⑧ 손익계산서	⑨ 역사적 원가	⑩ 수익비용대응

(1) 거래의 (　)으로 인하여 대차균형의 원칙이 지켜지므로 회계등식은 항상 유지된다.

(2) 손익계산서에서 계산된 당기순이익은 재무상태표 항목인 (　　　)계정으로 연결된다.

(3) 자산의 측정은 취득시점의 교환가격인 취득원가로 이루어진다. 이를 (　)원칙이라 한다.

(4) (　)계정은 한 회계기간이 종료되면 소멸하여 다음 회계기간으로 이월되지 않는 명목계정이다.

02. 다음 빈칸에 가장 알맞은 용어를 아래에서 찾아 해당 번호를 쓰시오.

① 유동성	② 1년기준	③ 재무상태표	④ 손익계산서
⑤ 당좌자산	⑥ 재고자산	⑦ 유형자산	⑧ 투자자산
⑨ 매출채권	⑩ 미수금	⑪ 매입채무	⑫ 미지급금

(1) ( )는(은) 기업의 일정 시점의 재무상태를 보고하기 위한 재무제표이다.

(2) 자산과 부채의 항목배열은 ( )배열법에 의함을 원칙으로 한다.

(3) 영업활동에 사용할 목적으로 보유하고 있는 차량운반구는 ( )으로 분류한다.

(4) 비유동자산은 (　), 유형자산, 무형자산으로 분류한다.

(5) 일반적 상거래에서 발생한 채권을 (　)이라한다.

03. 다음은 무엇에 대한 설명인가? [FAT 2급, 61회]

> 기업의 순자산으로서 기업실체의 자산에 대한 소유주의 잔여청구권이다.

① 자산　　② 부채

③ 자본　　④ 수익

04. 다음 중 재무제표의 기본요소에 대한 설명으로 옳지 않은 것은?[FAT 2급, 66회]

① 자산은 미래에 경제적 효익을 창출할 것으로 기대되는 자원이다.

② 자산은 현재 기업실체에 의해 지배되어야 한다.

③ 부채는 기업실체가 현재 시점에서 부담하여야 하는 경제적 의무이다.

④ 부채는 미래에 자원의 유입이 예상되는 권리이다.

05. 다음 중 재무제표의 기본요소에 대한 설명으로 옳지 않은 것은?[FAT 2급, 65회]

① 자산과 부채는 원칙적으로 상계하여 표시하지 않는다.

② 자산과 부채는 1년을 기준으로 유동과 비유동으로 분류하는 것이 원칙이다.

③ 재무상태표는 정보이용자에게 기업의 유동성, 재무적 탄력성 등을 평가하는 데 유용한 정보를 제공한다.

④ 재무상태표의 기본요소는 자산, 부채 및 수익이다.

06. 아래의 자산과 부채의 유동성과 비유동성 구분 기준에 따라 분류한 것으로 다음 중 옳은 것은?[전산회계2급, 제101회]

(가) 보고기간종료일로부터 1년 이내에 현금화되는 자산
(나) 보고기간종료일로부터 1년 이내에 상환기한이 도래하는 부채

	(가)	(나)
①	유동자산	유동부채
②	비유동자산	유동부채
③	유동자산	비유동부채
④	비유동자산	비유동부채

07. 다음 중 아래 자료의 (가)와 (나)에 들어갈 내용으로 옳은 것은? [전산회계2급, 104회]

자동차를 판매용으로 취득하면 (가)으로, 영업에 사용할 목적으로 취득하면 (나)으로 처리한다.

	(가)	(나)
①	재고자산	투자자산
②	투자자산	재고자산
③	재고자산	유형자산
④	유형자산	재고자산

08. 다음 중 유동자산으로 분류할 수 없는 것은? [FAT 1급, 66회]

① 선급비용 ② 매출채권
③ 상품 ④ 장기대여금

09. 다음 중 기말 재고자산에 포함되지 않는 항목은? [FAT 2급, 65회]

① 상품 ② 원재료
③ 제품 ④ 건설중인 자산

10. 다음 중 재무상태표에 표시되지 않는 계정과목은? [FAT 2급, 63회]

① 매출채권 ② 미수수익
③ 선급비용 ④ 경상연구개발비

11. 다음 중 비유동부채에 해당되는 것을 모두 고른 것은? [FAT 1급, 68회]

가. 유동성장기부채	나. 부가세예수금
다. 퇴직급여충당부채	라. 사채

① 가, 나 ② 나, 다 ③ 다, 라 ④ 가, 라

12. 다음 중 재무제표 작성에 대한 설명으로 옳지 않은 것은? [FAT 1급, 64회]

① 자산과 부채는 총액으로 표시하는 것이 원칙이다.
② 자산은 유동자산과 비유동자산으로 분류한다.
③ 기타포괄손익누계액은 손익계산서 항목이다.
④ 현금흐름표는 영업활동, 투자활동 및 재무활동으로 인한 현금흐름으로 구분하여 표시한다.

13. 다음 중 재무제표의 표시에 대한 내용을 잘못 설명하고 있는 항목은? [FAT 1급, 65회]

① 재무제표에는 기업명, 보고기간종료일 또는 회계기간, 보고통화 및 금액단위를 기재해야 한다.
② 자산과 부채는 원칙적으로 상계하여 표시해야 하고 예외적으로 상계하지 않는 경우도 있다.
③ 재무제표 이용자에게 오해를 줄 염려가 없는 경우에는 금액을 천원이나 백만원 단위 등으로 표시할 수 있다.
④ 재무제표의 기간별 비교가능성을 높이기 위하여 전기 재무제표의 정보를 당기와 비교하는 형식으로 표시해야 한다.

14. 다음 중 재무상태표 구성항목에 대한 설명으로 옳지 않은 것은? [FAT 1급, 66회]

① 자산과 부채는 총액으로 표시하는 것이 원칙이다.

② 자산과 부채는 유동성이 큰 항목부터 배열한다.

③ 자산은 유동자산과 비유동자산으로 구분한다.

④ 잉여금은 주주와의 거래에서 발생한 이익잉여금과 영업활동에서 발생한 자본잉여금으로 구분한다.

15. 다음 중 재무제표 작성과 표시의 일반원칙으로 옳은 것은? [FAT 1급, 60회]

① 자산과 부채는 원칙적으로 상계하여 표시한다.

② 재무제표의 작성과 표시에 대한 책임은 종업원에게 있다.

③ 중요한 항목은 재무제표의 본문이나 주석에 통합하여 표시한다.

④ 경영진은 재무제표 작성 시 계속기업으로서의 존속가능성을 평가해야 한다.

16. 다음 중 회계상 거래에 속하지 않는 것은?

① 건물의 임차계약 ② 화재로 인한 건물의 소실

③ 당월분 급여의 미지급 ④ 차입금에 대한 이자지급

17. 다음과 같은 특징을 가진 자산이 아닌 것은? [전산회계2급, 제106회]

- 보고기간 종료일로부터 1년 이상 장기간 사용 가능한 자산
- 타인에 대한 임대 또는 자체적으로 사용할 목적의 자산
- 물리적 형태가 있는 자산

① 상품 판매 및 전시를 위한 상가

② 상품 판매를 위한 재고자산

③ 상품 운반을 위한 차량운반구

④ 상품 판매를 위한 상가에 설치한 시스템에어컨

18. 다음 중 무형자산에 대한 설명으로 옳지 않은 것은? [FAT 2급, 63회]

① 물리적 실체는 없으나 식별가능하다.

② 특별한 경우를 제외하고는 잔존가치는 취득원가의 10%로 본다.

③ 기업이 통제하고 있으며, 미래 경제적 효익이 있는 자산이다.

④ 영업활동에 사용할 목적으로 보유하는 자산이다.

19. 다음 중 무형자산에 관한 설명으로 옳지 않은 것은? [FAT 1급, 68회]

① 무형자산으로 인식되기 위해서는 식별가능성, 자원에 대한 통제, 미래 경제적 효익의 존재라는 조건을 모두 충족해야 한다.

② 신제품을 개발하기 위한 프로젝트의 연구단계에서 발생한 지출은 발생한 기간의 비용으로 처리한다.

③ 무형자산의 상각방법은 정액법만 인정된다.

④ 무형자산의 잔존가치는 없는 것을 원칙으로 한다.

20. 다음 중 무형자산에 대한 설명으로 옳지 않은 것은? [전산회계1급, 101회]

① 무형자산은 영업상 목적으로 획득 또는 보유하는 것으로, 물리적 형체가 없다.

② 식별가능성은 특정 무형자산을 다른 자산과 구분하여 별도로 인식할 수 있음을 의미한다.

③ 무형자산의 미래경제적효익은 재화의 매출이나 용역수익, 원가절감, 또는 자산의 사용에 따른 기타 효익의 형태로 발생한다.

④ 무형자산을 최초로 인식할 때에는 시가로 측정한다.

21. 다음 중 일정기간 동안 기업의 경영성과를 나타내는 재무보고서의 계정과목으로만 짝지어진 것은? [전산회계2급, 106회]

① 매출원가, 외상매입금　　② 매출액, 미수수익

③ 매출원가, 기부금　　④ 선급비용, 기부금

22. 다음 거래에서는 현금의 증가와 (　　)의 증가가 함께 발생하였다. (　　)에 들어갈 수 있는 항목은 다음 중 어느 것인가?

거래처 반응이 좋아 상품 판매계약을 체결하고 계약금 8백만원을 받았습니다.

① 미수금　　② 매출

③ 선수금　　④ 선급금

23. 다음 중 자본에 대한 설명으로 옳지 않은 것은? [FAT 1급, 64회]

① 보통주자본금은 액면금액에 발행주식수를 곱한 금액이다.

② 매도가능증권평가손익은 기타포괄손익누계액으로 표시한다.

③ 자본은 기업의 자산에서 부채를 차감한 후의 잔여지분을 나타낸다.

④ 주식을 액면금액 이상으로 발행할 경우 액면금액을 초과하는 금액은 이익잉여금으로 표시한다.

24. 12월 31일 재무상태표 관련 자료이다. 이익잉여금은 얼마인가?

현금 3,000,000원	외상매출금 6,000,000원	상 품 6,000,000원
선급금 3,000,000원	외상매입금 3,000,000원	단기차입금 2,200,000원
자본금 10,000,000원	이익잉여금 ?	

① 18,000,000 ② 12,800,000
③ 5,200,000 ④ 2,800,000

25. 다음 중 아래의 빈칸에 들어갈 내용으로 적합한 것은? [전산회계2급, 제102회]

> 단기금융상품은 만기가 결산일로부터 ( )이내에 도래하는 금융상품으로서 현금성 자산이 아닌 것을 말한다.

① 1개월 ② 3개월
③ 6개월 ④ 1년

26. 다음 설명에 해당하는 계정과목으로 옳은 것은? [전산회계2급, 제102회]

> 주로 기업주가 개인적으로 소비하는 것을 말하며, 개인기업의 자본금 계정에 대한 평가계정으로 자본금 계정을 대신하여 사용되는 임시계정이다. 또한 기말 결산 시 자본금 계정에 대체 한다.

① 인출금 ② 예수
③ 미지급비용 ④ 선수금

27. 다음 중 자산에 속하는 계정과목이 아닌 것은? [전산회계2급, 104회]

① 구축물 ② 개발비
③ 임대보증금 ④ 단기금융상품

28. 다음 중 자본구성 내역을 자본거래와 손익거래 결과로 구분할 때, 그 구분이 다른 것은? [전산회계2급, 104회]

① 자본금 ② 자본조정
③ 이익잉여금 ④ 자본잉여금

29. 다음은 무형자산에 대한 조건이다. 이에 해당하는 것으로 가장 옳은 것은? [전산회계2급, 101회]

> • 물리적 실체는 없지만, 식별이 가능해야 함
> • 자원에 대한 통제가 가능해야 함
> • 미래 경제적효익을 가져올 수 있는 비화폐성 자산

① 기계장치　　② 소프트웨어
③ 차량운반구　　④ 받을어음

30. 다음 중 손익계산서상의 판매비와일반관리비 항목에 속하지 않는 계정과목은? [전산회계2급, 105회]

① 접대비　　② 세금과공과금
③ 임차료　　④ 이자비용

31. 다음 항목을 자산, 부채, 자본으로 구분하여 해당 번호를 쓰시오.

> ① 자산　② 부채　③ 자본　④ 수익　⑤ 비용

(1) 매출채권　　(2) 선급보험료
(3) 소모품비　　(4) 매　　출
(5) 매입채무　　(6) 이자비용
(7) 매출원가　　(8) 미지급급여
(9) 임차료　　(10) 대 여 금

32. 일정기간 동안의 기업의 경영성과 및 이익창출능력에 관한 정보를 파악 가능하게 하는 재무제표는?

① 재무상태표　　② 포괄손익계산서
③ 자본변동표　　④ 현금흐름표

33. 다음 중 손익계산서에 나타나지 않는 계정과목은? [FAT 1급, 67회]

① 상품매출원가　　② 단기매매증권평가이익
③ 매도가능증권처분이익　　④ 자기주식처분이익

34. 다음에 해당하는 재무제표는? [FAT 1급, 62회]

- 발생주의 원칙에 의거 작성한다.
- 기업실체의 경영성과에 대한 재무정보를 제공한다.
- 수익 및 비용이 기본요소의 하나이다.

① 재무상태표 ② 손익계산서
③ 현금흐름표 ④ 자본변동표

35. 다음의 자산 항목을 유동성이 높은 순서대로 바르게 나열한 것은? [전산회계2급, 105회]

• 상품 • 토지 • 개발비 • 미수금

① 미수금 – 개발비 – 상품 – 토지 ② 미수금 – 상품 – 토지 – 개발비
③ 상품 – 토지 – 미수금 – 개발비 ④ 상품 – 미수금 – 개발비 – 토지

36. 다음 중 손익계산서의 당기손익으로 보고되지 않는 것은? [FAT 1급, 66회]

① 단기매매증권평가손익 ② 단기매매증권처분손익
③ 매도가능증권평가손익 ④ 매도가능증권처분손익

37. 다음 중 분류가 잘못된 것은? [전산회계2급, 103회]

① 재고자산 : 제품 ② 유형자산 : 토지
③ 무형자산 : 특허권 ④ 비유동부채 : 단기차입금

38. 다음은 ㈜미르의 제25기 기말 재무제표에서 요약한 자료이다. 아래 물음에 답하시오.

매 출 액	300,000	유 동 자 산	90,000	유 동 부 채	50,000
매출원가	180,000	비유동자산	275,000	비유동부채	89,000
판 관 비	20,000	**자 산 총 계**	**365,000**	자 본 금	165,000
기타비용	70,000			이익잉여금	61,000
순 이 익	30,000			**부채와자본총계**	**365,000**

(1) 기말 현재의 유동비율은 얼마인가?
(2) 기말 현재의 부채비율은 얼마인가?
(3) 당기의 매출총이익률은 얼마인가?
(4) 당기 중 지급한 배당금은 재출자도 없었다고 할 때, 당기의 기초 이익잉여금 잔액은 얼마인가?

39. 다음은 손익계산서 양식이다. 빈칸에 알맞은 용어를 쓰시오.

	매 출 액
(−)	매 출 원 가
	매 출 총 이 익
(−)	(　　　　　　)
	영 업 이 익
(+)	영 업 외 수 익
(−)	영 업 외 비 용
	법인세비용차감전순이익
(−)	법 인 세 비 용
	당 기 순 이 익

회계등식

제 4 장

생각해 볼 문제

01. 회계상 거래의 개념은 일상에서의 거래와 무엇이 다른가?
02. 회계등식이 계속 성립하는 이유는 무엇인가?
03. 당기순이익은 어떻게 계산되는가 ?
04. 자본의 변동에는 어떤 유형이 있는가?
05. 자본의 변동과 당기순손익은 어떻게 연결되어 있는가?
06. 이자비용과 배당은 어떤 점에서 다른가?

제1절 재무상태표 등식

1.1 재무상태표 등식

기업이 보유하고 있는 경제적 자원은 자산이며 자산에 대한 권리 또는 청구권을 지분(equity)이라고 한다. 자산에 대한 지분은 두 가지로써 하나는 채권자의 지분이고 또 다른 하나는 소유주의 지분이다. 채권자 지분은 기업의 채무이며 이를 부채라고 하고, 소유주지분을 자본이라고 한다. 이러한 관계를 등식으로 나타내면 다음과 같다.

> 자산 = 채권자지분 + 소유자지분
> 자산 = 부채 + 자본

등식을 기초로 재무상태표가 작성되기 때문에 이를 재무상태표등식(balance sheet equation) 또는 회계등식(accounting equation)이라고 한다.

예를 들어보자. 어떤 기업의 자산이 100억 원인데 이 중에서 40억 원은 은행 차입금으로 마련된 것이고, 60억 원은 소유자가 출자한 것이라면 다음과 같이 나타낼 수 있다.

자산(100억 원) = 부채(40억 원) + 자본(60억 원)

채권자 지분은 기업이 상환하여야 할 채무이기에 소유주 지분에 비해 우선권이 있다. 기업의 자산은 채권자 지분의 상환에 우선적으로 사용되며 상환 후 남은 자산이 소유주 지분이 된다. 따라서 소유주 지분을 잔여지분(residual equity)이라고도 한다. 잔여지분으로서의 자본은 다음과 같이 표현될 수 있다.

> 자산 − 부채 = 자본

이 등식을 이용하여 자본을 계산할 수 있기 때문에 이를 자본등식이라고 한다. 위의 예를 자본등식에 대입하여 보면 다음과 같이 나타낼 수 있다.

자산(100억 원) - 부채(40억 원) = 자본(60억 원)

1.2 사례를 이용한 재무상태표 등식의 이해

재무상태표 등식은 모든 회계처리 과정의 기본 바탕이 되는 개념이며, 기업의 경영활동은 재무상태표 등식으로 표현될 수 있다. 다시 말하면 기업에서 일어나는 거래는 단순한 거래이든 복잡한 거래이든 어떤 거래라 하더라도 회계등식을 충족한다는 뜻이다. 단, 회계에서의 거래는 일상에서 거래라고 하는 개념과는 다소 차이가 있다.

일반적으로 거래는 거래 당사자인 쌍방이 있고 거래 당사자 간의 합의를 통해서 재화나 서비스를 사고파는 행위라고 생각한다. 그러나 **회계에서의 거래**는 기업실체의 경제활동이나 기업실체와 관련 있는 경제 현상 중에서 객관적으로 측정가능한 것을 의미한다. 따라서 회계에서의 거래는 회계등식의 세 가지 요소, 즉 자산, 부채, 자본 중의 하나 또는 그 이상에 변동을 가져오는 것을 거래라고 한다.

회계상의 거래는 회계등식의 세 가지 요소 중에서 하나 이상의 요소에 이중으로 영향을 미친다. 예를 들어 상품 10,000원을 외상으로 매입하는 거래를 하였다면, 상품이라는 자산이 10,000원 증가하고 매입채무라는 부채가 10,000원 증가하게 된다. 자산이 증가하면서 부채가 증가하는 이 거래는 하나의 거래가 회계등식의 좌변과 우변에 동시에 변동을 가져온다. 이처럼 하나의 거래가 회계등식의 세 가지 요소 중에서 하나 이상의 요소에 이중으로 영향을 미치는 속성을 거래의 이중성(dual effects of transactions)이라 한다.

거래의 이중성이 어떻게 작용하여 회계등식이 유지되는지 다음 사례를 통해 살펴보자.

[기본사례]

㈜미래학원은 일반인, 학생, 기업의 사원들을 대상으로 어학교육을 실시하며, 20×1년 4월 1일 설립 후 1개월간의 거래는 다음과 같다고 가정한다.

4월 1일	㈜미래학원은 주당 액면 ₩5,000의 주식 2,000주를 발행하여 회사를 설립하였다. ㈜미래학원은 주주들로부터 주식대금 ₩10,000,000을 현금으로 받았다.
4월 2일	어학원건물의 임차계약을 체결하고, 매월 ₩850,000의 임차료를 지급하기로 하였다.
4월 3일	원어민 강사를 채용하고 ₩1,200,000의 급여를 매월 25일 지급하기로 하였다.
4월 3일	㈜미래의 사원들을 대상으로 향후 6개월간 어학교육을 실시하기로 계약을 체결하였다.
4월 5일	푸른은행으로부터 현금 ₩7,500,000을 연 12% 이율로 1년간 차입하였다.
4월 7일	강의에 사용할 소모품을 구입하고, 대금 ₩800,000은 향후 지급하기로 하였다.
4월 10일	외상으로 구입한 소모품 대금 중 ₩400,000을 현금으로 지급하였다.
4월 15일	㈜미래의 사원들을 대상으로 어학교육을 실시하고, 강의료 ₩4,500,000을 모두 현금으로 받았다.
4월 18일	어학원 홍보를 위한 광고비 ₩150,000을 현금으로 지급하였다.
4월 20일	건물 임차료 ₩850,000을 현금으로 지급하였다.
4월 25일	원어민 강사의 급여 ₩1,200,000을 현금으로 지급하였다.
4월 30일	사용 후 남아있는 소모품 재고가 ₩250,000이었다.
4월 30일	주주들에게 배당금 ₩1,000,000을 현금으로 지급하였다.

4월 1일의 자료는 주주로부터 투자금을 받아 학원이 설립된 건이다. 학원은 교육서비스를 제공하는 기업실체로서 상환할 의무가 없는 현금을 받았다. 따라서 현금이라는 자산이 ₩10,000,000 증가하고, 동일한 금액의 자본금이 증가한 것이다. 4월 1일의 거래는 다음과 같은 양식의 회계등식에 아래와 같이 기록된다.

	자 산	=	부 채	+	자 본
	현 금				자본금
4월 1일	₩10,000,000				₩10,000,000

4월 2일과 3일의 자료는 일상적으로 인식하는 거래와 회계적으로 판단하는 거래가 다르다는 것을 살펴볼 수 있는 사례이다.

4월 2일 건물을 임차하기로 계약한 건은 자산, 부채, 자본에 변동을 가져왔다고 볼 수 없다. 건물의 임차는 임차기간이 경과하여야 그 대가를 지급할 의무가 발생하는 것이지 임차한 사실만으로는 임차료를 지급할 의무가 발생하는 것은 아니기 때문이다.

4월 3일 근로자를 고용한 건 역시 자산, 부채, 자본에 변동을 가져왔다고 볼 수 없다. 근로에 대한 대가는 근로자가 해당 사업체에 근로를 제공하여야 지급하는 것이며, 일을 하기로 한 약속만으로는 기업의 자산, 부채, 자본에 변동을 일으키지 않는다. 따라서 4월 3일 학원 수업을 제공하기로 계약한 건 역시 기업의 자산, 부채, 자본에 변동을 일으키지 않았으며, 회계등식에 영향이 없어 기록하지 않는다.

4월 5일 푸른은행으로부터 현금 ₩7,500,000을 차입한 건은 현금 자산이 증가하고 부채가 증가하였다. 따라서 회계등식 양식에 아래와 같이 기록한다. 빌린 자금은 차입금이며 상환기간이 1년이므로 유동부채가 된다. 이런 경우의 부채는 단기차입금이라는 항목을 사용하여 표시한다. 이 거래로 인해 4월 5일의 현금 잔액은 ₩17,500,000이 된다.

	자 산	=	부 채	+	자 본
	현 금		단기차입금		자본금
거래 전 잔액	₩10,000,000				₩10,000,000
4월 5일	7,500,000		₩ 7,500,000		
거래 후 잔액	₩17,500,000		₩ 7,500,000		₩10,000,000

4월 7일 소모품을 외상으로 구입한 건을 분석해 보자. 소모품은 기업의 영업활동에 사용할 경제적 자원이므로 자산이며 구입하였기에 자산이 증가하였다. 또한 소모품을 외상으로 구입하였기에 외상값을 갚아야할 의무인 부채가 생겼다. 따라서 이 건은 회계상 거래이다.

소모품은 판매목적으로 보유하는 자산이 아니고 사용할 목적으로 보유하는 자산이다. 하지만 소모품의 특성상 사용으로 인해 물리적 보유량이 계속 감소한다. 따라서 유동자산의 성격을 지니고 있다. 또한 소모품은 판매목적으로 보유하는 재고자산이 아니므로, 소모품의 외상대금은 매입채무라는 항목을 사용할 수 없고 미지급금이라는 항목을 사용하여야 한다.

이 거래는 자산과 부채를 동시에 증가시키며, 다음과 같이 표시된다.

	자 산		=	부 채		+	자 본
	현 금	소모품		단기차입금	미지급금		자본금
거래 전 잔액	₩17,500,000			₩7,500,000			₩10,000,000
4월 7일		₩800,000			₩800,000		
거래 후 잔액	₩17,500,000	₩800,000		₩7,500,000	₩800,000		₩10,000,000

4월 10일은 7일에 구입한 소모품의 외상대금을 상환한 건이다. 현금으로 상환하였으니 현금 자산이 ₩400,000 감소하고, 외상대금을 갚았으니 부채인 미지급금이 같은 금액으로 감소한다.

회계등식은 다음과 같이 기록되는데, 현금과 미지급금이 줄어든 것을 ( )를 이용하여 기록하고 있다는 것을 살펴볼 수 있다. 회계처리를 할 때는 +, －와 같은 기호를 사용하지 않는다는 점을 기억하자. 그런 기호는 왜곡의 가능성이 높기 때문에, 회계상에서는 기호 대신 차변과 대변이라는 위치를 사용하고 있다. 그 내용은 다음 장에서 살펴볼 것이다. 지금 기록하고 있는 회계등식의 양식은 이해를 돕기 위한 양식이지만 감소의 경우에는 ( )를 사용한다.

	자 산		=	부 채		+	자 본
	현 금	소모품		단기차입금	미지급금		자본금
거래 전 잔액	₩17,500,000	₩800,000		₩7,500,000	₩800,000		₩10,000,000
4월 10일	(400,000)				(400,000)		
거래 후 잔액	₩17,100,000	₩800,000		₩7,500,000	₩400,000		₩10,000,000

수익과 비용에 영향을 미치는 거래는 회계등식에 어떻게 반영되는지 다음의 거래를 살펴보자.

4월 15일에는 교육서비스를 제공하고 그 대가를 받은 건이다. 현금을 받았으니 현금 자산이 증가하였는데, 그 이유는 교육서비스를 제공하는 주요 영업활동을 했기 때문이다. 따라서 수익이 발생하였으며, 수익이 발생하면 소유주의 몫은 증가한다. 자본금은 발행주식의 액면금액을 적는 항목이다. 따라서 수익은 이익잉여금 항목으로 다음과 같이 기록한다.

	자 산		=	부 채		+	자 본	
	현 금	소모품		단기차입금	미지급금		자본금	이익잉여금
거래 전 잔액	₩17,100,000	₩800,000		₩7,500,000	₩400,000		₩10,000,000	
4월 15일	4,500,000							₩4,500,000 강의료수익
거래 후 잔액	₩21,600,000	₩800,000		₩7,500,000	₩400,000		₩10,000,000	₩4,500,000

4월 18일에 현금으로 지급한 광고비는 학원의 주요 영업활동을 활성화하여 수익을 얻기 위해 지출되었다. 따라서 광고비는 수익을 얻기 위한 희생인 비용 항목이 되며, 이익잉여금 항목에 차감항목으로 기록된다.

4월 20일에 지급한 건물 임차료 또한 학원의 영업활동을 위해 임차한 건물의 임차료이기 때문에 수익을 얻기 위한 희생인 비용 항목이 되며, 이익잉여금 항목에 차감항목으로 기록된다.

4월 25일 지급한 강사의 급여 역시 학원의 영업활동을 위해 근로용역을 사용한 대가이기 때문에 비용 항목이며, 이익잉여금 항목에 차감항목으로 기록된다.

4월 18일에서 25일의 거래는 다음과 같이 기록된다.

	자 산		=	부 채		+	자 본	
	현 금	소모품		단기차입금	미지급금		자본금	이익잉여금
거래 전 잔액	₩21,600,000	₩800,000		₩7,500,000	₩400,000		₩10,000,000	₩4,500,000
4월 18일	(150,000)							(150,000)광고비
20일	(850,000)							(850,000)임차료
25일	(1,200,000)							(1,200,000)급 여
거래 후 잔액	₩19,400,000	₩800,000		₩7,500,000	₩400,000		₩10,000,000	₩2,300,000

4월 30일에 소모품의 재고가 일부 남아있다는 것은 구입한 소모품 중 일부는 사용이 되었다는 의미이다. 사용된 소모품은 학원 영업을 위해 사용되었기 때문에 비용이 된다. 이런 경우에 소모품비라는 항목을 사용한다. 소모품은 자산이며, 소모품비는 비용 항목으로 명확하게 구분하여야 한다. 사용된 소모품 금액은 기록을 이용해 계산할 수 있다. 소모품 잔액이 ₩800,000이었고 이 중 ₩250,000이 남았으므로 ₩550,000이 사용된 소모품 금액이 된다.

	자 산		=	부 채		+	자 본	
	현 금	소모품		단기차입금	미지급금		자본금	이익잉여금
거래 전 잔액	₩19,400,000	₩800,000		₩7,500,000	₩400,000		₩10,000,000	₩2,300,000
4월 30일		(550,000)						(550,000)소모품비
거래 후 잔액	₩19,400,000	₩250,000		₩7,500,000	₩400,000		₩10,000,000	₩1,750,000

4월 30일 주주에게 지급한 배당금이란 영업활동을 통해 벌어들인 당기순이익 중 일부를 주주에게 배분하는 것이다.[1] 한 회계기간이 끝나면 기업은 영업활동을 정리하여 당기순손익을 계산하며, 그 결과는 주주에게 귀속된다는 점을 앞장에서 살펴보았다. 따라서 4월 30일에 지급한 배당금 건은 이익잉여금항목이 감소하며 현금 자산이 감소하는 거래이다.

---

1) 이익잉여금이라고 해야 되나, 이해를 돕기 위해 단순하게 표현하였다. 정식 회계처리가 아니므로 배당이 가능한 것으로 가정한다.

	자 산		=	부 채		+	자 본	
	현 금	소모품		단기차입금	미지급금		자본금	이익잉여금
거래 전 잔액	₩19,400,000	₩250,000		₩7,500,000	₩400,000		₩10,000,000	₩1,750,000
4월 30일	(1,000,000)							(1,000,000)배당금
거래 후 잔액	₩18,400,000	₩250,000		₩7,500,000	₩400,000		₩10,000,000	₩750,000

지금까지 거래가 회계등식에 미치는 영향을 분석하였는데, 다음과 같은 사실을 주목할 필요가 있다.

① 모든 거래는 회계등식의 세 가지 요소 중에서 하나 또는 그 이상의 요소를 증가 또는 감소시킨다.

② 회계등식의 좌변과 우변이 같다는 사실은 항상 유지된다.

예제 4-1

㈜미소택시의 설립 후 한 달간의 거래 내역이다. 본문의 회계등식 양식에 따라 기록한 후, 각 거래에서 회계등식이 성립하는지 확인해 보시오.

3월 2일 주식을 발행하고 현금 ₩5,000,000을 투자받아 ㈜미소택시를 설립하였다.
3월 5일 가스와 휘발유 등의 소모품 ₩800,000을 현금으로 구입하였다.
3월 8일 사무실에서 사용할 복사용지 ₩40,000을 외상으로 구입하였다.
3월 9일 택시 영업의 대가로 ₩700,000을 현금으로 받았다.
3월12일 은행으로부터 현금 ₩2,000,000을 빌렸다.
3월15일 3월분 사무실 임차료 ₩600,000을 지급하였다.
3월20일 고객에게 수송서비스를 제공하고 ₩1,500,000을 현금으로 받았다.
3월22일 주주들에게 ₩200,000의 현금을 배당금으로 지급하였다.
3월27일 직원의 한 달 급여 ₩1,000,000을 현금으로 지급하였다.
3월31일 가스 등의 소모품 중 ₩500,000이 남아있음을 확인하였다.

해답

	자 산		= 부 채		+ 자 본	
월 일	현 금	소모품	단기차입금	미지급금	자본금	이익잉여금
3/2	5,000,000				5,000,000	
3/5	(800,000)	800,000				
3/8		40,000		40,000		
3/9	700,000					700,000 (수익)
3/12	2,000,000		2,000,000			
3/15	(600,000)					(600,000) (임차료)
3/20	1,500,000					1,500,000 (수익)
3/22	(200,000)					(200,000) (배당금)
3/27	(1,000,000)					(1,000,000) (급여)
3/31		(340,000)				(340,000)(소모품비)
	6,600,000	500,000	2,000,000	40,000	5,000,000	60,000

제2절 회계등식과 자본의 변동

모든 거래는 회계등식의 세 가지 요소 중 하나 또는 그 이상에 변동을 가져온다. 그중에서도 특히 자본에 빈번한 변동을 가져오며 자본의 변동내용 또한 매우 다양하다. 앞 절에서 살펴본 미래학원의 기본 사례에서도 자본이 가장 다양한 이유로 변동하고 있음을 살펴볼 수 있다.

2.1 자본의 변동

기업의 경영활동을 가능하게 하는 자금은 자기자본과 타인자본으로 이루어진다. 타인자본은 기업이 상환을 약속하고 차입한 자금이다. 따라서 계약조건에 따라 상환기일, 상환액을 지켜야 하며, 채권자에게 자금의 대가인 이자도 지급하여야 한다. 반면, 자기자본은 주식을 발행하여 조달한 자금으로 기업은 상환의무가 없고 자금의 대가에 대한 지급의무가 없다. 주식을 구입한 주주는 기업 활동의 성과가 크면 배당금과 주식 가격의 상승을 기대할 수 있다. 따라서 기업의 자산에 대해 채권자가 우선적인 권리를 가지므로 자본은 자산에서 부채를 차감하여 계산된다.

자본을 증가 혹은 감소 시키는 원천은 크게 자본거래와 손익거래로 분류할 수 있다. 자본거래는 소유주에 의한 출자와 소유주에 대한 배분의 성격을 갖는 거래로, 기업과 소유주 사이의 거래를 말한다. 손익거래는 주로 기업과 소유주 이외의 실체 사이에 이루어지는 거래이며, 기업의 경영활동에 의해 발생하는 거래이다. 주식의 발행과 소각 등은 자본거래에 해당하며, 상품의 구입과 판매, 제품의 제조, 종업원에 대한 급여의 지급, 자금의 차입과 상환 등이 손익거래에 해당한다. 자본거래에 비해 손익거래는 횟수도 많거니와 내용도 더 다양하다.

손익거래에 의한 자본의 변동은 경영활동의 결과라고 할 수 있기에 기업의 경영성과를 판단하고 미래의 성과를 예측하는데 중요한 정보가 된다. 따라서 경영활동 중 가장 핵심적인 거래에 대해서는 수익과 비용의 개념을 적용하며, 그 외의 활동에 따른 거래에 대해서는 차익과 차손(또는 이득과 손실) 개념에 따라 회계처리한다.

자본의 변동을 그림으로 나타내면 다음과 같다.

[그림 4-1] 기업의 경영활동과 자본의 변동

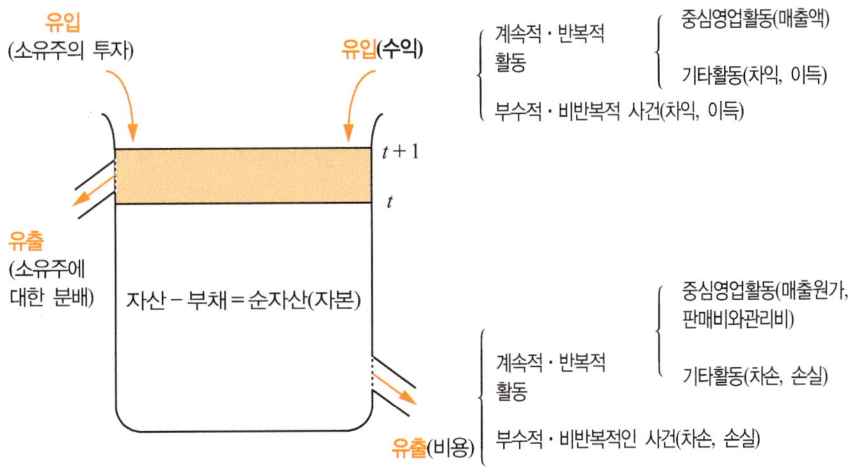

컵에 든 물을 자본(순자산)으로 보고 자본의 증감 원천을 오른쪽과 왼쪽으로 나누어 표시하였다. 컵의 오른쪽은 손익거래에 의한 유입(inflow)과 유출(outflow)을 나타낸다. 따라서 오른쪽의 유입과 유출은 넓은 의미에서의 수익과 비용이 된다. 컵의 왼쪽은 자본거래에 의한 유입과 유출을 나타낸다.

음영으로 표시된 부분은 손익거래만 반영한 t시점의 자본과 $t+1$시점의 자본을 의미한다. 소유주에 대한 분배는 이 음영부분에서 유출되는 것으로 표현되어 있다. 이는 수익이 비용보다 많아 자본이 증가하는 경우에만 소유주에 대한 분배(배당)가 가능하다는 의미이다.

2.2 회계등식과 자본의 변동

(1) 당기순이익의 계산

일정한 회계기간에 발생한 손익거래에서 인식된 광의의 수익에서 광의의 비용을 차감한 결과를 당기순손익이라 한다. 광의의 수익은 협의의 수익에 차익(이득)을 합한 금액이며, 광의의 비용은 협의의 비용에 차손(손실)을 더한 금액이다. 이를 다음과 같이 나타낼 수 있다.

> 당기순이익 = 수익 - 비용
> = (수익 + 차익) - (비용 + 차손)

앞서 살펴본 ㈜미래학원의 사례에서 당기순이익을 구해 보자. 자본 항목 중에서 이익잉여금에 기록한 내용이 손익거래에 해당하는 수익과 비용이다. 미래학원과 주주가 아닌 다른 경제실체와의 거래이면서, 강의료수익은 주요영업활동에 따른 자본의 증가항목이며, 광고비, 임차료, 급여, 소모품비는 주요영업활동으로 수익을 얻기 위해 희생된 자원이다.

따라서 ㈜미래학원의 당기순이익은 다음과 같이 계산할 수 있다.

당기순이익 = 수익 - 비용
= 4,500,000 - (150,000+850,000+1,200,000+550,000)
= 1,750,000

배당금은 수익과 비용에 해당하지 않지만, 이익잉여금 항목으로 기록하였는데, 그 이유는 수익이 비용보다 커서 이익이 나는 경우에만 배당금을 지급할 수 있기 때문이다. 그렇지만 배당금은 수익과 비용에 해당하지 않으므로 당기순손익의 계산에는 포함되지 않는다.

〈표 4-1〉 거래와 회계등식의 관계

	자 산		=	부 채		+	자 본	
	현 금	소모품		단기차입금	미지급금		자본금	이익잉여금
4월 1일	₩10,000,000						₩10,000,000	
5일	7,500,000			₩7,500,000				
7일		₩800,000			₩800,000			
10일	(400,000)				(400,000)			
15일	4,500,000							4,500,000강의료수익
18일	(150,000)							(150,000)광 고 비
20일	(850,000)							(850,000)임 차 료
25일	(1,200,000)							(1,200,000)급 여
30일		(550,000)						(550,000)소모품비
30일	(1,000,000)							(1,000,000)배 당 금
	₩18,400,000	₩250,000		₩7,500,000	₩400,000		₩10,000,000	₩750,000

예제 4-2

다음은 청소업체인 ㈜햇살크린의 4월 거래를 번호별로 하나씩 회계등식에 따라 기록한 내역이다. 21일 거래는 회사와 주주 간의 거래이며, 다른 거래는 모두 영업활동에 해당한다.

	현 금	+	소모품	+	토 지	=	부 채	+	자 본
기초잔액	₩10,000,000		₩750,000		₩5,000,000		₩5,750,000		₩10,000,000
4월 3일			+900,000				+900,000		
4월 8일	−7,000,000				+7,000,000				
4월 9일	+2,300,000								+2,300,000
4월11일	−800,000								−800,000
4월16일			−850,000						−850,000
4월21일	−500,000								−500,000
4월29일	−750,000						−750,000		
기말잔액	3,250,000		800,000		12,000,000		5,900,000		10,150,000

[물음]

1. 각 일자에 어떤 거래가 발생했을지 예를 들어 보시오.
2. 4월 동안의 자본의 증감은 얼마인가?
3. 4월의 영업활동에 의한 당기순이익은 얼마인가?

해답

2. 자본의 증가 150,000원
3. 당기순이익 650,000원(= 2,300,000 − 1,650,000)

(2) 자본의 변동과 당기순이익

㈜미래학원의 4월 1일과 30일 자본을 비교해 보자. 4월 1일에 자본금 10,000,000원으로 설립하였고, 4월 30일의 자본은 10,750,000원이다. 4월 한 달 동안 750,000원의 자본이 증가하였다. 더 자세하게 살펴보면, 4월의 수익이 4,500,000원, 비용이 2,750,000원이었고, 배당금을 1,000,000원 지급하였다.

기초자본이 수익에 의해 증가하고 비용에 의해 감소하며 배당금에 의해 감소한 결과가 기말자본이 된 것이다. 수익에서 비용을 차감하면 당기순손익이 계산되므로 자본의 변동은 당기순이익과 배당으로 이루어졌다.

기말자본 = 기초자본 + 수익 - 비용 −배당
= 10,000,000+4,500,000−2,750,000−1,000,000
= 10,000,000+1,750,000-1,000,000
= 10,750,000

만약, 4월 중에 추가적으로 5,000,000원의 주식을 발행하였다면 기말자본은 15,750,000원이 되었을 것이다. 따라서 자본의 변동은 다음과 같이 나타낼 수 있다.

기말자본 = 기초자본+수익 − 비용+재출자−배당

이 등식은 다음과 같이 좌우변을 바꾸어도 성립할 것이다. 따라서 이 등식은 자본의 변동을 나타내는 등식이 된다.

기말자본 − 기초자본 = 수익 − 비용+재출자−배당

여기에 더하여 재무상태표 등식을 추가로 적용하면 더 다양하게 등식을 활용할 수 있다.

기초자본 = 기초자산 − 기초부채
기말자본 = 기말자산 − 기말부채

예제 4-3

※ A사의 자료가 다음과 같을 때 아래 물음에 답하시오.

	기초		기말
현금	₩3,000,000		₩4,000,000
소모품	700,000		300,000
토지	5,500,000		7,500,000
차입금	500,000		800,000
자본	?		?

[물음]

1. 기초와 기말의 자본은 각각 얼마인가?
2. 기중에 추가적인 투자와 배당이 없다고 가정할 때, 회사의 당기순손익은 얼마인가?
3. 기중에 200,000의 배당금을 지급하였다면, 회사의 당기순손익은 얼마인가?

해답

1. 기초자본 870,000원, 기말자본 900,000원
2. 당기순이익 300,000원
3. 당기순이익 500,000원

연습문제

01. 다음 중 적절하지 않은 회계등식은?

① 자산 − 부채 = 자본　　② 수익 − 비용 = 이익

③ 부채 + 자본 = 자산　　④ 자산 + 부채 = 자본 + 이익

02. 다음 거래를 분석하여 자산, 부채, 자본, 수익, 비용의 증감으로 표시하시오.

(1) 6개월분의 건물임차료 60,000원을 먼저 현금으로 지급하였다.

→ 자산의 감소와 (　　　　　　　　　　)

(2) 액면 100원의 주식 3,000주를 주당 100원에 발행하고 납입 받아 회사를 설립하였다.

→ 자산의 증가와 (　　　　　　　　　　)

(3) 상품운반을 위해 차량 1대를 500,000원에 외상으로 구입하였다.

→ 자산의 증가와 (　　　　　　　　　　)

03. A사와 B사의 재무상태가 다음 표와 같을 때 ①과 ②해당하는 금액을 계산하시오.

항목	기초자본	기말재무상태			당기경영성과		
		자산	부채	자본	총수익	총비용	순손익
A	₩ 6,000	10,000	①		5,200		1,600
B	②	7,350		4,080		9,560	−240

04. 다음은 회계기말이 20×4년 12월 31일인 회사의 기말 계정잔액이다.

현금	₩5,000	소모품	₩800	토지	₩7,000	매입채무	₩600
장기차입금	7,000	자본금	4,000	소모품비	300	매출채권	500
선급임차료	600	임차료	400	급여	1,500	요금수익	4,500
이익잉여금	2,300	수도광열비	800				

(1) 기말 현재 회사의 자산합계는 얼마인가?

(2) 기말 현재 회사의 부채합계는 얼마인가?

(3) 당기순이익은 얼마인가?

(4) 20×4년 중에 재출자가 2,000원 있었고 배당금 800원을 지급하였다면, 기초 자본은 얼마인가?

05. 다음의 회계자료에 의한 당기총수익은 얼마인가? [전산회계2급, 105회]

• 기초자산 800,000원 • 당기총비용 1,100,000원	• 기초자본 600,000원 • 기말자본 1,000,000원

① 1,200,000원 ② 1,300,000원
③ 1,400,000원 ④ 1,500,000원

06. 다음 자료를 토대로 기초자본과 비용총액을 계산하면 얼마인가?(자본거래는 없는 것으로 가정한다.) [FAT 2급, 66회]

• 기초자산 250,000원 • 기말자본 160,000원	• 기초부채 120,000원 • 수익총액 80,000원

	기초자본	비용총액
①	100,000원	30,000원
②	100,000원	50,000원
③	130,000원	30,000원
④	130,000원	50,000원

07. 다음은 ㈜무릉의 재무제표 정보이다. 이를 이용하여 2022 회계연도 말 부채합계를 구하면 얼마인가? [전산회계2급, 106회]

구분	2021년 12월 31일	2022년 12월 31일
자산합계	8,500,000원	11,000,000원
부채합계	4,000,000원	?
2022 회계연도 중 자본변동내역	당기순이익 800,000원	

① 3,700,000원 ② 4,700,000원
③ 5,700,000원 ④ 6,200,000원

08. 다음 자료에서 기말자산은 얼마인가? [전산회계2급, 103회]

• 기초자산 500,000원 • 총수익 1,500,000원	• 기초자본 300,000원 • 총비용 1,000,000원	• 기초부채 200,000원 • 기말부채 600,000원

① 1,000,000원 ② 1,200,000원
③ 1,400,000원 ④ 1,600,000원

09. 개인 회사인 대성상사의 기말자본금이 510,000원일 때, 다음 자료에서 알 수 있는 당기의 인출금은 얼마인가? [전산회계2급, 101회]

• 기초자본금 1,000,000원 • 총수익 400,000원	• 추가출자액 300,000원 • 총비용 290,000원

① 900,000원 ② 1,000,000원
③ 1,100,000원 ④ 1,200,000원

10. 다음과 같은 자료만으로 알 수 있는 당기의 추가출자액은 얼마인가? [전산회계2급, 104회]

- 당기에 현금 50,000,000원을 출자하여 영업을 개시하다.
- 사업주가 개인사용을 목적으로 인출한 금액은 5,000,000원이다.
- 당기의 기말자본금은 70,000,000원이다.
- 당기 기말결산의 당기순이익은 10,000,000원이다.

① 5,000,000원 ② 9,000,000원
③ 15,000,000원 ④ 20,000,000원

11. 다음 중 회계상 거래에 해당하지 않는 것은? [전산회계2급, 103회]

① 화재로 인하여 창고에 보관하고 있던 상품 2,000,000원이 소실되었다.
② 영업사원 1명을 월 급여 2,000,000원으로 채용하기로 하였다.
③ 금고에 보관 중인 현금 2,000,000원을 도난당하였다.
④ 상품을 2,000,000원에 구입하고 대금은 월말에 지급하기로 하였다.

12. 다음 거래를 분개할 때 수익과 비용의 변동이 있는 경우가 아닌 것은? [FAT 2급, 65회]

① 거래처에 대한 받을어음 100,000원을 현금으로 회수하였다.
② 거래처 대여금에 대한 이자 200,000원이 보통예금 계좌로 입금되었다.
③ 종업원에 대한 급여 미지급액 2,000,000원을 결산 반영하였다.
④ 직원들의 회식비로 현금 500,000원을 지급하였다.

13. 다음 중 수익이 증가한 경우 재무제표에 미치는 영향으로 맞는 것은? [전산회계2급, 102회]

① 자산의 증가 또는 부채의 감소에 따라 자본의 증가
② 자산의 증가 또는 부채의 감소에 따라 자본의 감소
③ 자산의 감소 또는 부채의 증가에 따라 자본의 증가
④ 자산의 감소 또는 부채의 증가에 따라 자본의 감소

14. 다음 중 거래의 결합관계가 나머지와 다른 회계상의 거래는? [전산회계1급, 102회 특별회차]

① 사무실 청소비 5만원을 현금 지급하였다.
② 직원 결혼 축의금 10만원을 계좌이체 하였다.
③ 토지 5억원을 현물출자 받았다.
④ 관리비 30만원을 현금 지급하였다.

15. 다음 자료를 토대로 도소매업을 영위하는 ㈜한공의 판매비와관리비를 계산하면 얼마인가? [FAT 1급, 66회]

급여	2,000,000원	퇴직급여	500,000원
복리후생비	600,000원	대손상각비	300,000원
임차료	100,000원	이자비용	250,000원
기부금	200,000원	접대비	270,000원

① 3,770,000원　　② 3,970,000원
③ 4,020,000원　　④ 4,220,000원

16. 다음 자료를 토대로 ㈜한공의 판매비와관리비를 계산하면 얼마인가? [FAT 1급, 67회]

• 급여	600,000원	• 수도광열비	50,000원	• 이자비용	30,000원
• 접대비	300,000원	• 세금과공과	80,000원	• 잡손실	20,000원

① 1,020,000　　② 1,030,000
③ 1,060,000　　④ 1,080,000

17. 다음 자료를 토대로 도소매업을 영위하는 ㈜한공의 영업이익을 계산하면 얼마인가? [FAT 1급, 62회]

매출액	5,000,000원	매출원가	2,000,000원
감가상각비	800,000원	종업원급여	620,000원
이자수익	50,000원	배당금수익	80,000원
기부금	80,000원	재해손실	50,000원

① 1,580,000원　　② 1,630,000원
③ 1,710,000원　　④ 1,760,000원

18. ㈜한공의 손익계산서 일부와 관련 추가 자료이다. 다음 자료를 토대로 계산한 (가)의 금액은 얼마인가? [FAT 1급, 64회]

손익계산서

㈜한공 2023년1월1일부터 2023년12월31일까지 (단위: 원)

과목	제4(당)기	
매출액		6,000,000
매출원가		×××
기초상품재고액	800,000	
당기상품매입액	3,000,000	
기말상품재고액	200,000	
매출총이익		×××
판매비와관리비		×××
:		
:		
영업이익		(가)

- 급여 600,000원
- 접대비 80,000원
- 기부금 20,000원
- 세금과공과 50,000원

① 1,620,000원 ② 1,650,000원
③ 1,670,000원 ④ 1,720,000원

19. 다음 자료를 토대료 ㈜한공의 2023년 이자비용을 계산하면 얼마인가? [FAT 1급, 63회]

- 2023년 12월 1일 현금 10,000,000원을 2개월간 차입하였다.
- 2024년 1월 31일에 원금과 이자를 지급하기로 하였다.
- 이자율은 12%이고, 월할 계산하기로 한다.

① 0원 ② 100,000원
③ 200,000원 ④ 1,200,000원

20. 다음은 ㈜한공의 2023년 12월 31일 재무상태표 관련 자료이다. 2023년 당기순이익은 얼마인가? [FAT 1급, 61회]

- ㈜한공은 2023년 1월 1일 10,000,000원을 출자하여 설립되었다.
- 설립 이후 당기순이익 이외의 자본변동은 없었다.
- 12월 31일 현재 자산부채 계정과목은 다음과 같다.

현금	3,000,000원	외상매출금	6,000,000원	상 품	6,000,000원
선급금	3,000,000원	외상매입금	3,000,000원	단기차입금	2,200,000원

① 18,000,000　　② 12,800,000
③ 5,200,000　　④ 2,800,000

21. 다음 자료를 토대로 도·소매업을 운영하는 한공상사의 영업이익을 계산하면 얼마인가?[FAT 2급, 65회]

손익계산서

한공상사　　2023년1월1일부터 2023년12월31일까지　　(단위: 원)

비용	금액	수익	금액
매출원가	200,000	매출	400,000
급여	60,000		
복리후생비	10,000		
임차료	50,000		
기부금	20,000		
당기순이익	60,000		
	400,000		400,000

① 50,000원　　② 70,000원
③ 80,000원　　④ 100,000원

22. 다음 자료는 2022년 12월 31일 현재 재무상태표의 각 계정의 잔액이다. 외상매입금은 얼마인가? [전산회계1급, 103회]

• 보통예금 300,000원	• 외상매출금 700,000원	• 외상매입금 ? 원
• 미지급금 150,000원	• 자본금 300,000원	• 이익잉여금 100,000원

① 450,000원　　② 550,000원
③ 750,000원　　④ 850,000원

23. 거래에 대한 회계처리 시 나타나는 거래요소의 결합관계를 아래의 보기에서 모두 고른 것은? [전산회계1급, 103회]

단기대여금 50,000원과 그에 대한 이자 1,000원을 현금으로 회수하다.

〈보기〉

가. 자산의 증가 라. 부채의 감소	나. 자산의 감소 마. 수익의 발생	다. 부채의 증가 바. 비용의 발생

① 가, 나, 바　　② 나, 다, 마
③ 나, 라, 바　　④ 가, 나, 마

24. 다음은 도매업을 영위하는 ㈜한공의 손익에 대한 대화이다. (가)에 들어갈 수 있는 계정과목은? [FAT 1급, 63회]

> A: 영업이익이 전기보다 증가하였는데 당기순이익이 크게 감소한 원인이 무엇인가요?
> B: 네, 당기순이익의 감소는 (가)의 증가가 원인입니다.

① 매출원가　　② 임차료
③ 이자수익　　④ 유형자산처분손실

25. 당기 중의 변동내역이 다음과 같다면, 당기순이익은 얼마인가?

① 자산증가 100,000　　② 부채증가 30,000
③ 현금배당 20,000　　④ 신주발행(액면) 40,000

26. A사는 기중에 200,000원을 추가출자하고, 현금배당을 50,000원 지급하였다. A사의 기초자본은 1,800,000원, 기말자본은 2,100,000원이라면, 당기순손익은 얼마인가?

27. 다음 재무상태표를 수정하여 올바른 재무상태표를 작성하라.

재무상태표

㈜미래　　20×1년 12월 31일　　(단위 : 원)

자 산 :		부채와 자본 :	
현 금	65,000	매출채권	350,000
토 지	1,390,000	미 수 금	150,000
자 본 금	1,000,000	건 물	1,100,000
매입채무	440,000	선수수익	580,000
이익잉여금	?	미지급보험료	715,000
자산총계	2,895,000	부채와 자본총계	2,895,000

28. 다음 자료를 이용하여 ㈜미래의 20×1년 12월 31일 재무상태표를 완성하라.

(1) ㈜미래는 20×1년 1월 1일 설립하여, 20×1년 한 해 동안 영업을 하였다.

(2) 20×1년도 순이익은 ₩120,000이며, 배당금으로 주주들에게 ₩20,000을 지급하였다.

(3) 현금과 매출채권의 합계액은 매입채무의 200%이다.

재무상태표

㈜미래 20×1년 12월 31일 현재 (단위: 원)

자 산	금 액	부채 · 자본	금 액
현 금	43,000	부 채 :	
매출채권	①	단기차입금	③
토 지	90,000	매 입 채 무	④
건 물	260,000	미 지 급 금	40,000
비 품	56,000	부채총계	153,000
		자 본 :	
		자 본 금	⑤
		이익잉여금	⑥
자산총계	②	부채와 자본총계	593,000

29. 20×3년 초에 설립한 회사이고, 20×3년 말 부채비율은 50%이다. (1), (2)에 해당하는 금액을 쓰시오.

재무상태표

20×3년 12월 31일 현재 (단위: 원)

자 산	금 액	부채 · 자본	금 액
현 금	(1)	단 기 차 입 금	
매출채권	70,000	매 입 채 무	75,000
토 지	100,000	미 지 급 금	55,000
건 물	250,000	자 본 금	(2)
비 품	50,000	이 익 잉 여 금	120,000
자산총계		부채와 자본총계	600,000

30. ㈜미래의 요약재무자료는 다음과 같다. 번호가 붙은 각 난의 숫자는 거래가 회계등식에 미치는 영향을 나타낸 것이다. 자본의 증감 중 배당금 지급을 나타낸 (6)을 제외하고는 순손익에 영향을 미치는 것이다. 물음에 답하라.

	현 금	+	소모품	+	토 지	=	부 채	+	자 본
기초잔액	₩10,000,000		₩750,000		₩5,000,000		₩5,750,000		₩10,000,000
①			+900,000				+900,000		
②	−7,000,000				+7,000,000				
③	+2,300,000								+2,300,000
④	−800,000								−800,000
⑤			−850,000						−850,000
⑥	−500,000								−500,000
⑦	−750,000						−750,000		
기말잔액	3,250,000		800,000		12,000,000		5,900,000		10,150,000

(1) 위의 각 거래의 내용을 설명하라.

(2) 당기 중 현금의 순증감은 얼마인가?

(3) 당기 중 자본의 순증감은 얼마인가?

(4) 당기순이익은 얼마인가?

(5) 당기순이익 중에서 기업에 남아 있는(유보된) 금액은 얼마인가?

31. 20×1년 설립된 ㈜클린에서는 7월 중 다음과 같은 거래가 발생하였다.

7/ 1 ₩2,500,000의 현금을 출자하여 회사를 설립하다.
7/ 3 소모품 ₩220,000을 외상으로 구입하다.
7/ 7 7월 중 사무실과 장비임차료 ₩625,000을 현금으로 지급하다.
7/11 외상으로 구입한 소모품의 대금 중 ₩170,000을 현금으로 지급하다.
7/15 용역제공 수수료 ₩2,850,000을 현금으로 받다.
7/20 7월분 차량유지비 ₩360,000과 잡비 ₩125,000을 현금으로 지급하다.
7/25 광고비 ₩200,000을 현금으로 지급하다.
7/30 사무원의 급여 ₩750,000을 현금으로 지급하다.
7/31 사용된 소모품의 원가가 ₩70,000이라는 것을 밝히다.

(1) 다음과 같은 형식을 사용하여 각각의 거래를 기록하고 잔액을 계산하라.

자 산			=	부 채	+	자 본
현 금	+	소 모 품	=	미지급금	+	자 본 금

최초의 투자 이후의 자본증감은 그 성격을 나타내는 적절한 용어를 사용하여 각각의 변동내용을 우측에 표시하라.

(2) 손익계산서와 재무상태표를 작성하라.

제 5 장 거래의 기록

생각해 볼 문제

01. 회계시스템을 복식회계시스템(double-entry system)이라고 하는 이유는 무엇일까?

02. 회계거래를 분석하여 기록하는 것을 분개(journal entry)라고 한다. 분개에서 대차 기입의 규칙은 무엇일까?

03. 복식회계시스템은 자기검증기능이 있다. 자기검증기능의 원리는 무엇일까?

제1절 회계의 순환과정

1.1 복식회계시스템

회계등식이란 자산과 부채 및 자본의 상호관계를 표시한 것이다. 이는 회계의 원리를 설명하는 기본적인 등식이다. 기업이 소유하는 자산총액은 기업에 대한 청구권과 항상 일치한다는 것이다.

회계등식은 아래와 같다.

자산 = 부채 + 자본

회계등식의 좌변과 우변은 균형을 이루고 있으며, 이러한 균형관계는 새로운 거래가 발생하더라도 계속 유지된다. 그러기 위해서 모든 거래는 회계등식에 이중(dual)으로 영향을 미친다. 즉, 거래는 위의 세 가지 요소 중에서 하나 또는 그 이상에 이중으로 영향을 미친다. 이러한 거래의 성격을 거래의 이중성이라고 하였다.

몇 가지 예를 생각해 보자. 어떤 기업이 현금 ₩1,000,000을 지급하고 상품을 매입했다고 가정하자. 그러면 상품이라는 자산이 ₩1,000,000 증가하고 현금이라는 자산이 ₩1,000,000 감소함으로써 자산이라는 하나의 요소에 이중으로 영향을 미친다. 만약 은행에서 ₩3,000,000을 차입했다면 현금이라는 자산이 ₩3,000,000 증가하지만, 동시에 차입금이라는 부채가 ₩3,000,000 증가함으로써 자산과 부채의 두 가지 요소에 이중으로 영향을 미친다.

모든 거래는 회계등식의 범위 내에서 기업실체에 이중의 영향을 미치게 된다. 이와 같은 거래의 이중효과를 기록하기 위한 회계시스템을 복식회계시스템(double-entry accounting system)이라고 한다. 다시 말하면, 복식회계시스템이란 회계등식에 기초를 두고, 하나의 거래가 기업실체에 미치는 두 가지 이상의 효과를 복식으로 기록하는 회계시스템이라 할 수 있다.

이와 같은 시스템에 의해 거래를 기록할 때 회계등식이 항상 성립하므로 등식의 좌변과 우변은 항상 같아야 한다. 이러한 원리를 대차평균의 원리 또는 균형의 원리(principle of equilibrium)라고 한다. 이 원리에 의해 일정기간 동안의 거래기록이 정확한지를 검증할 수 있다. 즉, 일정기간 동안의 회계기록을 검토한 결과 균형의 원리가 지켜지지 않을 때에는 기록상의 오류가 있었음을 의미하는 것이므로 그 원인을 찾아야 한다. 복식회계시스템의 이와 같은 기능을 자기검증기능이라고 한다.

모든 회계시스템이 항상 복식으로 이루어지는 것은 아니다. 경제주체 중에서 가계, 종교단체 등의 회계는 아직까지 복식회계시스템을 채택하지 않고 있다. 그것은 보유하고 있는 자금에 대한 청구권자의 이해관계를 크게 인식할 필요가 없거나 올바르게 이해하지 못한 결과라고 할 수 있다.

아직까지 일부 회계시스템이 단식회계시스템이기는 하지만 대부분의 영리기업은 복식회계시스템을 채택하고 있으며, 법적으로 강제되어 있기도 하다.

1.2 분개와 전기

(1) 계정의 의의

회계등식을 이용하여 거래의 성격과 기업에 미치는 효과를 예시한 바와 같이, 예시를 위해 제시했던 형식을 이용하더라도 회계등식에 미치는 효과를 파악하기 위한 거래의 분석과 기록이 가능하지만, 실제의 회계시스템에서 그러한 형식을 이용하기에는 실용적이지 못하다.

일정기간 동안에 발생하는 거래는 매우 다양하고 많은 자산, 부채, 자본, 수익, 비용항목의 증감효과를 가져올 것이다. 필요할 때마다 이용가능한 정보를 산출하고 적시에 재무제표를 작성할 수 있도록 하기 위해서는 각각의 항목에 대하여 분리되는 기록을 유지할 필요가 있다. 즉, 자산, 부채, 자본, 수익, 비용에 속하는 어느 항목이 얼마나 증감하였는지를 매일마다 파악할 수 있어야 한다. 예를 들어, 현금의 증감을 기록하기 위해서는 현금에 대한 별도의 기록이 필요하고, 소모품의 증감을 기록하기 위해서는 또 다른 기록이 필요하다. 이러한 목적을 위하여 전통적으로 이용하여 온 기록의 형태를 계정(account)이라고 한다. 다시 말해서, 계정이란 기업의 자산, 부채, 자본, 수익, 비용에 속하는 각각의 항목에 대한 모든 변동이 항목별로 기입될 수 있도록 마련된 표준화된 기록이다.

그리고 특정 기업의 모든 계정을 조직적으로 모은 장부를 원장(ledger) 또는 총계정원장(general ledger)이라고 한다.

(2) 계정의 성격

계정의 가장 단순한 양식은 다음과 같은 세 가지 부분으로 되어 있다.

① 계정에 기록되는 항목의 이름인 계정과목(title of account)

② 금액증가를 기록하기 위한 장소

③ 금액감소를 기록하기 위한 장소

이와 같은 계정의 단순한 양식을 T계정이라 한다. 그 이유는 영어의 T자와 비슷하기 때문이다.

계 정 과 목	
왼 쪽 차 변	오른쪽 대 변

계정의 왼쪽을 차변(debit)이라 하고, 오른쪽을 대변(credit)이라고 한다. 약자로는 차변을 (차) 또는 Dr.로 표시하고, 대변을 (대) 또는 Cr.로 표시한다. 그리고 왼쪽에 기록하는 것을 차기라 하고, 오른쪽에 기록하는 것을 대기라고 한다. 이렇게 부르는 것은 하나의 회계규칙이며, 이러한 규칙은 기본적인 것이므로 반드시 기억해야 한다.

일정한 기간 동안의 거래를 계정에 기록하면 어떤 하나의 계정에 대한 차변합계액과 대변합계액의 차이가 발생할 수 있는데 이를 계정잔액(account balance)이라고 하며, 차변합계액이 대변합계액보다 크면 차변잔액(debit balance), 반대의 경우는 대변잔액(credit balance)이라고 한다.

어떤 계정에는 금액의 증가를 차변에 기록하고 어떤 계정에는 금액의 증가를 대변에 기입하게 되는데, 그것은 계정의 유형에 따라 다르다. 어떻게 기입할 것인가를 살펴보기 위해 재무상태표계정과 손익계산서계정으로 나누어 보자.

(3) 재무상태표계정

재무상태표에는 자산, 부채, 자본이 표시되므로 재무상태표계정이란 자산계정, 부채계정, 자본계정을 말한다. 거래의 예를 통하여 각각의 계정에 대한 금액의 증가와 감소가 어디에 기록되어야 할 것인지를 알아보자.

■ [거래 1]

(주)미래학원은 주식을 발행하고, 주주들로부터 현금 ₩3,500,000을 받아 회사를 설립하다.

이 거래로 현금 ₩3,500,000이 증가하고 자본금이 ₩3,500,000 증가한다. 회사설립 후의 재무상태표를 계정식으로 작성하면 다음과 같은 형태가 될 것이다.

자 산		자 본	
현 금	3,500,000	자 본 금	3,500,000

재무상태표에는 회계등식에 따라 왼쪽에는 자산이, 오른쪽에는 부채와 자본이 표시된다는 것은 여러분들이 알고 있을 것이다. 또한 T계정의 경우 왼쪽을 차변이라 하고 오른쪽을 대변이라고 하였다. 그렇다면 [거래 1]의 경우 ₩3,500,000이 현금의 차변에, 그리고 ₩3,500,000이 자본금의 대변에 기입되었다고 말할 수 있다. 차기된 계정과목과 금액을 왼쪽에 표시하고, 대기된 계정과목과 금액을 오른쪽에 표시하면 다음과 같은 형식이 될 것이다.

(차) 현 금 3,500,000 (대) 자 본 금 3,500,000

이러한 표시방법을 분개(journal entry)라고 하며, 분개된 자료를 전기(posting)라는 과정을 통하여 적절한 계정에 옮겨 적는다. 위의 분개내용을 전기한 후의 계정은 다음과 같다.

현 금	
3,500,000	

자 본 금	
	3,500,000

재무상태표의 왼쪽에 표시된 현금의 금액이 현금계정의 왼쪽(차변)에 전기되었다는 사실에 주의하라. 그리고 재무상태표의 오른쪽에 표시된 소유자의 지분이 자본금계정의 오른쪽(대변)에 전기되었다. 일반적으로 말하면 자산을 취득하여 자산이 증가하면 적절한 계정의 차변에 기록하고, 자본이 증가하거나 부채가 발생하면 대변에 기록한다.

■ [거래 2]

어학교육에 필요한 원가 ₩2,800,000의 강의용 기자재(비품)를 구입하였다. 대금 중 ₩1,800,000은 현금으로 지급하고, 잔액 ₩1,000,000은 30일 이내에 지급하기로 하다.

이 거래는 비품이라는 자산을 ₩2,800,000 증가시키고, 현금이라는 자산을 ₩1,800,000 감소시킴과 동시에 미지급금이라는 부채를 ₩1,000,000 증가시킨다.

이 거래가 발생한 후에 재무상태표에 표시된 자료는 다음과 같을 것이다.

자 산		부 채	
현 금	1,700,000	미지급금	1,000,000
비 품	2,800,000		
		자 본	
		자 본 금	3,500,000
자산총계	4,500,000	부채와자본총계	4,500,000

이 거래의 효과는 비품에 ₩2,800,000이 차기(증가)되고 현금에 ₩1,800,000이 대기(감소)되었으며, 미지급금에 ₩1,000,000이 대기(증가)되었다고 말할 수 있다. 이와 같은 정보를 다음과 같은 분개로 나타낼 수 있다.

(차) 비 품	2,800,000	(대) 현 금	1,800,000
		미지급금	1,000,000

[거래 2]에 대한 분개를 전기한 후의 계정은 다음과 같다.

현 금	
3,500,000	1,800,000

미지급금	
	1,000,000

비 품	
2,800,000	

자 본 금	
	3,500,000

이 거래의 영향으로 어떤 자산계정은 증가되었으며, 다른 자산계정은 감소되었고 부채계정은 증가되었다. 비록 증감된 금액이 비품 ₩2,800,000, 현금 ₩1,800,000, 미지급금 ₩1,000,000으로 서로 다르지만, 차변과 대변의 균형이 유지되고 있다는 사실에 주목하라.

이러한 분석에 따르면 자산계정의 증가는 왼쪽(차변)에 기록되고 감소는 오른쪽(대변)에 기록된다는 사실을 알 수 있다. 또한 부채와 자본계정의 오른쪽(대변)에는 증가가 기록된다는 것도 알 수 있다. 따라서 자연적으로 부채와 자본계정의 왼쪽(차변)에는 감소가 기록된다.

결과적으로 왼쪽(차변)에 증가가 기록될 것인가, 아니면 감소가 기록될 것인가는 계정의 성격에 따라 달라진다는 사실을 알 수 있다.

지금까지의 설명을 다음과 같은 대차기입의 규칙(rules of debit and credit)으로 요약할 수 있다.

〈표 5-1〉 대차기입의 규칙

차변에 기입 :	대변에 기입 :
자산계정의 증가	자산계정의 감소
부채계정의 감소	부채계정의 증가
자본계정의 감소	자본계정의 증가

여기서 주의할 것은 차변에 기입되는 요소와 또 다른 차변에 기입되는 요소가 대변에 기입되는 요소 없이는 발생하지 않는다는 사실이다. 예를 들어, 자산증가와 부채감소가 동시에 발생한다면 회계등식은 어떻게 되는가?

자산↑ ≠ 부채↓+ 자본

회계등식의 균형이 유지되지 않는다. 마찬가지로 대변에 기입되는 요소와 또 다른 대변에 기입되는 요소가 차변에 기입되는 요소 없이는 발생할 수 없다.

이러한 대차기입의 규칙은 회계등식과의 관계를 고려하면 쉽게 이해할 수 있다. 즉, 회계등식의 왼쪽에는 자산이 있으므로 자산의 증가는 차변에, 그리고 부채와 자본은 회계등식의 오른쪽에 있으므로 증가를 대변에 기입하는 것이다. 그리고 자산의 감소는 대변에, 부채와 자본의 감소는 차변에 기록한다.

이러한 관계를 계정식 재무상태표에 표시하면 다음과 같다.

재무상태표

자 산		부 채	
자산계정		부채계정	
차 변	대 변	차 변	대 변
증 가 (+)	감 소 (−)	감 소 (−)	증 가 (+)
		자 본	
		자본계정	
		차 변	대 변
		감 소 (−)	증 가 (+)

함께 읽어보기

차변과 대변

자산의 감소를 차변에서 차감하는 대신에 반대편인 대변에 기록하며, 부채와 자본의 감소를 대변에서 차감하는 대신에 반대편인 차변에 기록하는 이유는 다음과 같다.

① 복식부기가 처음으로 구축될 당시의 수학이론상 빼기를 한다는 것은 난센스로 간주되었다.

② 컴퓨터나 계산기가 없었던 시대에 있어 더하기와 빼기를 같이 하는 것이 더하기만 하는 경우보다 시간이 많이 걸린다.

③ 통제목적이다. 즉, 더하기와 빼기의 차이만을 검토하는 것보다는 각각의 총계를 검토하는 것이 훨씬 효과적이다.

기업의 모든 거래는 최소한 두 개의 계정에 영향을 미친다. 거래가 아무리 복잡하고 영향을 받는 계정의 수가 많다고 하더라도 모든 계정의 차변합계와 대변합계는 항상 일치한다. 모든 거래에 대한 대차의 균형은 회계등식(자산=부채+자본)의 고유성격에 따른 결과이다. 이러한 이중성 때문에 회계시스템을 복식회계시스템이라고 하는 것이다.

(4) 손익계산서계정

손익계산서에는 수익과 비용이 표시되므로 수익계정과 비용계정을 손익계산서계정이라고 한다. 이와 같은 수익과 비용계정에 대차기입의 규칙을 적용할 때에는 이러한 계정들과 자본과의 관계를 고려해야 한다. 특정 기간에 손익계산서에 보고되는 순이익 또는 순손실은 자본계정의 순증가 또는 순감소로 나타난다는 사실을 기억할 것이다.

수익은 자본을 증가시키며 자본의 증가는 대변에 기입된다. 따라서 일정기간의 수익발생은 대변에 기입된다. 비용은 자본을 감소시키며 자본의 감소는 차변에 기입된다. 따라서 비용의 발생은 차변에 기입된다. 비용계정의 차변에 기입한다는 것은 비용의 발생을 의미하지만, 회계등식에 미치는 영향은 자본을 감소시키는 결과를 초래한다는 사실에 주의해야 한다.

자본계정과의 관련을 고려하면서 수익과 비용계정에 대한 대차기입의 규칙을 적용하면 다음과 같다.

자 본 계 정

차 변	대 변
자본의 감소 (−)	자본의 증가 (+)

비용계정

차 변	대 변
증 가 (+)	감 소 (−)

수익계정

차 변	대 변
감 소 (−)	증 가 (+)

기업의 자본은 자본거래와 영업활동 등의 결과에 의한 증감으로 구분할 수 있으며, 자본거래에 의해 증가된 자본을 자본금 또는 납입자본(paid-in capitals)이라 하고, 영업활동 등의 결과에 의해 증가된 자본을 이익잉여금 또는 유보이익

(retained incomes)이라고 한다.

그렇다면 회계등식과 대차기입의 규칙과의 관계를 다음과 같이 나타낼 수 있다.

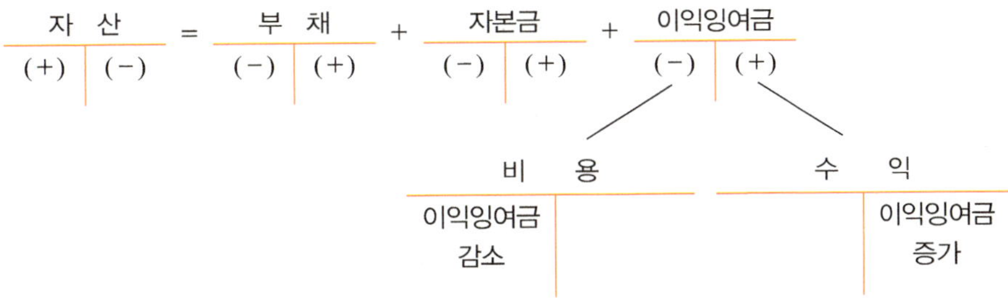

회계기말에 수익과 비용계정잔액은 손익계산서에 보고된다. 이를 위하여 모든 수익과 비용계정잔액을 회계기말에 집합손익계정(summarizing income account)에 대체시키는데, 그 결과 계정은 마감(closed)되었다고 한다. 그리고 순이익 또는 순손실이 되는 집합손익계정의 잔액을 자본계정(미처분이익잉여금계정)에 대체시킨다. 이러한 절차가 끝나면 수익과 비용, 집합손익계정은 모두 마감된다.

이와 같이 수익, 비용, 집합손익계정 등은 장부가 마감되면 잔액이 없어짐으로써 일정 기간만 존재한 후에 사라지기 때문에 이를 임시계정(temporary account)이라고 한다. 그러나 재무상태표에 보고되는 계정들의 잔액은 다음 회계기간으로 이월된다. 이와 같은 영속성 때문에 이러한 계정들을 영구계정(permanent account)이라고 한다.

(5) 정상적인 계정잔액

어떤 계정에 기록된 증가액의 합계는 그 계정에 기록된 감소액의 합계와 같거나 아니면 감소액의 합계보다 더 큰 것이 일반적이다. 다시 말하면, 모든 계정의 정상적인 잔액은 음의 값이 아니라 양의 값이다. 예를 들면, 자산계정의 차변합계(증가)는 대변합계(감소)보다 크기 때문에 자산계정의 경우에는 차변잔액을 가진다.

대차기입의 규칙과 정상적인 계정의 잔액을 요약하면 다음과 같다.

〈표 5-2〉 대차기입의 규칙과 정상적인 잔액

계정의 유형	증 가	감 소	정상적인 잔액
자 산	차 변	대 변	차 변
부 채	대 변	차 변	대 변
자 본			
자본금, 이익잉여금	대 변	차 변	대 변
수익(자본의 증가)	대 변	차 변	대 변
비용(자본의 감소)	차 변	대 변	차 변

정상적으로는 잔액이 차변에 있어야 함에도 잔액이 대변에 있거나, 그 반대의 경우에는 합계상의 오류 또는 비정상적인 상황이라는 것을 말해 준다. 예를 들어, 현금계정의 잔액이 대변에 있다면 회계상의 오류에 의한 것이다. 반면에 매입채무계정의 잔액이 차변에 있다면 회계상의 오류 또는 초과지급 현상을 나타내는 것이다.

위의 내용을 다음과 같이 요약할 수도 있다.

차 변	대 변
자산의 증가	자산의 감소
부채의 감소	부채의 증가
자본의 감소	자본의 증가
비용의 발생	수익의 발생

1.3 회계의 순환과정

복식회계시스템은 기본적으로 다음과 같은 세 가지의 개념에 기초를 두고 있다.

① 거래는 기업실체에 대하여 이중의 영향을 미친다.

② 거래의 영향은 계정에 기입된다.

③ 계정은 ㉠ 회계등식, 즉 자산 = 부채 + 자본, ㉡ 자본은 수익에 의해 증가되고 비용에 의해 감소된다는 사실에 근거하여 조직된다.

이러한 복식회계시스템을 설명하기 위하여 회계자료처리의 순환과정에 대해 살펴보기로 하자. 회계자료처리의 순환과정은 [그림 5-1]과 같다.

기업실체의 재무상태와 경영성과에 영향을 미치는 사건(events)은 끊임없이 발생하고 있다. 그러한 사건 중에서 어떤 것을 기록할 것인가를 결정해야 한다. 기록될 사건이 결정되면 사건이 기업실체에 미치는 영향의 크기를 측정하여 분개를 하고 원장에 전기를 한다. 그리고 나서 여기까지의 회계행위에 오류가 없는지를 판단하기 위해 회계등식을 이용한 시산표를 작성한다.

경제적 사건 중에는 연속사건(continuous events)이 있으며, 이러한 사건은 시간의 경과에 따라 발생하는 것이므로 수정기입을 해야 한다. 수정기입까지를 완료하면 한 회계기간의 모든 거래 및 사건이 기록된 결과가 된다.

[그림 5-1] 회계의 순환과정

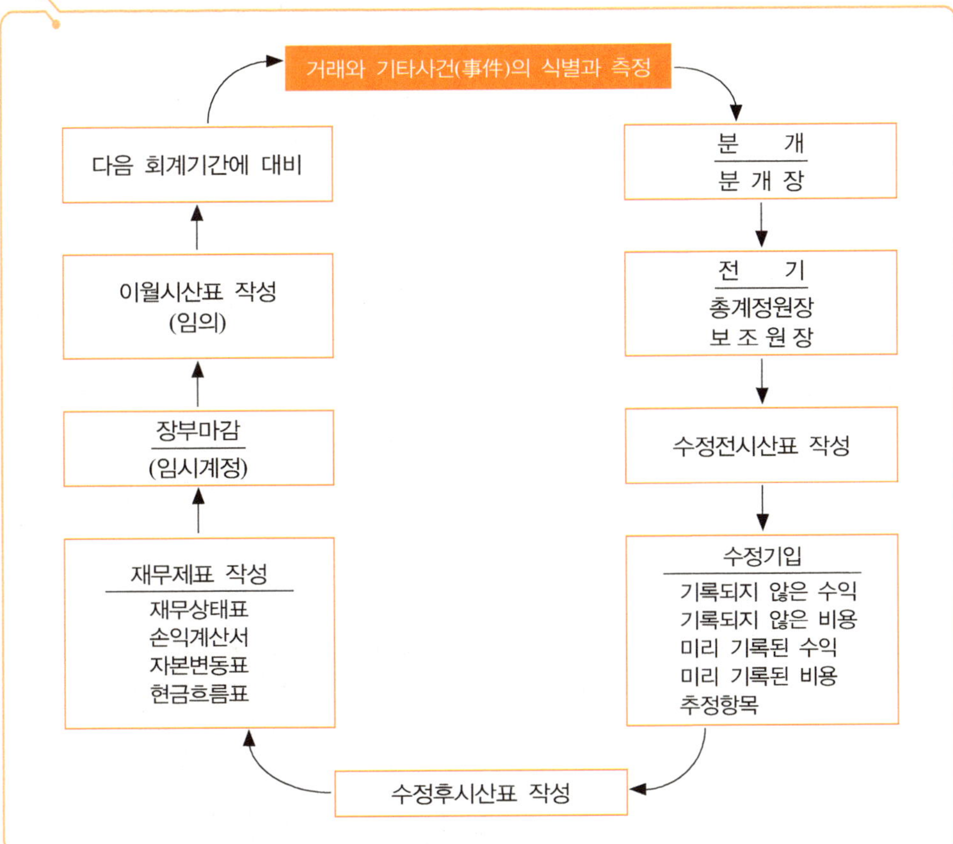

따라서 회계의 자기검증기능에 의한 오류의 발견을 위해 수정후시산표를 작성하고 오류가 없으면 재무제표를 작성한다. 재무제표를 작성한 후 장부를 마감하고, 회계담당자의 의사에 따라 이월시산표 작성 등의 절차를 수행하기도 하며, 다음 회계기간에 대비한다. 이와 같은 단계가 완성되면 다시 다음 회계기간의 회계처리가 시작된다.

제2절 회계거래의 분석과 기록

2.1 거래와 사건

회계실체의 재무상태와 경영성과에 영향을 미치는 사건(events)은 하루에도 수없이 발생한다. 재화나 용역을 매입하여 판매하기도 하며, 종업원을 고용하고 해고하기도 한다.

경쟁자가 신제품을 출시하기도 하며, 정부의 정책이 경제적 실체의 특정 활동을 장려하기도 하고 근절시키기도 한다. 또한 기업이 보유하고 있는 장비와 설비가 진부화(obsolete)되는 등의 사건이 끊임없이 발생하고 있다.

회계의 목적은 이러한 사건의 경제적인 영향에 관한 정보를 수집하고 요약하여 이해관계자들과 의사소통을 하는 것이다. 따라서 회계자료처리의 순환과정은 이와 같은 사건의 식별로부터 시작된다.

거래(transactions)란 실체가 가치 있는 것을 외부에 있는 자와 교환하는 외부사건의 특수한 유형이다. 실체는 외부에 있는 다른 실체와 가치 있는 것을 교환한다. 예를 들어, 현금판매의 경우 실체는 현금과의 교환으로 재화를 제공한다. 현금매입의 경우 실체는 재화와의 교환으로 현금을 지급한다. 거래 중에는 소유자에 의한 투자, 소유자에 대한 배분, 세금납부, 기부, 도난 등과 같이 일방적으로 자산을 이전하거나 부채를 발생시키는 경우도 있다. 이와 같은 모든 사건이 회계시스템을 통하여 기록되는 것은 아니다. 그러면 어떠한 사건을 기록해야 하는가? 사건을 기록하기 위한 다음과 같은 두 가지 기준이 있다.

① 사건이 객관적으로 측정가능한가?

② 객관적으로 측정가능한 사건이 기업의 재무제표에 영향을 미치는가?

위의 두 가지 조건 중에서 어느 하나라도 충족되지 못하는 사건은 기록될 수 없다. 바꿔 말하면, 측정가능하고 재무제표에 영향을 미치는 사건이 기록되어야 한다. 예를 들어, 숙련된 종업원의 경우 중요한 자산이 분명하지만 그들의 가치를 결정하고, 객관적으로 측정할 수는 없다. 따라서 인적자원은 자산으로 기록되지 않는다.

회계시스템에서 인식하는 대부분의 거래에 대해서는 거래의 내용을 서술하고 화폐금액을 포함하는 서류가 존재한다. 예를 들어, 상품을 외상으로 매출하는 경우 판매자는 판매하는 품목과 가격이 표시된 거래명세서를 작성하고 매입자는 거래명세서에 기재된 품목과 실제로 도착된 품목이 일치하면 거래명세서에 서명하게 된다.

현금으로 상품을 판매했을 경우에는 금전등록기에 의한 영수증이나 세금계산서를 발행하게 된다. 그 이외에도 송품장, 주문서, 입금표 등의 서류들이 있다. 이와 같은 서류를 증빙서류(source documents)라고 하며, 거래에 대한 자료수집에 있어서 기본적인 원천이다.

기록될 거래가 결정되고 증빙서류를 획득하면 거래분석, 즉 증빙서류를 검토하여 다음과 같은 세 가지를 결정한다.

① 거래에 의해 영향을 받는 계정은 어떤 것인가?
② 각각의 계정에 미치는 영향의 크기, 즉 금액은 얼마인가?
③ 거래의 영향에 의해 계정잔액이 증가하는가, 아니면 감소하는가?

2.2 분개와 전기

(1) 분개와 분개장

회계시스템은 계정이라는 특수한 기록수단을 통해 기록될 거래의 영향을 기록하고 정리하게 된다. 그러나 실제로는 거래가 분석되면 곧바로 계정에 기입하지 않는다. 왜냐하면 거래는 두 개 이상의 계정에 영향을 미치고, 각각의 계정이 총계정원장의 서로 다른 페이지에 있기 때문에 하나의 거래에 대한 기록을 한눈에 볼 수 없기 때문이다. 이러한 문제점을 해결하기 위해 거래의 발생일자, 영향을 받는 계정과 금액 등을 포함하여 각각의 거래에 대한 완전한 기록을 하나의 장소에 나타내는 분개장(Journal)을 사용한다. 그러므로 분개장이란 분석된 거래를 발생순서대로 기록하기 위해 마련된 장부라 할 수 있으며, 회계시스템에서 거래가 제일 먼저 기록되는 장부이기 때문에 원시기입장부(book of original entry)라 하기도 한다.

우리나라에서는 분개를 거래분석, 즉 거래에 의해 영향을 받는 계정과 금액, 그리고 계정잔액의 증감을 결정하는 회계기록의 의미로 사용하기도 한다.

구체적인 예를 들어 분개장에 기입하기까지의 과정을 살펴보자.

■ [거래]

5월 1일 현금 ₩50,000,000을 출자하여 '미래상사'를 설립하다.

〈거래분석〉

거래로 현금이 ₩50,000,000 증가하고 자본금이 ₩50,000,000 증가한다. 따라서 위 거래는 다음과 같이 분개된다.

(차) 현 금 50,000,000 (대) 자 본 금 50,000,000

이러한 거래분석의 결과를 분개장에 기입하면 다음과 같다.

분 개 장

일	자	적 요	차 변	대 변
5	1	현 금	50,000,000	
		자 본 금		50,000,000
		주식을 발행하다		

거래분석의 결과를 분개장에 기입하는 방법은 다음과 같다.

① 일자란에는 거래발생일을 기입한다. 일자란은 두 칸으로 나누어져 있는데 왼쪽에는 월(月)을 표시하고, 오른쪽에는 일(日)을 표시하며, 같은 페이지에 같은 달의 거래기록이 계속될 경우에는 맨 윗칸에만 월을 표시하면 된다. 이와 같은 일자의 기록은 거래를 추적하고 과거 사건과의 관련을 밝히기 위해 매우 중요하다.

② 적요란의 중앙을 기준으로 왼쪽에는 차변과목을 기입하고 차변란에 금액을 기록한다. 적요란의 중앙을 기준으로 다음 칸의 오른쪽에는 대변과목을 기입하고 대변란에 금액을 기록한다.

③ 거래를 분개한 후에 거래내용을 요약하여 적요란에 기입한다.

[그림 5-2] 분개장과 원장의 관계

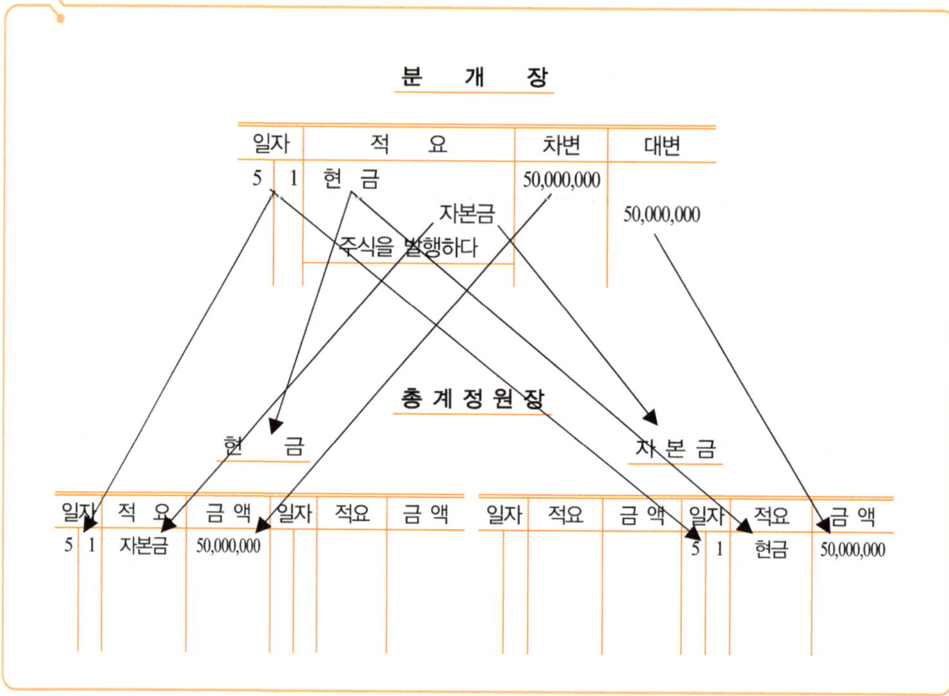

(2) 전기와 총계정원장

회계시스템은 기본적으로 계정이라는 기록의 형태를 이용하는 특징이 있으며, 모든 계정을 조직적으로 모은 장부를 원장 또는 총계정원장이라고 하였다. 분개장에서 분개된 내용을 총계정원장에 옮겨 적는 과정을 전기라고 한다.

전기를 통하여 총계정원장에 기입하는 방법을 설명하면 다음과 같다.

① 분개장에 표시된 계정과목을 총계정원장에서 찾는다.

② 분개장의 차변항목인 현금의 증가는 원장에 있는 현금계정의 차변에 기입한다. 먼저 일자를 기입하는데, 분개장의 일자와 같은 일자를 기입한다.

③ 적요란에는 상대계정과목을 적는다. 상대계정이 둘 이상이면 제좌(諸座)라고 적는다. 상대과목을 적는 이유는 총계정원장만 보더라도 개략적인 거래내용을 추정할 수 있기 때문이다. 차변과목인 현금의 상대과목은 자본금이므로 자본금이라고 기입한다. 이렇게 하면 총계정원장의 현금계정

만 보더라도 현금의 증가와 자본금의 증가가 동시에 발생한 거래임을 추정할 수 있다.

④ 금액란에는 분개장의 금액을 기록한다. 분개장의 차변란에 ₩50,000,000이 기입되어 있으므로 현금계정 차변의 금액란에도 ₩50,000,000을 기입한다.

이와 같은 절차는 자본금계정의 경우도 마찬가지이다.

위의 예시를 위해 이용한 계정형식에는 금액을 기록하는 난이 차변과 대변에 각각 1개씩 있으므로 하나의 계정에는 2개의 금액란이 있다. 이러한 형식을 2위식계정(two-column account) 또는 표준식계정(standard form account)이라고 한다. 이러한 형식을 이용할 경우 기록・계산이 간편하지만 계정잔액을 쉽게 알 수 없다는 단점이 있다. 이러한 단점을 해결하기 위한 형식이 4위식계정(four-column account) 또는 잔액식계정(balance form)이며, 실무에서는 잔액식을 이용하는 경향이 있다. 4위식계정과 잔액식 계정의 사례는 각각 아래와 같다.

○○계정(4위식)

일 자		적 요	차 변	대 변	잔 액	
					차 변	대 변

○○계정(잔액식)

일 자		적 요	차 변	대 변	차 또는 대 잔 액

(3) 사례로 보는 기중거래의 기록

아래의 거래는 ㈜미래학원의 4월 중 내역이다. 이를 이용하여 거래분석, 분개, 총계정원장 또는 T-계정으로의 전기과정을 이해하도록 하자. 각 거래가 여러 계정의 차변이나 대변에 미치는 영향을 분석하면 회계거래의 기록을 이해하는 데 도움이 될 것이다.

[기본 사례]

① 4월 1일 (주)미래학원은 주당 액면 ₩5,000의 주식 2,000주를 발행하여 회사를 설립하였다. (주)미래학원은 주주들로부터 주식대금 ₩10,000,000을 현금으로 받았다.

② 4월 5일 푸른은행으로부터 현금 ₩7,500,000을 연 12% 이율로 1년간 차입하였다.

③ 4월 7일 강의에 사용할 소모품을 구입하고, 대금 ₩800,000은 향후 지급하기로 하였다.

④ 4월 10일 외상으로 구입한 소모품 대금 중 ₩400,000을 현금으로 지급하였다.

⑤ 4월 15일 ㈜미래의 사원들을 대상으로 어학교육을 실시하고, 강의료 ₩4,500,000을 모두 현금으로 받았다.

⑥ 4월 18일 어학원 홍보를 위한 광고비 ₩150,000을 현금으로 지급하였다.

⑦ 4월 20일 건물 임차료 ₩850,000을 현금으로 지급하였다.

⑧ 4월 25일 원어민 강사의 급여 ₩1,200,000을 현금으로 지급하였다.

⑨ 4월 30일 사용 후 남아있는 소모품 재고가 ₩250,000이었다.

⑩ 4월 30일 주주들에게 배당금 ₩1,000,000을 현금으로 지급하였다.

위 거래에 대한 분개와 전기는 다음과 같다.

■ **[거래 1]**

4월 1일 (주)미래학원은 주당 액면 ₩5,000의 주식 2,000주를 발행하여 회사를 설립하였다. (주)미래학원은 주주들로부터 주식대금 ₩10,000,000을 현금으로 받았다.

◆ 자본금의 증가

분석 : 현금(자산)이 ₩10,000,000 증가 → 현금계정의 차변에 기입
자본금(자본)이 ₩10,000,000 증가 → 자본금계정의 대변에 기입

(차) 현　금	10,000,000	(대) 자 본 금	10,000,000

현　　금

일	자	적 요	금 액	일	자	적 요	금 액
4	1	자 본 금	10,000,000				

자 본 금

일	자	적 요	금 액	일	자	적 요	금 액
				4	1	현　금	10,000,000

■ [거래 2]

4월 5일 푸른은행으로부터 현금 ₩7,500,000을 연 12% 이율로 1년간 차입하였다.

◆ 현금의 단기차입

분석 : 현금(자산)이 ₩7,500,000 증가 → 현금계정의 차변에 기입
차입금(부채)이 ₩7,500,000 증가 → 차입금계정의 대변에 기입

(차) 현　금	7,500,000	(대) 단기차입금	7,500,000

현　　금

일	자	적 요	금 액	일	자	적 요	금 액
4	1	자 본 금	10,000,000				
	5	단기차입금	7,500,000				

단기차입금

일	자	적 요	금 액	일	자	적 요	금 액
				4	5	현　금	7,500,000

■ [거래 3]

4월 7일 강의에 사용할 소모품을 구입하고, 대금 ₩800,000은 향후 지급하기로 하였다.

◆ 소모품의 구입

분석 : 소모품(자산)이 ₩800,000 증가 → 소모품계정의 차변에 기입
미지급금(부채)이 ₩800,000 증가 → 미지급금계정의 대변에 기입

(차) 소모품	800,000	(대) 미지급금	800,000

소 모 품

일	자	적 요	금 액	일	자	적 요	금 액
4	7	미지급금	800,000				

미지급금

일	자	적 요	금 액	일	자	적 요	금 액
				4	7	소 모 품	800,000

■ [거래 4]

4월 10일 외상으로 구입한 소모품 대금 중 ₩400,000을 현금으로 지급하였다.

◆ 미지급금의 지급

분석 : 미지급금(부채)이 ₩400,000 감소 → 미지급금계정의 차변에 기입
현금(자산)이 ₩400,000 감소 → 현금계정의 대변에 기입

(차) 미지급금	400,000	(대) 현 금	400,000

미지급금

일	자	적 요	금 액	일	자	적 요	금 액
4	10	현 금	400,000	4	7	소 모 품	800,000

현 금

일	자	적 요	금 액	일	자	적 요	금 액
4	1	자 본 금	10,000,000	4	10	미지급금	400,000
	5	단기차입금	7,500,000				

■ [거래 5]

4월 15일 ㈜미래의 사원들을 대상으로 어학교육을 실시하고, 강의료 ₩4,500,000을 모두 현금으로 받았다.

◆용역의 제공 – 수익의 발생

분석 : 현 금(자산)이 ₩4,500,000 증가 → 현금계정의 차변에 기입

강의료수익(수익)이 ₩4,500,000 증가 → 강의료수익(수익)계정의 대변에 기입

(차) 현 금	4,500,000	(대) 강의료수익	4,500,000

현 금

일	자	적 요	금 액	일	자	적 요	금 액
4	1	자 본 금	10,000,000	4	10	미지급금	400,000
	5	단기차입금	7,500,000				
	15	강의료수익	4,500,000				

강의료수익

일	자	적 요	금 액	일	자	적 요	금 액
				4	15	현 금	4,500,000

■ [거래 6]

4월 18일 어학원 홍보를 위한 광고비 ₩150,000을 현금으로 지급하였다.

◆광고비 지급 – 비용의 발생

분석 : 광고비(비용)가 ₩150,000 증가 → 광고비계정의 차변에 기입

현금(자산)이 ₩150,000 감소 → 현금계정의 대변에 기입

(차) 광 고 비	150,000	(대) 현 금	150,000

광 고 비

일	자	적 요	금 액	일	자	적 요	금 액
4	18	현 금	150,000				

현 금

일	자	적 요	금 액	일	자	적 요	금 액
4	1	자 본 금	10,000,000	4	10	미지급금	400,000
	5	단기차입금	7,500,000		18	광 고 비	150,000
	15	강의료수익	4,500,000				

■ [거래 7]

4월 20일 건물 임차료 ₩850,000을 현금으로 지급하였다.

◆ 임차료 지급 – 비용의 발생

분석 : 임차료(비용)가 ₩850,000 증가 → 임차료계정의 차변에 기입
현금(자산)이 ₩850,000 감소 → 현금계정의 대변에 기입

(차) 임 차 료	850,000	(대) 현 금	850,000

임 차 료

일	자	적 요	금 액	일	자	적 요	금 액
4	20	현 금	850,000				

현 금

일	자	적 요	금 액	일	자	적 요	금 액
4	1	자 본 금	10,000,000	4	10	미지급금	400,000
	5	단기차입금	7,500,000		18	광 고 비	150,000
	15	강의료수익	4,500,000		20	임 차 료	850,000

■ [거래 8]

4월 25일 원어민 강사의 급여 ₩1,200,000을 현금으로 지급하였다.

◆급여 지급 – 비용의 발생

분석: 급여(비용)가 ₩1,200,000 증가 → 급여계정의 차변에 기입
현금(자산)이 ₩1,200,000 감소 → 현금계정의 대변에 기입

(차) 급 여	1,200,000	(대) 현 금	1,200,000

급 여

일	자	적 요	금 액	일	자	적 요	금 액
4	25	현 금	1,200,000				

현 금

일	자	적 요	금 액	일	자	적 요	금 액
4	1	자 본 금	10,000,000	4	10	미지급금	400,000
	5	단기차입금	7,500,000		18	광 고 비	150,000
	15	강의료수익	4,500,000		20	임 차 료	850,000
					25	급 여	1,200,000

■ [거래 9]

4월 30일 사용 후 남아있는 소모품 재고가 ₩250,000이었다.

◆소모품비의 발생 – 비용의 발생

분석: 소모품비(비용)가 ₩550,000 증가 → 소모품비계정의 차변에 기입
소모품(자산)이 ₩550,000 감소 → 소모품계정의 대변에 기입

(차) 소모품비	550,000	(대) 소모품	550,000

소모품비

일	자	적 요	금 액	일	자	적 요	금 액
4	30	소 모 품	550,000				

소 모 품

일	자	적 요	금 액	일	자	적 요	금 액
4	7	미지급금	800,000	4	30	소모품비	550,000

■ [거래 10]

4월 30일 주주들에게 배당금 ₩1,000,000을 현금으로 지급하였다.

◆ 배당금의 지급

분석 : 배당금(자본의 감소)이 ₩1,000,000 증가 → 배당금계정의 차변에 기입
현금(자산)이 ₩1,000,000 감소 → 현금계정의 대변에 기입

(차) 배 당 금	1,000,000	(대) 현 금	1,000,000

배 당 금

일	자	적 요	금 액	일	자	적 요	금 액
4	30	현 금	1,000,000				

현 금

일	자	적 요	금 액	일	자	적 요	금 액
4	1	자 본 금	10,000,000	4	10	미지급금	400,000
	5	단기차입금	7,500,000		18	광 고 비	150,000
	15	강의료수익	4,500,000		20	임 차 료	850,000
					25	급 여	1,200,000
					30	배 당 금	1,000,000

[거래 1]~[거래 10]을 기록한 분개장은 다음과 같다.

분 개 장 (1)

일	자	적 요	차 변	대 변
4	1	(현 금)	10,000,000	
		(자 본 금)		10,000,000
		주당 액면 ₩5,000의 주식 2,000주 발행		
	5	(현 금)	7,500,000	
		(단기차입금)		7,500,000
		푸른은행으로부터 1년간 현금차입		
	7	(소 모 품)	800,000	
		(미 지 급 금)		800,000
		강의용 소모품 구입		
	10	(미 지 급 금)	400,000	
		(현 금)		400,000
		소모품 대금 현금지급		
	15	(현 금)	4,500,000	
		(강의료수익)		4,500,000
		어학교육 강의료 현금수취		
	18	(광 고 비)	150,000	
		(현 금)		150,000
		광고비 현금지급		
	20	(임 차 료)	850,000	
		(현 금)		850,000
		임차료 현금지급		
	25	(급 여)	1,200,000	
		(현 금)		1,200,000
		급여 현금지급		
	30	(소 모 품 비)	550,000	
		(소 모 품)		550,000
		소모품 사용		
	30	(배 당 금)	1,000,000	
		(현 금)		1,000,000
		배당금 현금지급		
		합 계	**26,950,000**	**26,950,000**

분개장에 기록된 거래내용이 총계정원장에 전기된 내용은 다음과 같다. 총계정원장의 번호는 연습상 거래일자 대신 기입한 것으로 거래발생일을 기입하는 것이 원칙이다.

현　　금

①	10,000,000	④	400,000
②	7,500,000	⑥	150,000
⑤	4,500,000	⑦	850,000
		⑧	1,200,000
		⑩	1,000,000

소 모 품

③	800,000	⑨	550,000

미지급금

④	400,000	③	800,000

단기차입금

		②	7,500,000

자 본 금

		①	10,000,000

배 당 금

⑩	1,000,000		

강의료수익

		⑤	4,500,000

광 고 비

⑥	150,000		

임 차 료

⑦	850,000		

급　　여

⑧	1,200,000		

소모품비

⑨	550,000		

2.3 수정전시산표

회계자료처리의 순환과정 중에서 지금까지 설명한 것을 요약하면 다음과 같다.

> 기록될 거래의 식별과 측정 → 분개(분개장) → 전기(총계정원장)

이와 같은 과정을 수행하면서 오류가 없었는지를 알아볼 필요가 있다. 오류가 있었다면 어떻게 찾아낼 것인가? 아마 회계의 자기검증기능이라는 것이 생각날 것이다.

모든 거래가 올바르게 분개되고 정확하게 전기되면 대차평균의 원리에 따라 모든 계정의 차변합계와 대변합계는 일치하게 된다. 즉, 다음의 등식이 성립한다.

모든 계정의 차변합계 = 모든 계정의 대변합계

그리고 각 계정잔액은 각 계정의 차변합계와 대변합계의 차이이므로 각 계정의 잔액만을 합계하더라도 대차는 일치한다. 즉, 다음 등식이 성립한다.

모든 계정의 차변잔액 합계 = 모든 계정의 대변잔액 합계

이와 같은 회계의 자기검증기능에 따라 기록의 정확성을 검토하기 위해 작성되는 것이 시산표(trial balance)이다.

시산표를 작성한 결과 차변과 대변이 일치하지 않는 경우에는 그 원인을 밝히고 정정해야 한다. 차변과 대변이 일치하지 않는 원인은 대체로 다음과 같다.

① 시산표 작성과정에서 발생하는 오류
   ㉠ 특정 계정을 빠뜨린 경우
   ㉡ 차변과 대변에 반대로 기재한 경우
   ㉢ 금액을 잘못 적었을 경우(예를 들면, 35를 53으로 기록)
   ㉣ 시산표의 합계를 잘못 계산한 경우
② 원장기록 자체의 오류
   ㉠ 거래의 대차 중 어느 한쪽의 전기를 누락한 경우
   ㉡ 거래의 대차 중 어느 한쪽에만 중복 기록한 경우
   ㉢ 계정에 금액을 잘못 기록한 경우
   ㉣ 계정 자체의 계산을 잘못한 경우(합계 착오 등)
③ 분개 자체의 오류

시산표는 단순히 총계정원장에 있는 계정의 순서대로 계정과목과 금액을 나열하고 합계한 것이다. 이때 어떤 금액을 나열하느냐에 따라 시산표의 양식이 달라진다. 총계정원장에 있는 각 계정의 합계금액을 나열하면 합계시산표, 각 계정의 잔액을 나열하면 잔액시산표, 합계와 잔액을 동시에 나열하면 합계잔액시산표가 된다.

기본 사례의 총계정원장에 있는 계정과목과 금액을 합계잔액시산표에 옮기면 다음과 같다.

합계잔액시산표(수정전)

(주)미래학원 20×1년 4월 30일 현재 (단위 : 원)

잔 액	합 계	계정과목	합 계	잔 액
18,400,000	22,000,000	현 금	3,600,000	
250,000	800,000	소 모 품	550,000	
	400,000	미 지 급 금	800,000	400,000
		단 기 차 입 금	7,500,000	7,500,000
		자 본 금	10,000,000	10,000,000
1,000,000	1,000,000	배 당 금		
		강 의 료 수 익	4,500,000	4,500,000
150,000	150,000	광 고 비		
850,000	850,000	임 차 료		
1,200,000	1,200,000	급 여		
550,000	550,000	소 모 품 비		
22,400,000	26,950,000	합 계	26,950,000	22,400,000

위의 시산표에 나타난 결과를 이용하여 복식회계시스템의 자기검증기능을 다시 한 번 검토하여 보자.

먼저 각 계정의 정상적인 잔액은 어디에 있는가? 정상적인 잔액이 차변에 있어야 하는 계정은 자산계정과 비용계정이다. 실제로 그러한가?

모든 계정의 차변합계는 대변합계와 일치해야 하고, 모든 계정의 잔액합계도 차변과 대변이 일치해야 한다.

모든 계정의 차변합계(₩26,950,000) =
모든 계정의 대변합계(₩26,950,000)

모든 계정의 차변잔액합계(₩22,400,000) =
모든 계정의 대변잔액합계(₩22,400,000)

따라서 지금까지의 분개와 전기는 정확하게 이루어졌다고 할 수 있다.

함께 읽어보기

우리나라 전통회계(개성부기)의 회계처리방법

최근 발견된 박영진가 장부[1]는 우리나라 전통복식회계인 개성부기의 실존회계장부이다. 일기장과 장책 및 결산서에 해당하는 주회계책을 모두 갖추고 있다는 점에서 개성부기가 복식부기인지를 실증할 수 있는 자료이다. 1887년부터 1911년까지 기록된 일기장, 외상타급장책(外上他給長册), 각인회계책(各人會計册) 등 총 14권이 전해 내려온다. 박영진가 장부와 개성부기해설서인 현병주(1916)의 사개송도치부법에서 확인된 개성부기의 일반적인 회계처리방법은 다음과 같다.

첫 번째, 개성부기의 주요부는 일기장, 장책, 주회계책이다. 일기장은 오늘날의 분개장, 장책은 총계정원장, 주회계책은 결산서이다. 주회계책은 재무상태표에 해당하는 주회계와 이익잉여금처분계산서에 해당하는 회계집착초로 구성되어 있다.

두 번째, 거래의 기록방법은 다음과 같다. 현금의 입금, 출금 및 현금이 수반되지 않는 거래로 구분하여 일기장에 기록한다. 매 2쪽마다 현금시재를 기록하므로 장부상 잔액과 실제 현금잔고를 확인하는 장부로 이용되었을 것으로 추정된다. 따라서 일기장은 분개장의 기능뿐만 아니라 현금원장의 기능을 한다. 출자자를 포함하여 채권과 채무의 계정과목은 인명(人名)이다.

세 번째, 이자수익과 이자비용은 일기장에 기록되지 않고 오늘날의 총계정원장에 해당하는 외상 및 타급장책의 각 계정과목에 직접 기입한다.

네 번째, 상품매매가 있을 경우 상품명계정에서 매입과 매출을 증가와 감소로 기입한다.

다섯 번째, 자본금에 대한 기록이다. 개성부기는 출자자를 인명(人名)으로 표시한다.

여섯 번째, 결산과정은 일기장에 기록되지 않는다. 박영진가의 경우 재무제표를 작성하기 위한 시산표를 작성하지 않는다. 장책의 잔액을 주회계(周會計) 작성에 필요한 계정과목과 회계집작초작성에 필요한 계정과목으로 구분하고 그 잔액을 각각 주회계와 회계집작초에 기록한다. 재무제표의 정확성은 주회계와 회계집작초의 여(餘)금액을 상호 확인하여 검증한 것으로 보인다.

1) 박영진가 장부는 2014년 2월 대한민국 등록문화재 제587로 지정되었다.

연습문제

01. 자산, 부채, 자본, 수익, 비용계정의 증가는 차변과 대변 중 어디에 나타나며, 잔액은 차변과 대변 중 어디에 나타나는가?

(1) 자산의 증가	자산의 잔액
(2) 부채의 증가	부채의 잔액
(3) 자본의 증가	자본의 잔액
(4) 수익의 증가	수익의 잔액
(5) 비용의 증가	비용의 잔액

02. 다음 거래가 자산, 부채, 자본에 미치는 영향을 지적하되 증가일 경우(+), 감소일 경우(−)로 표시하라.

거 래	영 향		
	자 산	부 채	자 본
1. 현금으로 납입된 금액에 대하여 주식발행			
2. 은행으로부터 현금차입			
3. 외상으로 기계구입			
4. 현금으로 회수한 수익			
5. 수익이 발생하였으나 외상으로 함			
6. 비용이 발생하였으나 외상으로 함			
7. 외상으로 하였던 비용에 대한 현금지급			
8. 현금지급 비용발생			
9. 수익이 발생하였는데 일부는 현금회수, 잔액은 외상			
10. 현금 ₩100,000 도난			
11. 배당금 현금지급			
12. 위의 5에 대한 현금회수			
13. 비용이 발생하였는데 일부는 현금지급, 잔액은 외상			
14. 당기법인세비용 지급			

03. 다음 각 거래들이 차변과 대변에 미치는 영향을 <보기>에서 골라 거래 (1)과 같이 표시하라.

<보 기>

① 자산의 차변	② 자산의 대변
③ 부채의 차변	④ 부채의 대변
⑤ 자본의 차변	⑥ 자본의 대변
⑦ 수익의 차변	⑧ 수익의 대변
⑨ 비용의 차변	⑩ 비용의 대변

(1) 주주가 출자한 현금으로 주식을 발행하다. (①, ⑥)
(2) 외상으로 기계를 구입하다. (　　　)
(3) 광고비를 현금으로 지급하다. (　　　)
(4) 소모품을 외상으로 구입하다. (　　　)
(5) 은행으로부터 현금을 차입하다. (　　　)
(6) 고객에게 용역을 제공하고 용역제공 대금을 회수하지 못하다. (　　　)
(7) 외상으로 매입한 기계의 매입대금 중 일부를 지급하다. (　　　)
(8) 종업원의 급여를 현금으로 지급하다. (　　　)
(9) 회수하지 못한 용역제공 대금을 회수하다. (　　　)

04. 다음의 거래들을 거래 (1)과 같은 방법으로 분석하라. 거래의 차변항목을 먼저 설명하고, 대변항목을 설명하라.

(1) 4월 2일 : 주당액면 ₩5,000인 주식 1,500주를 발행하고, 현금으로 ₩7,500,000을 납입받아 여행전문회사인 ㈜미래투어가 설립되었다.

① 자산인 현금의 증가, 자산의 증가는 차변기입 → (차) 현 금 7,500,000
② 자본인 자본금의 증가, 자본의 증가는 대변기입 → (대) 자본금 7,500,000

(2) 4월 10일 : 사무실 건물을 ₩12,000,000에 구입하였다. 이 중 ₩4,000,000은 현금으로 지급하고, 잔액은 지급하지 않았다.
(3) 4월 20일 : 사무용비품 ₩600,000을 외상으로 구입하였다. 외상대금은 5월 10일까지 지급하여야 한다.
(4) 4월 25일 : 외상으로 구입한 사무용비품에 결함이 있어 일부를 되돌려 보냈다. 반품된 사무용비품은 ₩80,000이다.
(5) 5월 10일 : 사무용비품에 대한 미지급금 잔액을 모두 현금으로 지급하였다.

05. 다음의 거래는 미래서비스㈜의 20×1년 자료이다. 미래서비스㈜가 기록해야 할 각각의 거래에 대해 다음 거래 (1)과 같은 형식으로 분석하라. 그리고 자산, 부채, 자본의 총금액을 계산하라.

(1) 주주들로부터 현금 ₩40,000,000을 납입받아 영업을 개시하다.
(2) 원가 ₩8,000,000인 기계를 구입하다. 구입대금 중 1/2은 현금으로 지급하고 잔액은 6개월 후에 지급하기로 하다.
(3) 용역제공에 대한 대가가 ₩54,000,000이며, 이 중 ₩6,000,000은 외상이고, 나머지는 현금으로 받다.
(4) 판매비와 관리비가 ₩33,000,000이 발생하였는데, 이 중에서 ₩3,000,000은 외상이고, 나머지는 현금으로 지급하다.
(5) (3)의 외상대금 중에서 ₩4,000,000을 현금으로 회수하다.
(6) (4)의 외상대금 중에서 ₩2,000,000을 현금으로 지급하다.

거 래	자 산	=	부 채	+	자 본
(1)	현금(+) ₩40,000,000				자본금(+) ₩40,000,000

06. 다음은 ㈜미래의 재무제표에 사용되는 계정을 나타낸 것이다. 다음의 회계거래를 분개할 경우, 차변과 대변에 사용할 계정의 번호를 찾아 표시하라.

① 매 입 채 무　② 매 출 채 권　③ 건 물
④ 현 금　⑤ 당 좌 예 금　⑥ 법인세비용
⑦ 미지급법인세　⑧ 장기차입금　⑨ 이익잉여금
⑩ 용 역 매 출　⑪ 자 본 금　⑫ 선급보험료

	거 래	차 변	대 변
〈보기〉	서비스를 제공하고 대가를 현금으로 받다.	④	⑩
(1)	서비스를 제공하고 대금은 외상으로 하다.		
(2)	매입채무를 현금으로 지급하다.		
(3)	당기 법인세를 다음 연도에 지급하기로 하다.		
(4)	다음 연도분 보험료를 현금으로 미리 지급하다.		
(5)	은행으로부터 3년 만기로 현금을 차입하다.		
(6)	주주들에게 주식을 발행하고 현금을 조달하다.		
(7)	건물을 처분하고 건물대금을 현금으로 받다.		

07. 서비스업체인 ㈜미래가 거래기록시 사용하는 계정은 다음과 같다. 이를 사용하여 거래를 분개하라.

현금, 매출채권, 소모품, 건물, 미지급금, 자본금, 용역매출, 급여, 광고비

(1) 주당 ₩5,000인 주식 2,000주를 발행하고 현금을 받다.
(2) 건물을 ₩2,000,000에 구입하고 대금은 현금으로 지급하다.
(3) 소모품 ₩200,000을 외상으로 구입하다.
(4) 고객에게 ₩300,000의 서비스를 제공하고, 대금은 외상으로 하다.
(5) 소모품 외상구입대금 ₩100,000을 현금으로 지급하다.
(6) (4)의 서비스 용역에 대한 대금을 현금으로 받다.
(7) 지역신문에 광고를 게재하고 광고비 ₩50,000을 현금으로 지급하다.
(8) 직원들에게 급여 ₩400,000을 현금으로 지급하다.

08. 다음은 청소전문 용역업체인 미래용역㈜의 T계정에 기록된 거래이다. 각각의 거래 내용을 추정하고 분개하라.

현 금	
(1) 50,000	(3) 7,000
(2) 13,000	(5) 1,000
(4) 2,000	(6) 5,000

매출채권	
(2) 3,000	(4) 2,000

기 계	
(6) 25,000	

매입채무	
(5) 1,000	10,000

미지급금	
	(6) 20,000

자 본 금	
	(1) 50,000

용역수익	
	(2) 16,000

영업비용	
(3) 7,000	

09. 다음은 경영자문회사인 ㈜미래컨설팅의 20×1년 12월 31일 총계정원장의 잔액이다. 시산표를 작성하라.

매출채권	₩ 250,000
차량운반구	130,000
비품	220,000
건물	300,000
토지	1,150,000
미지급금	100,000
단기차입금	920,000
자본금	600,000
수수료수익	1,300,000
급여	500,000
교통비	100,000
소모품비	130,000
이익잉여금	250,000
현금	?

10. 회계부서에 근무하는 신입사원 김초보 씨의 경험부족으로 회계처리 중 다음과 같은 오류가 발생하였다. 오류를 수정하기 위한 분개를 하라.

(1) 매출채권 대금으로 회수한 현금 ₩420,000을 현금계정 대변에 기록하고, 매출채권계정 차변에 기록하였다.

(2) ₩1,300,000의 비품을 현금으로 구입한 후 기계장치계정 차변과 매출채권계정 대변에 기록하였다.

(3) 매입채무 상환을 위해 지급한 현금 ₩145,000을 현금계정 대변에 기록하고, 매출채권계정 차변에 기록하였다.

(4) 기계장치 ₩2,500,000을 현금으로 구입하고, 소모품계정 차변과 현금계정 대변에 기록하였다.

(5) 매출채권 ₩560,000을 현금으로 회수하고, 매출채권계정 대변과 현금계정 차변에 ₩650,000을 기록하였다.

11. 다음 중 거래의 8요소와 그 예시가 적절한 것을 모두 고른 것은? [전산회계 2급, 106회]

> 가. 자산증가/자산감소 : 기계장치 100,000원을 구입하고, 대금은 보통예금으로 지급하다.
> 나. 자산증가/자본증가 : 현금 100,000원을 출자하여 회사를 설립하다.
> 다. 자산증가/부채증가 : 은행으로부터 100,000원을 차입하고 즉시 보통예금으로 수령하다.
> 라. 부채감소/자산감소 : 외상매입금 100,000원을 현금으로 지급하다.

①가, 나 ②가, 나, 다 ③ 가, 다, 라 ④ 가, 나, 다, 라

12. 다음의 잔액시산표에서 (가), (나)에 각각 들어갈 금액으로 옳은 것은? [전산회계 2급, 106회]

잔액시산표

안산㈜ 20x2.12.31. 단위 : 원

차변	계정과목	대변
100,000	현금	
700,000	건물	
	외상매입금	90,000
	자본금	(나)
	이자수익	40,000
50,000	급여	
(가)		(가)

	(가)	(나)
①	140,000원	740,000원
②	850,000원	740,000원
③	140,000원	720,000원
④	850,000원	720,000원

13. 아래의 거래내용에 대하여 거래요소의 결합관계와 거래의 종류가 바르게 표시된 것은? [전산회계 2급, 101회]

> 상품 판매전시장에서 업무용으로 사용할 목적으로 컴퓨터와 프린터기를 1,500,000원에 구매하고, 구매대금은 신용카드로 결제하다.

	거래요소의 결합관계	거래의 종류
①	자산의 증가－부채의 증가	교환거래
②	부채의 증가－자산의 감소	손익거래
③	자산의 증가－자본의 증가	교환거래
④	자산의 증가－자산의 감소	손익거래

14. 다음 거래요소의 결합관계와 거래의 종류에 맞는 거래내용은? [전산회계 2급, 105회]

거래요소 결합관계	거래의 종류
자산의 증가－부채의 증가	교환거래

① 업무용 컴퓨터 1,500,000원을 구입하고 대금은 나중에 지급하기로 하다.
② 거래처로부터 외상매출금 500,000원을 현금으로 받다.
③ 거래처에 외상매입금 1,000,000원을 현금으로 지급하다.
④ 이자비용 150,000원을 현금으로 지급하다.

15. 다음 중 잔액시산표에서 그 대칭 관계가 옳지 않은 것은? [전산회계 2급, 105회]

	차변	대변
①	대여금	차입금
②	임대보증금	임차보증금
③	선급금	선수금
④	미수금	미지급금

16. 다음 중 회계상 거래가 아닌 것은? [전산회계 1급, 105회]

① 사업을 위하여 10,000,000원을 추가로 출자하다.
② 지급기일이 도래한 약속어음 10,000,000원을 보통예금에서 이체하여 변제하다.
③ 성수기 재고 확보를 위하여 상품 30,000,000원을 추가 주문하기로 하다.
④ 화재가 발생하여 창고에 있던 재고자산 20,000,000원이 멸실되다.

17. 다음 중 주요장부로 구분할 수 있는 것은? [전산회계 1급, 105회]

① 현금출납장　　② 분개장

③ 정산표　　④ 합계잔액시산표

18. 다음 중 혼합거래에 속하는 것은? [전산회계 2급, 104회]

① 보험료 40,000원을 현금으로 지급하다.

② 비품 40,000원을 구입하고 대금은 신용카드로 결제하다.

③ 현금 10,000,000원을 출자하여 영업을 개시하다.

④ 단기대여금 1,000,000원과 이자 20,000원을 현금으로 받다.

19. 다음 중 거래의 결합관계에서 동시에 나타날 수 없는 것은? [전산회계 2급, 104회]

① 비용의 발생과 자산의 감소

② 자산의 증가와 부채의 증가

③ 자본의 증가와 부채의 증가

④ 자산의 증가와 수익의 발생

20. 다음 중 거래의 8요소와 그 예시로 가장 적절하지 않은 것은? [전산회계 1급, 104회]

① (차) 비용발생 (대) 자산감소 : 신용카드 연회비 1만원이 신용카드로 결제되다.

② (차) 자산증가 (대) 수익발생 : 보통예금의 결산이자 100만원이 입금되다.

③ (차) 자산증가 (대) 부채증가 : 원재료 2,000만원을 외상으로 구입하다.

④ (차) 부채감소 (대) 부채증가 : 외상매입금 1,000만원을 신용카드로 결제하다.

21. 다음 중 회계상 거래에 해당하는 것은? [전산회계 1급, 특별회]

① 사무실의 임대차계약을 1년 더 연장하기로 임대인과 구두로 합의하였다.

② 종업원의 급여를 1,000,000원 인상하는 것으로 근로계약서를 작성하였다.

③ 상품 10,000,000원을 구입하고 대금은 현금으로 지급하였다.

④ 거래처로부터 상품 5,000,000원의 주문을 받았다.

22. 다음 중 회계상 거래에 해당하지 않는 것은? [FAT 2급, 68회]

① 기계장치를 100,000,000원에 취득하고 현금으로 지급하였다.

② 사무실에 보관중이던 상품 20,000,000원을 도난·분실하였다.

③ 종업원에게 5,000,000원의 급여를 지급하였다.

④ 물품창고를 월 임차료 1,000,000원에 임차하는 계약을 체결하였다.

23. 다음의 내용과 관련된 계정과목으로 적절한 것은? [전산회계 2급, 103회]

기간 경과에 따라 발생하는 이자, 임대료 등의 당기 수익 중 미수액

①외상매출금 ② 미수금 ③ 선수금 ④ 미수수익

24. 다음 중 회계상 거래에 해당하지 않는 것은? [전산회계 2급, 103회]

① 화재로 인하여 창고에 보관하고 있던 상품 2,000,000원이 소실되었다.

② 영업사원 1명을 월 급여 2,000,000원으로 채용하기로 하였다.

③ 금고에 보관 중인 현금 2,000,000원을 도난당하였다.

④ 상품을 2,000,000원에 구입하고 대금은 월말에 지급하기로 하였다.

25. 다음 중 거래의 결합관계가 나머지와 다른 회계상의 거래는? [전산회계 1급, 102회]

① 사무실 청소비 5만원을 현금 지급하였다.

② 직원 결혼 축의금 10만원을 계좌이체 하였다.

③ 토지 5억원을 현물출자 받았다.

④ 관리비 30만원을 현금 지급하였다.

26. 다음과 같은 거래 요소의 결합관계에 해당하는 거래는? [FAT 2급, 65회]

(차) 자산의 증가	(대) 부채의 증가

① 종업원 급여 5,000,000원을 현금으로 지급하다.

② 상품 300,000원을 외상으로 판매하다.

③ 은행으로부터 1,000,000원을 1년간 차입하여 보통예금으로 입금하다.

④ 전기에 발생한 매출채권 200,000원을 현금으로 회수하다.

27. 다음 거래를 분개할 때 수익과 비용의 변동이 있는 경우가 아닌 것은? [FAT 2급, 65회]

① 거래처에 대한 받을어음 100,000원을 현금으로 회수하였다.
② 거래처 대여금에 대한 이자 200,000원이 보통예금 계좌로 입금되었다.
③ 종업원에 대한 급여 미지급액 2,000,000원을 결산 반영하였다.
④ 직원들의 회식비로 현금 500,000원을 지급하였다.

28. 다음 중 회계상 거래에 해당하지 않는 것은? [FAT 2급, 63회]

① 기계장치를 90,000,000원에 취득하고 현금을 지급하였다.
② 종업원을 채용하고 근로계약서를 작성하였다.
③ 결산기말에 단기매매증권의 공정가치가 장부금액 대비 100,000원 하락하였다.
④ 사무실에 보관중이던 상품 10,000,000원을 분실하였다.

29. 다음에서 제시하는 결합관계에 해당하는 것은? [FAT 2급, 61회]

(차) 자산의 증가	(대) 자산의 감소

① 상품을 외상으로 매입하다.
② 단기차입금을 현금으로 상환하다.
③ 현금을 출자받아 사업을 개시하다.
④ 매출채권을 현금으로 회수하다.

30. 다음 중 회계상 거래의 결합관계로 옳지 않은 것은? [FAT 2급, 59회]

	차변	대변
①	자산의 증가	부채의 증가
②	비용의 발생	자산의 증가
③	자산의 증가	수익의 발생
④	비용의 발생	부채의 증가

31. 다음 (주)한공의 거래에 대한 회계 처리 시 차변 계정과목으로 옳은 것은? [FAT 2급, 68회]

> 사무실에서 사용하고 있던 책상을 장부가액으로 처분하고 대금은 거래처 발행 약속어음으로 받다.

① 선급금　② 외상매출금
③ 단기대여금　④ 미수금

32. 다음 거래에 대한 회계처리 오류 내용이 재무제표에 미치는 영향으로 옳은 것은? [FAT 2급, 59회]

> [거래] 업무용 승용차에 주유를 하고 80,000원을 현금으로 지급하다.
> [분개] (차) 차량운반구 80,000원 (대) 현금 80,000원

① 자산의 과소 계상 ② 자본의 과소 계상
③ 수익의 과소 계상 ④ 비용의 과소 계상

33. 다음 중 차변에 올 수 있는 거래요소로 옳은 것은? [FAT 2급, 58회]

> [거래] 업무용 승용차에 주유를 하고 80,000원을 현금으로 지급하다.
> [분개] (차) 차량운반구 80,000원 (대) 현금 80,000원

① 비용의 발생
② 부채의 증가
③ 자본의 증가
④ 수익의 발생

34. 다음 중 회계상 거래에 해당되지 않은 것은? [FAT 2급, 57회]
① 회사창고에 보관 중이던 상품 500,000원을 도난당했다.
② 상품 300,000원을 구입하기로 계약을 체결하였다.
③ 건물취득계약을 체결하고 계약금 10,000,000원을 지급하였다.
④ 기말에 단기매매증권의 공정가치가 장부금액 대비 50,000원 하락하였다.

35. 다음 중 회계상 거래에 해당하지 않는 것은? [FAT 2급, 55회]
① 기계장치를 50,000,000원에 취득하고 현금을 지급하였다.
② 사무실에 보관 중이던 상품 10,000,000원을 도난·분실하였다.
③ 취득가액이 100,000,000원인 공장건물이 화재로 인해 소실되었다.
④ 월 5,000,000원의 급여를 지급하기로 하고 종업원을 채용하였다.

36. 다음 ㈜한공의 거래에 대한 회계처리 시 차변 계정과목으로 옳은 것은? [FAT 2급, 55회]

> 사무실에서 사용하고 있던 책상을 장부금액으로 처분하고 대금은 거래처 발행 약속어음으로 받다.

① 비품　　② 외상매출금
③ 받을어음　　④ 미수금

37. 다음 거래의 결합관계를 나타낸 것으로 옳은 것은? [FAT 2급, 54회]

> 업무출장으로 인한 택시비 20,000원을 현금으로 지급하였다.

① (차) 비용의 발생　(대) 자산의 감소
② (차) 자산의 증가　(대) 부채의 증가
③ (차) 비용의 발생　(대) 자본의 증가
④ (차) 자산의 증가　(대) 수익의 발생

38. 다음과 같은 거래 요소의 결합관계에 해당하는 거래로 옳은 것은? [FAT 2급, 53회]

> (차) 자산의 증가　(대) 부채의 증가

① 상품 200,000원을 외상으로 판매하다.
② 종업원 급여 2,000,000원을 현금으로 지급하다.
③ 단기차입금 1,000,000원과 그 이자 50,000원을 현금으로 지급하다.
④ 은행으로부터 3,000,000원을 1년간 차입하여 보통예금으로 입금하다.

39. 다음 중 회계상 거래에 해당하는 것은? [FAT 2급, 52회]
① 사무실을 임차하기로 하고 계약서를 작성하였다.
② 종업원을 채용하고 근로계약서를 작성하였다.
③ 업무용 차량을 구입하기 위해 주문서를 발송하였다.
④ 창고에 보관 중이던 상품을 도난당하였다.

40. 다음에서 제시한 거래요소의 결합관계에 해당하는 것은? [FAT 2급, 51회]

차변요소	대변요소
부채의 감소	자산의 감소

① 정기적금을 만기에 현금으로 인출하다

② 장기차입금을 현금으로 상환하다

③ 상품을 외상으로 매입하다.

④ 직원급여를 현금으로 지급하다.

회계순환과정의 완료

제 6 장

생각해 볼 문제

01. 회계순환과정을 완료하기 위해서 기말에 별도의 회계거래를 반영하는 과정들을 결산분개 또는 수정기입이라고 한다. 결산분개가 필요한 이유는 무엇일까?

02. 수정기입이 필요한 거래는 기본적으로 네 가지로 나눌 수 있다. 기록되지 않은 수익, 기록되지 않은 비용, 미리 받은 수익, 미리 지급한 비용이다. 각각의 유형에 속하는 거래가 재무제표에 미치는 영향은 무엇일까?

03. 손익계산서계정은 마감하지만 재무상태표계정은 이월하는 이유는 무엇일까?

제1절 결산분개

1.1 결산분개와 회계순환과정의 완료

회계에서는 기업실체에 영향을 미치는 거래의 발생부터 이를 기업의 재무제표에 옮기기까지 일련의 과정이 일정기간을 주기로 반복되는데, 이를 회계순환과정이라고 한다. 즉, 회계순환과정은 기업의 재무상태와 경영성과를 파악하기 위하여 기업 내에서 발생한 모든 거래를 측정하고 기록하여 재무제표가 작성되기까지 일련의 회계처리과정을 의미한다.

회계기간 중 거래가 발생하면 분개나 전기를 통하여 즉시 장부에 기록한다. 그러나 장부에 기록된 거래기록만으로는 해당 회계연도의 재무제표를 작성하기에 충분하지 않다. 왜냐하면 교환거래의 형태가 아니기 때문에 장부에 기록되지는 않았지만 해당 회계연도의 거래로 인식되어야 할 경제적 사건들이 존재하기 때문이다.

예를 들면, 임차한 자산의 임차료나 종업원의 급여가 아직 지급되지 않았다거나 임대한 자산의 임대료나 이자수익 등을 아직 받지 못한 경우, 과거에 미리 현금을 지급하여 거래로 인식하였지만 당기나 차기의 비용으로 조정해야 하는 경우 또는 과거에 미리 현금을 수취하여 거래로 인식하였지만 당기나 차기의 수익으로 조정해야 하는 경제적 사건의 경우로, 이러한 거래들은 적절한 수정을 통하여 장부에 반영을 하여야 한다.

따라서 회계기간말 적절한 수정절차를 거쳐 이러한 거래들이 당기의 재무제표에 반영이 되어야만 기업의 재무상태와 경영성과를 적정하게 측정할 수 있는데, 회계기말에 발생기준 관점에서 필요한 별도의 회계처리를 통하여 회계거래를 반영하는 과정들을 결산분개 또는 수정기입이라고 한다.

결산분개는 기중의 실질적인 거래기록과정에서 적정하게 측정하지 못한 회계기간의 수익과 비용을 발생기준에 따라 수정함으로써 정확한 회계기간의 경영성과와 재무상태를 계산하는 데 목적이 있으며, 결산분개 후에는 각 계정으로 전기(posting)가 반드시 이루어져야 한다.

1.2 결산분개의 유형

모든 결산분개는 다음과 같은 네 가지 유형 중의 하나이다.

① 기록되지 않은 수익, 즉 현금수입은 없었으나 실현된 수익(미수수익)
② 기록되지 않은 비용, 즉 현금지출은 없었으나 발생된 비용(미지급비용)
③ 미리 받은 수익, 즉 현금수입은 있었으나 실현되지 않은 수익(선수수익)
④ 미리 지급한 비용, 즉 현금지출은 있었으나 발생되지 않은 비용(선급비용)

각각의 유형에 대해 결산분개를 하면 손익계산서계정과 재무상태표계정에 영향을 미친다. 다시 말하면, 하나의 수익 또는 비용계정을 수정하면 결산분개의 이중효과에 의해 자산이나 부채가 증감된다. 이와 같은 관점에서 보면 결산분개는 적정한 기간손익의 계산을 위해 필요한 것임을 알 수 있다.

이러한 네 가지 결산분개에 대해 간단히 설명하고 재무제표에 대한 영향을 살펴보기로 한다.

(1) 기록되지 않은 수익 – 수익의 발생

수익을 창출하기 위한 재화의 매출은 고객에게 상품을 인도하는 불연속거래이다. 그러나 용역제공과 같은 연속거래에 의해 창출되는 수익은 수정을 위한 결산분개를 해야 한다. 수익창출을 위한 용역의 제공은 상당기간 동안 계속되는 경우가 많다. 만약, 용역제공활동이 완전히 끝날 때까지 용역수익을 기록하지 않는다면 적정한 기간손익을 계산할 수 없는 때가 있다. 따라서 회계기말에 부분적으로 수행된 용역제공활동과 관련되는 수익은 결산분개를 통해 인식하게 된다. 즉, 수익을 인식하고 수익에 수반하는 자산유입을 기록하기 위해 결산분개를 하게 된다.

기록되지 않은 수익의 기록과 관련되는 가장 보편적인 계정은 다음과 같다.

(차) 관련된 재무상태표계정(자산의 증가)		(대) 수익계정
미수용역수익	또는 미수수익	용 역 수 익
미 수 이 자		이 자 수 익
미 수 임 대 료		임 대 료

일반적으로 기록되지 않은 수익(unrecorded revenues)은 용역제공, 자산의 임대, 자금의 대여 등과 관련이 있다. 그리고 수정기입은 수익과 이와 관련되는 수취채권을 기록하기 위해 필요하다.

예를 들어, ㈜미래학원이 12월 1일에 교육용 기자재를 ㈜글로벌어학원에 임대하고, 1년 후에 임대료 ₩1,800,000을 받기로 했다고 가정하자. 12월 31일이 결산일이라면 시간의 경과에 따라 실현된 12월분 임대료 ₩150,000을 수익으로 인식해야 하므로 미수임대료계정과 임대료계정을 ₩150,000만큼 각각 증가시켜야 한다.

이러한 기록을 하기 위해 다음과 같은 수정분개를 해야 한다.

(차) 미 수 임 대 료	150,000	(대) 임 대 료	150,000

따라서 미수임대료라는 자산계정과 임대료라는 수익계정이 각각 ₩150,000 증가한다.

(2) 기록되지 않은 비용 – 비용의 발생

연속거래와 관련된 비용도 수정을 위한 결산분개를 해야 한다, 즉, 비용의 인식 및 관련부채의 발생을 동시에 고려해야 하는 거래가 있다. 예를 들면, 임차자산의 사용(임차기말에 임차료를 지급하는 경우), 종업원으로부터 제공받는 용역(작업이 수행된 후에 임금을 지급하는 경우) 등은 결산분개를 해야 한다. 기록되지 않은 비용의 가장 보편적인 경우와 이에 관련되는 계정은 다음과 같다.

(차) 비용계정	(대) 관련된 재무상태표계정(부채의 증가)	
임 차 료	미지급임차료	또는 미지급비용
급 여	미 지 급 급 여	
이 자 비 용	미 지 급 이 자	

예를 들어, ㈜미래학원은 임차한 건물에 대한 12월분 임차료 ₩850,000과 은행으로부터 차입한 차입금에 대한 이자 ₩150,000을 지급하지 않았다고 가정하자. 이러한 경우, 기록되지 않은 비용을 기록하기 위한 결산분개가 필요하다.

즉, 비용을 기록하기 위하여 다음과 같은 수정분개를 해야 한다.

(차) 임 차 료	850,000	(대) 미 지 급 임 차 료	850,000
이 자 비 용	150,000	미 지 급 이 자	150,000

따라서 임차료, 이자비용이라는 비용계정과 미지급임차료, 미지급이자라는 부채계정이 각각 ₩850,000과 ₩150,000이 증가됨으로써 비용과 부채가 각각 ₩1,000,000씩 증가한다.

(3) 미리 받은 수익 – 수익의 이연

기록되지 않은 수익에 대한 결산수정은 수취채권을 증가시키면서 수익을 인식하였다. 이와는 달리 미리 받은 수익의 결산수정은 부채를 감소시키면서 수익을 인식한다. 가끔 재화나 용역을 제공하기 전에 대금을 받는 경우가 있다. 이러한 경우에는 보통 선수금액을 선수수익(unearned revenues)이라는 부채로 재무상태표에 보고한다. 회계기말에 선수금액과 관련된 수익 중에서 일부가 실현되었다면 수정을 위한 결산분개를 해야 한다. 실현된 수익은 수정에 의해 수익으로 기록되지만, 실현되지 않은 수익은 선수수익이라는 부채로 남아 있게 된다.

미리 받은 수익과 이에 대한 결산분개로 영향을 받는 계정은 다음과 같다.

(차) 관련된 재무상태표계정(부채의 감소)		(대) 수익계정
선 수 임 대 료	또는 선수수익	임 대 료
선수용역수익		용 역 수 익
선 수 이 자		이 자 수 익

예를 들어, ㈜미래학원이 11월 1일에 교육용 기자재를 ㈜글로벌어학원에 6개월간 임대하고 임대료는 미리 받았다고 가정하자. 조건에 따라 11월 1일 ㈜글로벌어학원으로부터 6개월분 임대료 ₩600,000을 받고, 다음과 같이 현금계정 차변과 선수임대료계정 대변에 기록하였다.

(차) 현 금	600,000	(대) 선수임대료	600,000

이와 같은 임대료수익(賃貸料收益)은 시간의 경과에 따라 실현되는 것이므로 11월 1일부터 12월 31일까지 2개월의 임대료 ₩200,000을 수익으로 기록해야 한다. 따라서, 회계기말인 12월 31일에 수익인식을 위한 결산분개를 해야 한다.

[그림 6-1] 결산분개의 효과

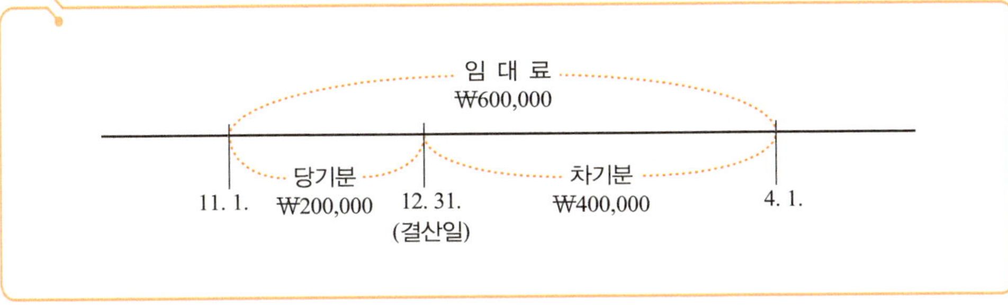

수정을 위한 결산분개는 다음과 같다.

(차)	선 수 임 대 료	200,000	(대)	임 대 료	200,000

위의 예는 금액의 수정을 통해 재무상태표의 금액이 손익계산서로 이동하는 경우이다. 그러나, 임대료를 미리 받았을 때 수익으로 처리했다가 회계기말에 실현되지 않은 수익을 선수수익으로 계상하는 경우가 있다. 이렇게 수정할 경우 금액이 손익계산서로부터 재무상태표로 이동하는 효과가 나타나며, 이러한 수정기입은 재무제표에 반대의 영향을 미친다. 그러나 임대료를 미리 받은 시점의 회계처리와 수정기입을 동시에 고려하면 두 경우의 결과는 동일하게 나타난다.

(차)	현 금	600,000	(대)	임 대 료	600,000
(차)	임 대 료	400,000	(대)	선 수 임 대 료	400,000

(4) 미리 지급한 비용 – 비용의 이연

미리 지급한 비용의 수정은 결산분개에 의하여 자산을 감소시키면서 비용의 발생을 기록하게 되는 경우이며, 결산분개 중에서 가장 보편적인 것이다. 기업이 영업활동에 직접 사용하기 위해 보유하고 있는 자산은 궁극적으로는 비용이 된다. 즉, 회계기간 동안 사용하였거나 소비한 자산의 원가는 회계기말에 비용으로 손익계산서에 보고하여야 한다. 그러나 아직 사용되지 않았거나 소비되지 않은 부분은 자산으로 남아 있게 된다. 예를 들어, 기업이 영업활동을 수행함에 있어서 직접 사용하기 위해 보유하고 있는 유형자산의 원가 중에서 판매 및 회사의 관리를 위해 사용된 부분은 감가상각비라는 비용으로 기록하여야 한다.

미리 지급한 보험료나 임차료 등도 마찬가지이며, 소모품비(supplies expense)의 경우에는 회계기말에 소모품의 사용분을 소모품비로 결산분개한다.

미리 지급한 비용에 대한 결산분개의 예를 들면 다음과 같다.

(차) 비용계정	(대) 관련된 재무상태표계정(자산의 감소)
보 험 료	선 급 보 험 료
임 차 료	선 급 임 차 료
이 자 비 용	선 급 이 자
소 모 품 비	소 모 품

예를 들어, ㈜미래학원이 8월 1일에 1년분 보험료 ₩240,000을 지급하고, 지급 당시에 다음과 같이 선급보험료계정 차변과 현금계정 대변에 기록하였다고 가정하자.

(차)	선급보험료	240,000	(대)	현 금	240,000

회계기말인 12월 31일 현재 미리 지급한 보험료 중에서 5개월분은 소멸되었다. 따라서 ₩100,000은 보험료계정으로 대체되어 손익계산서의 비용으로 보고되어야 한다.

이러한 수정기입을 위해 다음과 같은 결산분개를 해야 한다.

(차)	보 험 료	100,000	(대)	선급보험료	100,000

미리 받은 수익의 수정기입과 마찬가지로 8월 1일 보험료를 지급할 때 보험료라는 비용계정으로 처리하였다가 기말에 미경과분을 선급보험료로 대체할 수도 있는데, 두 경우 모두 재무제표에 미치는 영향은 동일하다.

보험료지급시:	(차)	보 험 료	240,000	(대)	현 금	240,000
회 계 기 말:	(차)	선급보험료	140,000	(대)	보 험 료	140,000

(5) 감가상각

결산분개 중에서 가장 빈번하게 나타나는 것 중의 하나가 감가상각이다. 기업이 장기에 걸쳐 영업활동에 사용할 목적으로 자산을 취득하면 취득원가로 자산계정의 차변에 기입한다. 이러한 자산을 특정 기간의 수익창출활동에 사용하면 사용된 부분에 대응하는 자산의 원가는 소멸된 원가가 되므로 그 기간의 비용으로 기록해야 한다. 이러한 비용이 감가상각비(depreciation expense)이다. 감가상각비는 회계기말에 미리 지급된 비용의 결산분개와 유사하게 기입한다.

수익창출활동에 사용된 부분의 원가를 어떻게 계산할 것인가? 감가상각비를 계산하는 방법은 여러 가지가 있으나, 여기서는 정액법(straightline method)에 대해서만 설명하기로 한다. 이 방법은 자산의 상각대상금액을 자산의 사용기간으로 나누어 감가상각비를 계산한다. 상각대상금액이란 자산이 수익창출활동에 사용되는 부분의 합계로서 취득원가에서 잔존가액(residual vale)을 공제한 금액이다. 잔존가액은 자산을 더 이상 유용하게 사용할 수 없을 때 처분하면서 받을 것으로 기대되는 금액이다. 따라서 정액법에 의하면 감가상각비는 다음과 같이 계산된다.

$$\text{감가상각비} = \frac{\text{상각대상자산의 취득원가} - \text{잔존가액}}{\text{상각대상자산의 기대사용가능기간(추정내용연수)}}$$

예를 들어, ㈜미래학원이 업무용 차량을 ₩16,000,000에 구입했는데 이 차량은 5년 동안 사용할 수 있을 것으로 기대되며, 5년 후에는 ₩1,000,000의 처분가치가 있을 것으로 가정하자. 업무용 차량을 1년 동안 사용한 경우의 감가상각비는 다음과 같다.

$$\text{연간 감가상각비} = \frac{₩16{,}000{,}000 - ₩1{,}000{,}000}{5} = ₩3{,}000{,}000$$

그리고 매년 감가상각비를 기록하기 위한 결산분개는 다음과 같다.

(차) 감가상각비	3,000,000	(대) 차량운반구 감가상각누계액	3,000,000

위의 분개를 보면, 감가상각비로 기록하는 금액만큼을 자산계정에서 직접 차감하는 것이 아니라, 감가상각누계액(accumulated depreciation)계정 대변에 기입하였다. 그러므로 감가상각누계액의 잔액은 수익창출을 위해 사용된 원가를 나타내는 감가상각비의 누계가 된다. 감가상각비를 자산계정에서 직접 차감하지 않는 이유를 생각해 보자. 위의 예에서 차량을 ₩16,000,000에 구입했는데, 첫해에 수익창출활동에서 직접 사용된 부분의 원가누계가 ₩3,000,000이다. 그러면 감가상각누계액의 잔액은 ₩3,000,000이다. 만약, 감가상각비를 자산계정에서 직접 차감한다면 1차연도 말의 재무상태표에 표시될 차량의 원가는 ₩13,000,000이 된다. 그렇다면 재무상태표의 이용자는 차량의 취득원가가 얼마이며, 지금까지 수익창출활동에 직접 사용된 부분의 원가가 얼마인지를 알 수 없게 된다. 이러한 이유 때문에 직접 차감하지 않고 재무상태표에는 취득원가와 감가상각비의 누계액을 다음과 같이 표시한다.

차 량 운 반 구	16,000,000	
감가상각누계액	(−) 3,000,000	13,000,000

한편, 5년 동안 매년도의 감가상각비, 감가상각누계액, 장부가액(취득원가 − 감가상각누계액)은 다음과 같다.

연도	감가상각비	감가상각누계액	장부가액
1	₩3,000,000	₩3,000,000	₩13,000,000
2	3,000,000	6,000,000	10,000,000
3	3,000,000	9,000,000	7,000,000
4	3,000,000	12,000,000	4,000,000
5	3,000,000	15,000,000	1,000,000

(6) 결산분개의 재무제표에 대한 영향

지금까지 결산분개의 네 가지 유형 및 감가상각에 대하여 설명하였다. 이러한 결산분개가 재무제표에 미치는 영향을 요약하면 다음과 같다.

결 산 분 개	손 익 계 산 서		재 무 상 태 표		
	수 익	비 용	자 산	부 채	자 본
미수수익	증가	−	증가	−	증가
미지급비용	−	증가	−	증가	감소
선수수익					
부채로 기록한 경우	증가	−	−	감소	증가
수익으로 기록한 경우	감소	−	−	증가	감소
선급비용					
자산으로 기록한 경우	−	증가	감소	−	감소
비용으로 기록한 경우	−	감소	증가	−	증가
감가상각	−	증가	감소	−	감소

1.3 수정후시산표의 작성

결산분개가 끝나면 다시 수정후시산표를 작성하여 오류가 없었는지를 검토하게 된다. 물론 결산분개의 과정은 분개와 전기까지를 포함하므로 총계정원장에 있는 각 계정의 수정후 잔액을 시산표에 옮겨 적고, 차변합계와 대변합계의 일치 여부를 판단하면 된다.

결산분개로부터 수정후시산표 작성까지의 과정을 앞장의 ㈜미래학원의 사례를 통하여 설명하기로 한다. 기말에 수정분개를 해야 할 사항들을 일반적으로 기말수정사항이라고 한다.

〈기말수정사항〉

① 4월 5일 푸른은행으로부터 현금 ₩7,500,000을 연 12% 이율로 1년간 차입하였다. 이자비용은 상환시점에 지급하기로 하였으며 기말까지 현금으로 이자비용을 지급하지 않았다. 이 경우 4월말 기말현재까지 발생한 이자비용에 대하여 기록되지 않은 비용, 즉 현금지출은 없었으나 발생된 비용(미지급비용)으로 수정분개해야 한다.

은행으로부터 차입한 단기차입금 ₩7,500,000의 이자는 ₩75,000으로 기록되지 않은 비용(미지급비용)이다.

$$₩7{,}500{,}000 \times 연\ 12\% \times \frac{1}{12} = ₩75{,}000$$

* 4월 5일에 차입하였으므로 4월에 해당하는 이자는 25일분만 지급하면 되지만, 편의상 1개월치 이자를 지급한다고 가정

따라서 이자비용이 ₩75,000 증가하고 미지급이자라는 부채가 ₩75,000 증가한다.

② 4월 18일 어학원 홍보를 위한 광고비 ₩150,000을 현금으로 지급하였다. 지급한 광고비 ₩150,000 중 ₩50,000은 5월 광고비이다.

5월분 광고비는 미리 지급한 비용(선급비용)이므로 4월분 광고비에서 차감하여야 한다. 따라서 광고비가 ₩50,000 감소하고 선급광고비라는 자산이 ₩50,000 증가한다.

③ 4월 25일 원어민 강사의 급여 ₩1,200,000을 현금으로 지급하였다. 4월 중 지급해야 할 급여총액은 ₩1,600,000으로서 ₩400,000을 추가로 지급하여야 한다.

지급해야 하는 원어민 강사 급여 ₩400,000은 기록되지 않은 비용(미지급비용)이다. 따라서 급여가 ₩400,000 증가하고 미지급급여라는 부채가 ₩400,000 증가한다.

④ 4월 30일 강의가 실시되었으나 강의료수익 ₩1,500,000을 2개월 후 받기로 하다.

2개월 후 받기로 한 강의료는 기록되지 않은 수익(미수수익)이다.

따라서 미수강의료수익이라는 자산이 ₩1,500,000 증가하고 강의료수익이 ₩1,500,000 증가한다.

⑤ 소모품 관련한 회계처리는 4월 30일 이미 기록되어 있으므로, 별도의 수정기입이 필요하지 않다.

이와 같은 수정사항을 분개장에 분개하고, 총계정원장에 전기하면 다음과 같다.

분 개 장

일	자	적 요	차 변	대 변
4	30	(이자비용)	75,000	
		(미지급이자)		75,000
		푸른은행 단기차입금 이자비용 인식		
	30	(선급광고비)	50,000	
		(광 고 비)		50,000
		현금지급한 광고비 선급분		
	30	(급 여)	400,000	
		(미지급급여)		400,000
		미지급급여 인식		
	30	(미수강의료수익)	1,500,000	
		(강의료수익)		1,500,000
		기록되지 않는 강의료수익 인식		
		합 계	**2,025,000**	**2,025,000**

이자비용

일	자	적 요	금 액	일	자	적 요	금 액
4	30	미지급이자	75,000				

미지급이자

일	자	적 요	금 액	일	자	적 요	금 액
				4	30	이자비용	75,000

선급광고비

일	자	적 요	금 액	일	자	적 요	금 액
4	30	광 고 비	50,000				

광 고 비

일	자	적 요	금 액	일	자	적 요	금 액
4	18	현 금	150,000	4	30	선급광고비	50,000

급 여

일	자	적 요	금 액	일	자	적 요	금 액
4	25	현 금	1,200,000				
	30	미지급급여	400,000				

미지급급여

일	자	적 요	금 액	일	자	적 요	금 액
				4	30	급 여	400,000

미수강의료수익

일	자	적 요	금 액	일	자	적 요	금 액
4	30	강의료수익	1,500,000				

강의료수익

일	자	적 요	금 액	일	자	적 요	금 액
				4	15	현 금	4,500,000
					30	미수강의료수익	1,500,000

수정전 시산표를 기초로 결산분개를 전기한 후의 시산표를 수정후 시산표라 한다. 이를 작성하면 다음과 같다.

합계잔액시산표(수정후)

(주)미래학원 20×1년 4월 30일 현재 (단위 : 원)

잔액	합계	계정과목	합계	잔액
18,400,000	22,000,000	현금	3,600,000	
250,000	800,000	소모품	550,000	
50,000	50,000	선급광고비		
1,500,000	1,500,000	미수강의료수익		
	400,000	미지급금	800,000	400,000
		미지급이자	75,000	75,000
		미지급급여	400,000	400,000
		단기차입금	7,500,000	7,500,000
		자본금	10,000,000	10,000,000
1,000,000	1,000,000	배당금		
		강의료수익	6,000,000	6,000,000
100,000	150,000	광고비	50,000	
850,000	850,000	임차료		
1,600,000	1,600,000	급여		
550,000	550,000	소모품비		
75,000	75,000	이자비용		
24,375,000	28,975,000	합계	28,975,000	24,375,000

수정후시산표를 작성한 결과 대차의 합계가 일치하면 재무제표를 작성하게 된다.

제2절 재무제표의 작성

회계자료처리의 순환과정을 요약해 보면 [그림 5-2]와 같다.

재무제표는 회계처리의 결과를 나타내는 자료이다. 기업은 재무제표를 이용하여 기업의 이해관계자와 의사소통을 하기 때문에 회계자료처리의 목적은 재무제표를 작성하는 데 있다.

[그림 6-2] 회계순환과정

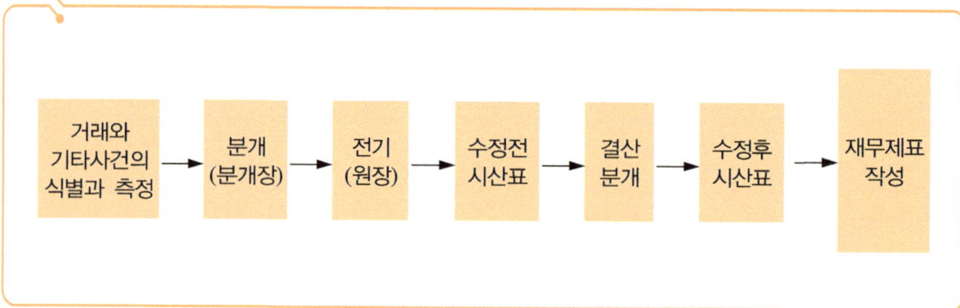

재무제표는 기업의 경영성과와 재무상태, 그리고 현금흐름 등을 요약한 보고서이며, 주요 재무제표는 다음과 같다.

① 재무상태표

② 손익계산서

③ 자본변동표

④ 현금흐름표

⑤ 주석 및 부속명세서

재무제표에는 추가적인 정보를 제공하기 위한 주석 및 부속명세서, 그리고 그 밖의 정보도 포함된다. 주석은 재무제표 전반 또는 재무제표상의 해당 과목 또는 금액에 기호를 붙이고, 별지에 동일한 기호를 표시하여 그 내용의 세부적 사항을 서술적으로 기재하는 방법을 말한다. 부속명세서는 재무제표의 계정과목

중에서 중요한 항목에 대하여 구체적인 세부내역을 기술한 보고서이다. 부속명세서에는 반드시 작성해야 되는 것과 임의로 작성할 수 있는 것이 있다. 기업이 필요하다고 판단하면 특정 계정이나 항목과 관련하여 상세한 부속명세서를 작성할 수 있다.

지금까지 회계처리의 순환과정을 설명하기 위하여 이용했던 ㈜미래학원의 재무상태표와 손익계산서를 작성하면 다음과 같다.

재무상태표

(주)미래학원 20×1년 4월 30일 현재 (단위 : 원)

과목	금액
자산	
현금	18,400,000
소모품	250,000
선급광고비	50,000
미수강의료수익	1,500,000
자산총계	20,200,000
부채	
미지급금	400,000
미지급이자	75,000
미지급급여	400,000
단기차입금	7,500,000
부채총계	8,375,000
자본	
자본금	10,000,000
이익잉여금	1,825,000*
자본총계	11,825,000
부채및자본총계	20,200,000

* 당기순이익 ₩2,825,000 − 배당금 ₩1,000,000

손익계산서

20×1년 4월 1일부터
(주)미래학원 20×1년 4월 30일까지 (단위 : 원)

과 목	금 액
수 익	
강 의 료 수 익	6,000,000
비 용	
광 고 비	100,000
임 차 료 비 용	850,000
급 여	1,600,000
소 모 품 비	550,000
이 자 비 용	75,000
당기순이익	**2,825,000**

제3절 장부마감 및 이월

회계기간이 종료되면 장부의 마감절차를 수행한다. 장부의 마감은 각 계정에 대한 마감으로서 다음 회계기간의 거래를 장부에 기록하기 위한 준비과정이라 할 수 있다. 수익과 비용계정은 임시계정으로서 마감기입에 의해 잔액이 0이 되며 재무상태표 계정은 기말잔액이 다음 회계기간의 기초잔액으로 이월된다. 마감절차가 종료되면 다음 회계기간의 새로운 회계순환과정이 시작된다.

3.1 손익계산서계정의 마감기입

계정 중에는 매 회계기말에 마감해야 하는 임시계정(temporary accounts)이 있다. 즉, 수익과 비용계정은 특정 회계기간의 영업활동 결과만을 모으기 위해 사용되는 계정이며, 이러한 계정의 잔액은 마감기입(closing entries)에 의해 사라진다. 그렇게 되면 다음 회계기간에 모든 수익과 비용계정은 잔액이 없는 상태로부터 시작될 수 있다. 만약, 수익과 비용계정이 마감되지 않는다면 단일회계기간의 손익계산서를 작성하기가 어렵게 된다. 왜냐하면 수익과 비용계정잔액에 여러 회계기간의 금액이 포함되기 때문이다.

마감(closing)은 회계자료처리의 순환과정 중에서 상당히 적은 부분이다. 그러나 재무제표를 적정하게 작성하려면 마감절차를 정확하게 수행하여야 한다. 마감단계는 추가적인 회계원칙이 필요 없는 기계적인 과정이며, 다음과 같은 세 가지 단계로 이루어진다.

① 집합손익(income summary)이라는 새로운 계정을 설정한다. 집합손익계정은 모든 수익과 비용계정을 마감시키고, 이익잉여금계정에 의해 마감되는 일시적인 계정이다.

② 모든 수익과 비용계정은 집합손익계정에 대체(transfer)하고 수익과 비용계정을 마감한다. 여기서 대체의 뜻은 금액의 변동 없이 어떤 계정에서 다른 계정으로 옮기는 절차를 의미하는 것이다.

③ 집합손익계정잔액은 당기순손익을 나타내는 것이므로 이익잉여금계정에 대체시키고 집합손익계정을 마감한다.

▪ 수익계정의 마감

(차) 수　　익	×××	(대) 집합손익	×××

▪ 비용계정의 마감

(차) 집합손익	×××	(대) 비　　용	×××

▪ 집합손익계정의 마감

① 당기순이익이 발생한 경우

(차) 집합손익	×××	(대) 이익잉여금	×××

② 당기순손실이 발생한 경우

(차) 이익잉여금	×××	(대) 집합손익	×××

임시계정을 마감하기 위한 마감기입의 경우에도 분개와 전기의 절차를 거쳐야 한다. ㈜미래학원의 예제를 통해 마감분개와 전기를 하면 다음과 같다.

(차)	강 의 료 수 익	6,000,000	(대)	집 합 손 익	6,000,000
(차)	집 합 손 익	3,175,000	(대)	광 고 비	100,000
				임 차 료	850,000
				급 여	1,600,000
				소 모 품 비	550,000
				이 자 비 용	75,000
(차)	집 합 손 익	2,825,000	(대)	이 익 잉 여 금	2,825,000
(차)	이 익 잉 여 금	1,000,000	(대)	배 당 금	1,000,000

수익과 비용계정의 잔액이 집합손익계정으로 대체되고, 집합손익계정의 잔액을 이익잉여금계정으로 대체함으로써 임시계정이 마감되었다. 그리고 배당금계정의 잔액을 이익잉여금계정에 대체하고, 이익잉여금의 차감을 통하여 배당금계정을 마감하였다.

강의료수익

①	**6,000,000**		4,500,000
			1,500,000
	6,000,000		6,000,000

집합손익

②	**100,000**	①	**6,000,000**
③	**850,000**		
④	**1,600,000**		
⑤	**550,000**		
⑥	**75,000**		
⑦	**2,825,000**		
	6,000,000		6,000,000

광 고 비

	150,000		50,000
		②	**100,000**
	150,000		150,000

임 차 료

	850,000	③	**850,000**
	850,000		850,000

급 여

	1,200,000	④	**1,600,000**
	400,000		
	1,600,000		1,600,000

소모품비

	550,000	⑤	**550,000**
	550,000		550,000

이자비용

	75,000	⑥	**75,000**
	75,000		75,000

이익잉여금

⑧	**1,000,000**	⑦	**2,825,000**

배 당 금

	1,000,000	⑧	**1,000,000**
	1,000,000		1,000,000

3.2 재무상태표계정의 마감

손익계산서계정과는 달리 재무상태표계정은 일시적인 것이 아니라 영구적인 것이다. 특정 회계기말의 재무상태표계정의 잔액은 다음 회계기간의 기초잔액이 된다. 따라서 재무상태표계정은 특정 자산, 부채 또는 자본이 더 이상 존재하지 않을 때에만 잔액이 0이 된다.

이익잉여금계정을 제외한 재무상태표계정은 일정한 기간 동안 일상 거래의 분개기입과 회계기말의 수정기입에 의하여 적절한 잔액이 남게 된다. 그리고 이익잉여금계정의 잔액은 수익과 비용을 마감하는 과정에서 순손익이 대체됨으로써 적절한 잔액이 계산된다.

이러한 이유 때문에 재무상태표계정은 손익계산서계정과 같은 마감기입이 필요 없다. 다만, 회계기말의 잔액을 다음 회계기간의 기초잔액으로서 원장에 이월할 필요가 있을 뿐이다. 따라서 분개장에서의 분개를 생략하고 계정에서 직접 이월을 표시하게 된다.

현 금

	차변		대변
	10,000,000		400,000
	7,500,000		150,000
	4,500,000		850,000
			1,200,000
			1,000,000
		차기이월	18,400,000
	22,000,000		22,000,000
전기이월	18,400,000		

소 모 품

	차변		대변
	800,000		550,000
		차기이월	250,000
	800,000		800,000
전기이월	250,000		

선급광고비

	차변		대변
	50,000	차기이월	50,000
전기이월	50,000		

미수강의료수익

	차변		대변
	1,500,000	차기이월	1,500,000
전기이월	1,500,000		

미지급금

	차변		대변
	400,000		800,000
차기이월	400,000		
	800,000		800,000
		전기이월	400,000

미지급이자

	차변		대변
차기이월	75,000		75,000
		전기이월	75,000

미지급급여

	차변		대변
차기이월	400,000		400,000
		전기이월	400,000

단기차입금

	차변		대변
차기이월	7,500,000		7,500,000
		전기이월	7,500,000

자 본 금

	차변		대변
차기이월	10,000,000		10,000,000
		전기이월	10,000,000

이익잉여금

	차변		대변
	1,000,000		2,825,000
차기이월	1,825,000		
	2,825,000		2,825,000
		전기이월	1,825,000

3.3 이월시산표의 작성

회계담당자의 의사에 따라 마감기입을 한 후에 각 계정잔액들을 시산표에 옮겨 적는 경우가 있다. 이러한 시산표는 마감기입 후에 작성되기 때문에 마감후시산표(postclosing trial balance)라고 한다. 또한 마감기입에 의해 수익, 비용, 집합손익 등의 임시계정이 마감됨으로써 임시계정의 잔액이 없기 때문에 이러한 시산표에 표시되는 잔액은 다음 회계기간으로 이월된 금액이 되므로 이월시산표라 하기도 한다.

이러한 시산표는 대차균형을 검토하는 마지막 기회를 제공한다. 이월시산표는 재무상태표만 포함하기 때문에 임시계정, 즉 수익, 비용, 집합손익계정 등이 빠짐없이 마감되었는지를 검토할 수도 있다. 이월시산표를 작성하고 오류가 없었다는 것이 밝혀지면 당기의 회계자료처리 순환과정이 끝났다는 것을 의미한다. 따라서 다음 회계기간의 회계자료처리에 대비하게 된다.

㈜미래학원의 이월시산표를 작성하면 다음과 같다.

이월시산표

(주)미래학원　　　20×1년 4월 30일 현재　　　(단위: 원)

차　변	계정과목	대　변
18,400,000	현　금	
250,000	소 모 품	
50,000	선 급 광 고 비	
1,500,000	미수강의료수익	
	미 지 급 금	400,000
	미 지 급 이 자	75,000
	미 지 급 급 여	400,000
	단 기 차 입 금	7,500,000
	자 본 금	10,000,000
	이 익 잉 여 금	1,825,000
20,200,000	합　계	**20,200,000**

제4절 사례로 정리하는 회계순환과정

다음은 여행 서비스를 제공할 목적으로 설립한 ㈜미래여행의 5월 중 거래 세부내역이다. 위 회사는 20×1년 5월 회사를 설립하고 영업을 시작하였다.

㈜미래여행의 5월 중 거래내역을 기초로 하여 20×1년 5월 말 현재의 재무제표를 완성하라

(1) 5월 1일 주당 ₩5,000인 주식 800주를 액면으로 발행하고, 대금을 현금으로 받았다.

(2) 5월 1일 여행자보험에 가입하고 12개월분 보험료 ₩300,000을 현금으로 지급하였다. 현금지급한 ₩300,000은 비용으로 기록하였다.

(3) 5월 1일 사무실 임차료 ₩600,000(월 ₩50,000)을 미리 지급하고, 임차료 지급을 자산으로 기록하였다.

(4) 5월 3일 여행서비스를 제공하고 대금 ₩500,000을 고객에게 청구하였다.

(5) 5월 6일 소모품 ₩300,000을 구입하고, 대금은 6월에 지급하기로 하였다.

(6) 5월 7일 전단지를 통한 광고비 ₩150,000을 현금으로 지급하였다.

(7) 5월 7일 외상구입한 소모품에 결함이 있어 ₩100,000을 반품하였다.

(8) 5월 10일 여행서비스를 제공하고 현금 ₩600,000을 현금으로 받았다.

(9) 5월 11일 여행서비스 외상대금 중 ₩350,000을 현금으로 받았다.

(10) 5월 15일 사무용 비품 ₩1,000,000을 구입하고, 대금 중 ₩500,000은 현금으로 지급하였다. 나머지 대금은 7월에 지급할 예정이다.

(11) 5월 20일 6월에 제공할 예정인 여행서비스와 관련한 계약을 체결하고, 여행서비스 대금 ₩800,000을 수표로 미리 받았다.

(12) 5월 25일 여행서비스를 제공하고 대금 ₩2,000,000 중 ₩1,000,000을 현금으로 받았다.

(13) 5월 30일 5월 급여 ₩300,000을 현금으로 지급하였다.

4.1 거래분석과 분개

㈜미래여행의 5월 거래를 분석하고, 분개하면 다음과 같다.

(1) 5월 1일 주당 ₩5,000인 주식 800주를 액면으로 발행하고, 대금을 현금으로 받았다.

분석 : 현금(자산)의 증가, 자본금(자본)의 증가

(차) 현　금	4,000,000	(대) 자본금	4,000,000

(2) 5월 1일 여행자보험에 가입하고 12개월분 보험료 ₩300,000을 현금으로 지급하였다. 현금지급한 ₩300,000은 비용으로 기록하였다.

분석 : 보험료(비용)의 증가, 현금(자산)의 감소

(차) 보험료	300,000	(대) 현　금	300,000

(3) 5월 1일 사무실 임차료 ₩600,000(월 ₩50,000)을 미리 지급하고, 임차료 지급을 자산으로 기록하였다.

분석 : 선급임차료(자산)의 증가, 현금(자산)의 감소

(차) 선급임차료	600,000	(대) 현　금	600,000

(4) 5월 3일 여행서비스를 제공하고 대금 ₩500,000을 고객에게 청구하였다.

분석 : 매출채권(자산)의 증가, 용역매출(수익)의 증가

(차) 매출채권	500,000	(대) 용역매출	500,000

(5) 5월 6일 소모품 ₩300,000을 구입하고, 대금은 6월에 지급하기로 하였다.

분석 : 소모품(자산)의 증가, 미지급금(부채)의 증가

(차) 소모품	300,000	(대) 미지급금	300,000

(6) 5월 7일 전단지를 통한 광고비 ₩150,000을 현금으로 지급하였다.

분석 : 광고비(비용)의 증가, 현금(자산)의 감소

(차) 광고비	150,000	(대) 현 금	150,000

(7) 5월 7일 외상구입한 소모품에 결함이 있어 ₩100,000을 반품하였다.

분석 : 미지급금(부채)의 감소, 소모품(자산)의 감소

(차) 미지급금	100,000	(대) 소모품	100,000

(8) 5월 10일 여행서비스를 제공하고 현금 ₩600,000을 현금으로 받았다.

분석 : 현금(자산)의 증가, 용역매출(수익)의 증가

(차) 현 금	600,000	(대) 용역매출	600,000

(9) 5월 11일 여행서비스 외상대금 중 ₩350,000을 현금으로 받았다.

분석 : 현금(자산)의 증가, 매출채권(자산)의 감소

(차) 현 금	350,000	(대) 매출채권	350,000

(10) 5월 15일 사무용 비품 ₩1,000,000을 구입하고, 대금 중 ₩500,000은 현금으로 지급하였다. 나머지 대금은 7월에 지급할 예정이다.

분석 : 비품(자산)의 증가, 현금(자산)의 감소와 미지급금(부채)의 증가

(차) 비 품	1,000,000	(대) 현 금	500,000
		미지급금	500,000

(11) 5월 20일 6월에 제공할 예정인 여행서비스와 관련한 계약을 체결하고, 여행서비스 대금 ₩800,000을 수표로 미리 받았다.

분석 : 현금(자산)의 증가, 선수금(부채)의 증가

(차) 현 금	800,000	(대) 선수금	800,000

(12) 5월 25일 여행서비스를 제공하고 대금 ₩2,000,000 중 ₩1,000,000을 현금으로 받았다.

분석 : 현금(자산)의 증가와 매출채권(자산)의 증가, 용역매출(수익)의 증가

(차) 현 금	1,000,000	(대) 용역매출	2,000,000
매출채권	1,000,000		

(13) 5월 30일 5월 급여 ₩300,000을 현금으로 지급하였다.

분석 : 급여(비용)의 증가, 현금(자산)의 감소

(차) 급 여	300,000	(대) 현 금	300,000

4.2 전기

㈜미래여행의 거래 및 분개기록을 바탕으로 T-계정에 전기된 내용은 다음과 같다.

현 금

	차변		대변
①	4,000,000	②	300,000
⑧	600,000	③	600,000
⑨	350,000	⑥	150,000
⑪	800,000	⑩	500,000
⑫	1,000,000	⑬	300,000

매출채권

	차변		대변
④	500,000	⑨	350,000
⑫	1,000,000		

선급임차료

	차변		대변
③	600,000		

소 모 품

	차변		대변
⑤	300,000	⑦	100,000

비 품

	차변		대변
⑩	1,000,000		

미지급금

	차변		대변
⑦	100,000	⑤	300,000
		⑩	500,000

선 수 금

	차변		대변
		⑪	800,000

자 본 금

	차변		대변
		①	4,000,000

용역매출

	④ 500,000
	⑧ 600,000
	⑫ 2,000,000

보 험 료

② 300,000	

광 고 비

⑥ 150,000	

급 여

⑬ 300,000	

4.3 수정전시산표

㈜미래여행의 5월 거래가 올바르게 분개되고, 정확하게 전기되었다면 모든 계정의 차변합계와 대변합계, 모든 계정의 차변잔액과 대변잔액은 대차평균의 원리에 따라 일치하게 된다. 회계기록의 정확성을 검토하기 위하여 ㈜미래여행의 5월 시산표를 작성해 보자.

시 산 표

㈜미래여행 20×1년 5월 31일 현재 (단위 : 원)

계 정 과 목	차 변	대 변
현 금	4,900,000	
매출채권	1,150,000	
선급임차료	600,000	
소 모 품	200,000	
비 품	1,000,000	
미지급금		700,000
선 수 금		800,000
자 본 금		4,000,000
용역매출		3,100,000
보 험 료	300,000	
광 고 비	150,000	
급 여	300,000	
합 계	8,600,000	8,600,000

시산표를 작성한 결과, 차변잔액의 합계와 대변잔액의 합계는 일치하므로 ㈜미래여행의 5월 거래는 정확하게 분개, 전기되었다고 볼 수 있다.

4.4 결산분개

㈜미래여행의 20×1년 5월 31일 현재, 결산분개가 필요한 결산정리사항은 다음과 같다.

① 5월 1일 여행자보험에 가입하고 현금지급한 보험료는 12개월분이다.
② 5월 1일 선급한 사무실 임차료 중 기간경과분을 비용으로 기록하다.
③ 5월 31일 현재 미사용 소모품은 ₩50,000이다.
④ 5월 청구된 통신비 ₩70,000은 6월에 지급할 예정이다.
⑤ 비품의 감가상각은 정액법으로 이루어지며, 내용연수는 5년, 잔존가치는 ₩100,000이다.

결산분개가 이루어진 후에는 반드시 각 계정별로 전기를 하여야만 정리사항이 재무제표에 반영될 수 있다.

① 비용으로 인식한 보험료 ₩300,000 중 기간이 미경과한 11개월분 ₩275,000은 선급보험료로 인식하여야 한다.

$$₩300,000 \times \frac{11}{12} = ₩275,000$$

(차) 선급보험료	275,000	(대) 보 험 료	275,000

② 선급임차료 ₩600,000중 5월 임차료로 인식할 금액은 ₩50,000이다.

$$₩600,000 \times \frac{1}{12} = ₩50,000$$

(차) 임 차 료	50,000	(대) 선급임차료	50,000

③ 5월 31일 현재 미사용 소모품은 ₩50,000이다.

소모품 ₩200,000 중 사용한 ₩150,000은 소모품비(비용)으로 인식한다.

(차) 소모품비	150,000	(대) 소모품	150,000

④ 5월 청구된 통신비는 발생주의에 따라 5월의 비용으로 인식한다.

(차) 통 신 비	70,000	(대) 미지급통신비	70,000

⑤ 비품의 감가상각비는 취득일을 기준으로 일할 계산하여 비용 인식한다.

$$\text{비품의 감가상각비} \ \frac{₩1,000,000 - ₩100,000}{5} \times \frac{15}{360} = ₩7,500$$

(차) 감가상각비	7,500	(대) 비품감가상각누계액	7,500

선급보험료

	차변		대변
①	275,000		

보험료

	차변		대변
②	300,000	①	275,000

임 차 료

	차변		대변
②	50,000		

선급임차료

	차변		대변
②	50,000	③	600,000

소모품비

	차변		대변
③	150,000		

소모품

	차변		대변
⑤	300,000	⑦	100,000
		③	150,000

통 신 비

	차변		대변
④	70,000		

미지급통신비

	차변		대변
		④	70,000

감가상각비

	차변		대변
⑤	7,500		

건물감가상각누계액

	차변		대변
		⑤	7,500

4.5 수정후시산표

결산분개와 전기가 이루어지면 수정후시산표를 작성하여 기록의 정확성을 확인하여야 한다.

수정후시산표

㈜미래여행　　20×1년 5월 31일 현재　　(단위 : 원)

계 정 과 목	차 변	대 변
현 금	4,900,000	
매출채권	1,150,000	
선급임차료	550,000	
선급보험료	275,000	
소 모 품	50,000	
비 품	1,000,000	
비품감가상각누계액		7,500
미지급금		700,000
미지급통신비		70,000
선 수 금		800,000
자 본 금		4,000,000
용역매출		3,100,000
보 험 료	25,000	
광 고 비	150,000	
급 여	300,000	
임 차 료	50,000	
소모품비	150,000	
통 신 비	70,000	
감가상각비	7,500	
합 계	8,677,500	8,677,500

4.6 재무제표의 작성

㈜미래여행의 손익계산서와 재무상태표를 작성하면 다음과 같다.

손익계산서

㈜미래여행 — 20×1년 5월 1일부터 20×1년 5월 31일까지 — (단위 : 원)

과 목	금 액
수 익	
용 역 매 출	3,100,000
비 용	
보 험 료	25,000
광 고 비	150,000
급 여	300,000
임 차 료	50,000
소 모 품 비	150,000
통 신 비	70,000
감 가 상 각 비	7,500
당기순이익	**2,347,500**

재무상태표

㈜미래여행 — 20×1년 5월 31일 현재 — (단위 : 원)

과 목	금 액
자 산	
현 금	4,900,000
매 출 채 권	1,150,000
선 급 임 차 료	550,000
선 급 보 험 료	275,000
소 모 품	50,000
비 품	1,000,000
비품감가상각누계액	(7,500)
자산총계	7,917,500
부 채	
미 지 급 금	700,000
미지급통신비	70,000
선 수 금	800,000
부채총계	1,570,000
자 본	
자 본 금	4,000,000
이 익 잉 여 금	2,347,500*
자본총계	6,347,500
부채및자본총계	7,917,500

* 당기순이익 ₩2,347,500

4.7 장부마감

㈜미래여행의 장부마감을 위해서 집합손익계정을 설정하고, 모든 수익과 비용계정은 집합손익계정으로 대체한 다음, 수익과 비용계정을 마감한다. 집합손익계정의 잔액은 당기순손익을 의미하므로 이익잉여금계정으로 대체하고, 집합손익계정을 마감한다. 장부마감을 위해서는 마감분개와 함께 전기가 반드시 이루어져야 한다.

①	(차)	용역매출	3,100,000	(대)	집합손익	3,100,000
②	(차)	집합손익	752,500	(대)	보험 료	25,000
③					광 고 비	150,000
④					급 여	300,000
⑤					임 차 료	50,000
⑥					소모품비	150,000
⑦					통 신 비	70,000
⑧					감가상각비	7,500
⑩	(차)	집합손익	2,347,500	(대)	이익잉여금	2,347,500

용역매출

차변		대변	
①	**3,100,000**		500,000
			600,000
			2,000,000
	3,100,000		3,100,000

집합손익

차변		대변	
②	**25,000**	①	**3,100,000**
③	**150,000**		
④	**300,000**		
⑤	**50,000**		
⑥	**150,000**		
⑦	**70,000**		
⑧	**7,500**		
⑩	**2,347,500**		
	3,100,000		3,100,000

보험료

차변		대변	
	300,000		275,000
		②	**25,000**
	300,000		300,000

광고비

차변		대변	
	150,000	③	**150,000**
	150,000		150,000

급여

차변		대변	
	300,000	④	**300,000**
	300,000		300,000

임차료

50,000	⑤	**50,000**
50,000		50,000

소모품비

150,000	⑥	**150,000**
150,000		150,000

통신비

70,000	⑦	**70,000**
70,000		70,000

감가상각비

7,500	⑧	**7,500**
7,500		7,500

이익잉여금

	⑩	**2,347,500**

4.8 이월정리 및 이월시산표

이월시산표는 다음 회계연도로 잔액이 이월되는 자산, 부채, 자본의 잔액을 이용하여 작성한다.

이월시산표

㈜미래여행 20×1년 5월 31일 현재 (단위 : 원)

계 정 과 목	차 변	대 변
현 금	4,900,000	
매출채권	1,150,000	
선급임차료	550,000	
선급보험료	275,000	
소 모 품	50,000	
비 품	1,000,000	
비품감가상각누계액		7,500
미지급금		700,000
미지급통신비		70,000
선 수 금		800,000
자 본 금		4,000,000
이익잉여금		2,347,500
합 계	7,925,000	7,925,000

함께 읽어보기

결산분개에 이용된 계정과목의 성격

회계는 기업의 언어이므로 회계를 공부한다는 것은 회계에서 사용하고 있는 용어의 독특한 의미와 규칙을 익히는 것이다. 결산분개를 할 때 새로운 용어, 특히 새로운 계정과목들이 많이 등장하였다. 그 의미를 생각해 보자.

- **미수이자** : 아직 받지 않은(미수, 未受) 이자를 말한다. 즉, 돈을 빌려주고 시간이 경과하여 발생하였으나 아직 받지 않은 이자를 말한다. 따라서 미수이자는 이자를 받을 권리를 표현한 것이므로 자산이다.
- **미지급이자** : 아직 지급하지 않은(미지급, 未支給) 이자를 말한다. 즉, 돈을 빌리고 시간이 경과하여 발생하였으나 아직 지급하지 않은 이자를 말한다. 따라서 미지급이자는 이자를 지급할 의무를 표현한 것이므로 부채이다.
- **선수이자** : 미리 받은(선수, 先受) 이자를 말한다. 즉, 돈을 빌려준 시점에서 미리 이자를 받았다면, 아직 시간이 경과되지 않아 받을 이자가 발생되지 않았음에도 미리 이자를 받았음을 의미한다. 따라서 선수이자는 빌려 준 돈을 미리 받은 이자에 해당하는 기간 동안 이용하게 해 줄 의무이므로 부채이다.
- **선급이자** : 미리 지급한(선급, 先給) 이자를 말한다. 즉, 돈을 빌린 시점에서 미리 이자를 지급하였다면, 아직 시간이 경과되지 않아 지급할 이자가 발생되지 않았음에도 미리 이자를 지급하였음을 의미한다. 따라서 선급이자는 빌린 돈을 미리 지급한 이자에 해당하는 기간 동안 이용할 수 있는 권리이므로 자산이다.
- **이자수익** : 돈을 빌려주고 시간이 경과한 만큼 받았거나 받을 이자이므로 수익이다.
- **이자비용** : 돈을 빌리고 시간이 경과한 만큼 지급하였거나 지급할 이자이므로 비용이다.

연습문제

01. 다음 계정들 중 집합손익의 차변으로 대체되는 계정은 어느 것인가?

(1) 배당금 (2) 급여 (3) 수수료수익 (4) 미지급금
(5) 현금 (6) 광고선전비 (7) 감가상각비 (8) 매출채권

02. 다음 계정들 중 집합손익의 대변으로 대체되는 계정은 어느 것인가?

(1) 자본금 (2) 매출 (3) 이자비용 (4) 미지급금
(5) 이자수익 (6) 임차료 (7) 감가상각누계액 (8) 매입채무

03. 다음 계정 중에서 장부마감을 통해 다음 회계기간(차기)으로 이월되는 계정은 어느 것인가?

(1) 선수수익 (2) 선급비용 (3) 감가상각비 (4) 미지급비용
(5) 소모품비 (6) 이익잉여금 (7) 감가상각누계액 (8) 용역매출

04. 광고대행사인 ㈜미래애드는 20×1년 8월 1일 사무용 소모품 ₩700,000을 현금으로 구입하였다. 결산일인 12월 31일 소모품을 조사한 결과, 소모품 미사용분이 ₩230,000 남아 있음을 발견하였다. 12월 31일에 필요한 결산분개를 하라.

(1) 소모품 구입시 소모품계정 차변에 소모품 ₩700,000 구입을 기록한 경우
(2) 소모품 구입시 소모품비계정 차변에 소모품 ₩700,000 구입을 기록한 경우

05. 다음은 ㈜미래의 20×1년 12월 31일 현재 기말 수정사항들이다. 필요한 결산분개를 하라.

(1) 20×1년 8월 1일 1년치 건물임차료 ₩480,000을 현금지급하고 전액 비용으로 처리하였다.
(2) 20×1년 중 소모품을 ₩50,000에 현금구입하고 소모품계정으로 자산처리하였다. 20×1년 12월 31일 현재 미사용한 소모품은 ₩20,000이다.
(3) 20×1년 12월 31일 현재 선급보험료계정의 기말잔액은 ₩160,000이며, 이 중 기간미경과분은 ₩70,000이다.

(4) 사무실 일부를 임대하고 임대료로 ₩600,000을 수령한 즉시 임대료계정으로 수익처리하였다. 20×1년 12월 31일 현재 임대료 중 기간미경과분은 ₩300,000이다.

(5) 거래처에 현금을 대여하고 이자는 원금과 함께 받기로 하였다. 20×1년 12월 31일 현재 기간경과이자는 ₩10,000이다.

06. 청소용역 회사인 ㈜미래의 20×1년 12월 31일 현재, 다음과 같은 기말수정사항이 있으며, 수정사항과 관련한 계정의 수정전시산표상 잔액은 다음과 같다. 필요한 결산분개를 하라.

12월 31일 수정전시산표 잔액 :

선급보험료 ₩360,000 소 모 품 ₩900,000 선 수 금 ₩1,500,000

(1) 12월 31일 현재 미경과된 보험료는 ₩300,000이다.
(2) 12월 31일 현재 미사용 소모품은 ₩250,000이다.
(3) 사무용비품에 대한 감가상각비는 ₩400,000이다.
(4) 차입금에 대해 발생한 이자 ₩50,000은 지급하지 않은 상태이다.
(5) 12월 31일 현재 용역을 제공하지 않아 실현되지 않은 선수금은 ₩700,000이다.
(6) 12월 31일 현재 미지급된 급여는 ₩200,000이다.

07. 다음은 20×1년 12월 31일 현재 ㈜미래의 수정전시산표와 수정후시산표이다. ㈜미래의 결산분개를 추정하라.

계정과목	수정전시산표		수정후시산표	
	차 변	대 변	차 변	대 변
현 금	₩13,000,000		₩13,000,000	
매 출 채 권	1,500,000		1,500,000	
선 급 보 험 료	600,000		200,000	
사 무 용 비 품	60,000,000		60,000,000	
감가상각누계액		₩16,500,000		₩22,000,000
미 지 급 급 여				100,000
자 본 금		25,000,000		25,000,000
이 익 잉 여 금		11,600,000		11,600,000
매 출		38,000,000		38,000,000
급 여	16,000,000		16,100,000	
감 가 상 각 비			5,500,000	
보 험 료			400,000	
합 계	₩91,100,000	₩91,100,000	₩96,700,000	₩96,700,000

08. 용역제공업체인 미래용역㈜는 20×1년 5월에 영업을 시작하였으며, 5월말 현재의 시산표는 다음과 같다.
미래용역㈜의 회계담당자는 5월의 당기순이익을 ₩2,700,000으로 보고하였으나 다음의 사항을 고려하지 않았다.
(1) 5월의 감가상각비는 ₩200,000이다.
(2) 5월밀 현재 소모품재고는 ₩1,800,000이나.
(3) 5월말 현재 급여 ₩350,000이 발생하였으나 지급되지 않았다.
(4) 5월말 현재 용역을 제공하였으나 청구되지 않은 용역제공대금은 ₩600,000이다.

수정전시산표

미래용역㈜ 20×1년 5월 31일 현재 (단위 : 원)

계정과목	차변	대변
현금	4,000,000	
소모품	2,600,000	
기계장치	12,000,000	
미지급금		1,900,000
자본금		14,000,000
용역매출		5,700,000
급여	2,150,000	
수도광열비	400,000	
광고선전비	450,000	
합계	21,600,000	21,600,000

(1) 필요한 결산분개를 하라.
(2) 미래용역㈜의 수정된 5월 당기순손익과 이익잉여금을 계산하라.

09. 다음은 ㈜미래의 수정후시산표이다. 필요한 마감분개를 하라.

수정후시산표

㈜미래 20×1년 12월 31일 현재 (단위 : 원)

계정과목	차변	대변
현금	960,000	
매출채권	600,000	
단기차입금		600,000
미지급금		120,000
미지급이자		60,000
자본금		480,000
이익잉여금		120,000

용 역 매 출		720,000
급 여	300,000	
소 모 품 비	60,000	
임 차 료	120,000	
이 자 비 용	60,000	
합 계	2,100,000	2,100,000

10. 다음은 ㈜미래의 20×1년 12월 31일의 수정전시산표와 결산분개이다. 정산표를 작성하라.

〈결산분개〉

(차) 소모품비	440,000	(대) 소 모 품	440,000
(차) 보 험 료	180,000	(대) 선급보험료	180,000
(차) 특허권상각비	1,500,000	(대) 특 허 권	1,500,000
(차) 급 여	270,000	(대) 미지급급여	270,000

수정전시산표

㈜미래 20×1년 12월 31일 현재 (단위 : 원)

계 정 과 목	차 변	대 변
현 금	3,500,000	
매 출 채 권	2,400,000	
소 모 품	1,100,000	
선 급 보 험 료	540,000	
특 허 권	9,000,000	
미 지 급 금		1,600,000
자 본 금		8,000,000
용 역 매 출		13,300,000
급 여	3,400,000	
임 차 료	2,350,000	
잡 비	610,000	
합 계	22,900,000	22,900,000

11. 다음 중 결산 시 손익으로 계정을 마감하는 계정과목에 해당하는 것은? [전산회계 2급, 106회]

①이자수익 ②자본금 ③미지급금 ④외상매출금

12. 다음 자료에서 당기 기말손익계산서에 계상되는 임대료는 얼마인가? [전산회계 2급, 106회]

> · 당기 임대료로 3,600,000원을 현금으로 받다.
> · 당기에 받은 임대료 중 차기에 속하는 금액은 900,000원이다.

① 900,000원　　② 2,700,000원
③ 3,600,000원　　④ 4,500,000원

13. ㈜연무는 20x2년 12월 26일 거래처에 상품을 인도하였으나 상품 판매대금 전액이 20×3년 1월 5일에 입금되어 동일자에 전액 수익으로 인식하였다. 위 회계처리가 20×2년도의 재무제표에 미치는 영향으로 올바른 것은?(단, 매출원가에 대해서는 고려하지 않는다.)[전산회계 1급, 106회]

① 자산의 과소계상　　② 비용의 과대계상
③ 부채의 과소계상　　④ 수익의 과대계상

14. 다음 자료의 누락분을 반영한 수정 후 당기순이익은 얼마인가? [전산회계 2급, 101회]

> · 수정 전 당기순이익 : 1,000,000원
> · 이자비용 기간경과분 반영 누락 : 당기분 20,000원
> · 전액 비용 처리한 지급보험료의 차기분 이월 누락 : 차기분 200,000원

① 820,000원　　② 1,180,000원
③ 1,200,000원　　④ 1,220,000원

15. 다음 중 (가)에 해당하는 결산정리사항으로 옳은 것은? [전산회계 2급, 101회]

결산정리사항	재무제표에 미치는 영향
(가)	비용의 발생, 부채의 증가

① 임차료 선급분 300,000원을 계상하다.
② 임대료 선수분 200,000원을 계상하다.
③ 이자수익 미수분 100,000원을 계상하다.
④ 이자비용 미지급분 400,000원을 계상하다.

16. 다음 결산정리사항 중 수익의 이연에 해당하는 거래는? [FAT 1급, 67회]

① 보험료 선급분을 계상하다.

② 임대료수익 미수분을 계상하다.

③ 이자수익 선수분을 계상하다.

④ 이자비용 미지급분을 계상하다.

17. ㈜한공의 20x3년 결산 정리사항 반영 전 당기순이익은 200,000원이다. 다음 결산 정리사항을 반영한 후 당기순이익은 얼마인가? [FAT 1급, 66회]

- 당기발생분 이자수익 20,000원에 대한 미수수익을 인식하지 아니함.
- 12월 급여 미지급분 30,000원을 인식하지 아니함.

① 170,000원 ② 180,000원

③ 190,000원 ④ 210,000원

18. 다음 중 결산정리사항에 해당하지 않는 것은? [FAT 2급, 65회]

① 단기차입금의 상환

② 감가상각비의 계상

③ 선급비용의 계상

④ 미수이자의 계상

19. 다음 중 당기순이익을 증가시키는 결산정리사항이 아닌 것은? [FAT 2급, 65회]

① 전액 비용으로 처리한 보험료 중 선급분 계상

② 전액 수익으로 인식한 이자수익 중 선수분 계상

③ 기간 경과한 임대료 미수분 계상

④ 전액 비용으로 처리한 소모품비 중 소모품미사용액 계상

20. 다음 자료를 토대로 ㈜한공의 20×3년 이자비용을 계산하면 얼마인가? [FAT 1급, 63회]

- 20x3년 12월 1일 현금 10,000,000원을 2개월간 차입하였다.
- 20x4년 1월 31일에 원금과 이자를 지급하기로 하였다.
- 이자율은 12%이고, 월할 계산하기로 한다.

① 0원 ② 100,000원

③ 200,000원 ④ 1,200,000원

21. ㈜한공의 20×3년 결산 정리사항 반영전 당기순이익은 1,000,000원이다. 다음 결산 정리사항을 반영한 후 당기순이익은 얼마인가? [FAT 1급, 63회]

- 당기발생 미지급 이자비용 100,000원을 인식하지 아니하였다.
- 20×4년 임대료 300,000원을 수령하고 전액 수익으로 인식하였다.

① 600,000원　　② 800,000원
③ 1,200,000원　　④ 1,400,000원

22. ㈜한공의 20×3년 결산 정리사항 반영전 당기순이익은 200,000원이다. 다음 결산정리사항을 반영한 후 당기순이익은 얼마인가? [FAT 1급, 62회]

- 당기발생분 이자수익 20,000원에 대한 미수수익을 인식하지 아니함.
- 12월 급여 미지급분 50,000원을 인식하지 아니함.

① 150,000원　　② 170,000원
③ 180,000원　　④ 220,000원

23. 다음 자료에 의한 20×3년 12월 31일의 결산분개로 옳은 것은? (월할계산하기로 한다.) [FAT 2급, 61회]

- 20×3년 4월 1일 은행으로부터 2,000,000원을 차입하였다.
- 이자율은 연 12%이며, 1년분 이자는 20×4년 3월 31일 전액 지급예정이다.

① (차) 이자비용 180,000원　(대) 미지급지용 180,000원
② (차) 이자비용 240,000원　(대) 미지급지용 240,000원
③ (차) 이자비용 180,000원　(대) 선급비용 180,000원
④ (차) 이자비용 240,000원　(대) 선급비용 240,000원

24. 다음은 ㈜한공의 소모품 관련 자료이다. 결산 시 회계처리로 옳은 것은? (소모품은 20×2년에 처음 구입하였으며, 구입 시 전액 비용처리하였다.) [FAT 1급, 59회]

- 20×2년 3월 1일 소모품 200,000원을 현금구입하였다.
- 20×2년 12월 31일 소모품 미사용액은 50,000원이었다.

① (차) 소모품 150,000원 (대) 소모품비 150,000원
② (차) 소모품 50,000원 (대) 소모품비 50,000원
③ (차) 소모품비 150,000원 (대) 소모품 150,000원
④ (차) 소모품비 50,000원 (대) 소모품 50,000원

25. 다음은 ㈜한공의 임차료 관련 자료이다. 기말에 수행할 결산정리분개로 옳은 것은?(월할상각 가정) [FAT 1급, 58회]

> 20×2년 5월 1일 사무실을 임차하고 1년분 임차료 3,600,000원을 현금으로 지급한 후 다음과 같이 회계처리하였다.
> (차) 임차료 3,600,000원 (대) 현금 3,600,000원

① (차) 미지급비용 2,400,000원 (대) 임차료 2,400,000원
② (차) 선급비용 2,400,000원 (대) 임차료 2,400,000원
③ (차) 선급비용 1,200,000원 (대) 임차료 1,200,000원
④ (차) 미지급비용 1,200,000원 (대) 임차료 1,200,000원

26. 당기에 현금을 수취하지 않았지만 당기의 수익으로 인식하는 항목의 계정과목으로 옳은 것은? [FAT 1급, 57회]

① 선수수익 ② 미지급비용 ③ 미수수익 ④ 선급비용

27. 한공상사는 20×2. 6. 1.에 임대료 1년분 2,400,000원을 현금으로 수취하면서 전액 임대료수익으로 인식하였다. 20×2. 12. 31.에 결산시 계상할 선수수익은 얼마인가? (월할계산하기로 한다.) [FAT 2급, 56회]

① 1,000,000 ② 1,200,000 ③ 1,400,000 ④ 1,600,000

28. 다음은 ㈜한공의 보험료 지급과 관련된 자료이다. 기말에 ㈜한공이 수행할 결산정리분개로 옳은 것은?(단, 보험료는 월할 계산함.) [FAT 1급, 56회]

> 20×2년 10월 1일 보험계약 체결 후 1년분 보험료 1,200,000원을 지급하고, 보험료 지급시점에 다음과 같이 회계처리하였다.
> (차) 보험료 1,200,000원 (대) 현금 1,200,000원

① (차) 선급비용 300,000원 (대) 보험료 300,000원
② (차) 보험료 300,000원 (대) 선급비용 300,000원
③ (차) 선급비용 900,000원 (대) 보험료 900,000원
④ (차) 보험료 900,000원 (대) 선급비용 900,000원

29. 한공상사는 20×2. 8. 1. 임대료 1년분 2,400,000원을 현금으로 받고 전액 임대료수익으로 인식하였다. 20×2. 12. 31. 결산 시 계상할 선수수익은 얼마인가? (월할계산하기로 한다.) [FAT 2급, 54회]

① 1,200,000원 ② 1,400,000원
③ 1,600,000원 ④ 1,800,000원

30. 다음 자료에 의해 ㈜한공의 20×2년 12월 31일 결산 시 회계 처리로 옳은 것은? [FAT 1급, 54회]

- 20×2년 4월 1일 소모품 1,000,000원을 구입하고 대금은 현금으로 지급하였으며, 구입한 소모품은 전액 비용처리하였다.
- 20×2년 12월 31일 소모품 미사용액은 200,000원이다.

① (차) 소모품 200,000원 (대) 소모품비 200,000원
② (차) 소모품 800,000원 (대) 소모품비 800,000원
③ (차) 소모품비 200,000원 (대) 소모품 200,000원
④ (차) 소모품비 800,000원 (대) 소모품 800,000원

31. 다음은 한공기업이 20×2년 임차료 관련 거래를 회계처리한 것이다. 결산분개로 옳은 것은?(단, 월할계산 한다.) [FAT 1급, 53회]

20×2년 7월 1일 본사 사무실을 임차하고 1년분 임차료 1,200,000원을 현금으로 지급하다.
(차) 임차료 1,200,000원 (대) 현금 1,200,000원

① (차) 선급비용 600,000원 (대) 임차료 600,000원
② (차) 임차료 600,000원 (대) 선급비용 600,000원
③ (차) 선급비용 1,200,000원 (대) 임차료 1,200,000원
④ 분개 없음

32. 다음은 ㈜한공의 기말 결산 관련 자료이다. 결산 후 당기순이익은 얼마인가? [FAT 1급, 52회]

- 결산 전 당기순이익: 100,000원
- 결산 수정사항: 미지급급여 10,000원, 선수이자 20,000원

① 70,000원 ② 90,000원
③ 110,000원 ④ 130,000원

33. 다음은 ㈜한공의 소모품 관련 자료이다. 기말 결산분개로 옳은 것은? [FAT 2급, 51회]

- 20×2년 1월 1일 사무용 복사용지를 구입하고 100,000원을 전액 비용으로 계상하였다.
- 20×2년 12월 31일 미사용 복사용지 금액은 20,000원이다.

① (차변) 소모품비 20,000원 (대) 소모품 20,000원
② (차변) 소모품 20,000원 (대) 소모품비 20,000원
③ (차변) 소모품비 80,000원 (대) 소모품 80,000원
④ (차변) 소모품 80,000원 (대) 소모품비 80,000원

34. 다음은 ㈜한공의 수정 전 잔액시산표와 임차료 지급 내역이다. 임차료에 대한 결산정리분개 시 차변 계정과목으로 옳은 것은? [FAT 1급, 51회]

수정 전 잔액시산표

20×2년 12월 31일

차변	계정과목	대변
1,200,000	임차료	

20×2년 7월 1일: 사무실 임차 계약을 체결하고, 임차료(1년분)를 현금 지급하였다.

① 현금 ② 임차료
③ 선급비용 ④ 미지급비용

35. 결산 시 선수이자에 대한 결산정리분개를 누락한 경우, 기말 재무제표에 미치는 영향으로 옳은 것은? [전산회계 2급, 104회]

① 부채의 과소계상 ② 수익의 과소계상
③ 자산의 과대계상 ④ 비용의 과소계상

36. 다음 중 기말 결산 시 적절한 대체 분개를 하여 재무상태표에 나타나지 않아야 하는 항목은? [FAT 2급, 53회]

① 미수금 ② 선급금
③ 가지급금 ④ 단기차입금

제 7 장 재무제표

생각해 볼 문제

01. 주요 재무제표에는 어떤 것이 있는가?
02. 재무상태표는 어떤 성격의 재무제표인가?
03. 손익계산서와 포괄손익계산서는 어떤 점이 다른가?
04. 자본변동표의 의미는 무엇인가?
05. 현금흐름표가 제공하는 회계정보는 어떤 것인가?

재무제표(financial statements)는 기업 외부의 회계정보이용자에게 기업의 재무정보를 전달하기 위해 작성되는 보고서이다. 외부의 회계정보이용자는 다양한 유형으로 구성되어있기 때문에 어느 한 유형의 정보이용자에게 치우친 정보를 제공하지 않도록 사회적 합의에 따라 정해진 일반적으로 인정된 회계기준을 지켜서 생산된 회계정보를 제공한다. 한국채택국제회계기준(K-IFRS)[1)]에서 언급하고 있는 주요 재무제표에는 재무상태표, 포괄손익계산서, 자본변동표, 현금흐름표, 주석이 있다.

재무제표의 구성요소로는 자산, 부채, 자본, 수익과 비용이 있다. 이들 각 요소들은 기업의 재무상태나 경영성과 등을 판단하는데 이용되며 서로 연결성을 지니고 있다. 자본의 변동 중에서 기업의 경영활동을 측정하는 요소가 수익과 비용이며, 이는 기초자본이 기말자본으로 변동하는 원인중 하나이다. 또한 자본은 기업이 보유한 자산에서 채권자의 몫을 제외한 잔여지분으로 주주의 몫을 나타내는데, 모든 거래는 이 회계등식에서 벗어나지 않으므로 재무제표의 구성요소들은 서로 연결되어 있다. 이러한 재무제표 구성요소를 결합하여 유용한 회계정보가 되도록 작성된 보고서가 재무제표이다.

제1절 재무상태표

재무상태표(statements of financial position)는 기업실체에 관해 일정시점의 재무상태를 보고하는 보고서이다. 재무상태란 기업이 보유하고 있는 경제적 자원의 상태를 의미하므로 재무상태표는 자산의 보유와 운용 현황에 대한 정보를 제공한다.

재무상태표는 기업이 보유한 자산의 크기와 자산이 어떤 형태로 운용되고 있는지를 보여준다. 단기간의 채무를 상환하기 위해 유동자산을 어떤 형태로 얼

1) K-IFRS는 이익잉여금처분계산서를 재무제표에 포함하지 않는다. 그러나 주석으로 공시하도록 요구하고 있으므로 전체 재무제표에 포함된다고 볼 수 있다.

마를 보유하고 있는지를 알려주며, 사업활동에 사용되고 있는 유형자산과 무형자산의 크기와 상황에 대해 알려준다. 이와 함께 자산의 출처를 부채와 자본으로 나누어 표시하여서 기업이 지고있는 상환의무에 대한 상황을 나타낸다. 이런 정보를 알기 쉽게 정리하기 위해 자산, 부채와 자본을 여러 기준으로 분류하여 정리한 보고서가 재무상태표이다.

재무상태표는 보고식과 계정식의 두 가지 양식으로 작성할 수 있으나 공식적인 보고서는 보고식의 양식을 따른다. 먼저 모든 보고서의 기본사항인 보고서의 명칭, 해당 기업명, 금액의 단위가 기재되어야 한다. 특히 보고서 명칭 아래에 보고서의 시점이 반드시 기재되어야 한다. 재무상태는 언제나 변할 수 있기 때문이다.

또한 재무정보는 절대적인 평가가 불가능하다는 특성이 있다. 따라서 재무보고서를 작성할 때는 항상 이전 기간의 자료와 당기의 자료가 함께 제시된다.

재무제표는 계정분류별 합계액에 대해 특별한 기호를 사용하지 않으며, 분류의 명칭과 금액의 위치에 따라 이를 파악하여야 한다. 아래에 제시된 당좌자산은 현금및현금성자산과 단기투자자산 등의 계정을 합쳐서 부르는 분류항목이라는 사실을 알고 있어야 한다. 그런 의미로 당좌자산의 합계액은 다른 계정과 다르게 오른쪽 칸에 따로 제시되는 것이다.

과 목	당 기		전 기	
당좌자산		×××		×××
현금및현금성자산	×××		×××	
단기투자자산	×××		×××	
매출채권	×××		×××	
선급비용	×××		×××	
이연법인세자산	×××		×××	
……				

또한 회계보고서는 ＋와 －의 수학적 기호를 사용하지 않는다는 특징이 있다. 어떤 계정의 차변에 적힌 금액은 +를 의미하지만, 다른 계정의 경우에는 대변에 적힌 금액이 +를 의미하기도 한다. 따라서 재무제표를 이해하기 위해서는

자산, 부채와 자본 등의 재무제표 요소에 대한 이해가 필수적이다.

재무상태표의 일부분인 다음 표에서 감가상각누계액은 설비자산의 차감적 평가계정이며, 이 계정의 금액은 설비자산의 금액에서 차감된다는 의미로 괄호를 이용하고 있음을 볼 수 있다.

과 목	당 기		전 기	
유형자산		×××		×××
토지	×××		×××	
설비자산	×××		×××	
(−)감가상각누계액	(×××)		(×××)	
건설중인자산	×××		×××	
……				

한국채택국제회계기준(K-IFRS)은 재무상태표의 양식을 규정하고 있지 않으며[2] 재무상태표에 포함할 최소한의 항목을 예시하고 있다. 반면 일반기업회계기준과 중소기업회계기준은 계정과목을 포함한 구체적인 양식을 제시하고 있다. 아래는 일반기업회계기준에서 제시하는 재무상태표이다.

재 무 상 태 표

제×기 20××년×월×일 현재
제×기 20××년×월×일 현재

기업명 (단위 : 원)

과 목	당 기		전 기	
자 산				
유동자산		×××		×××
당좌자산		×××		×××
현금및현금성자산	×××		×××	
단기투자자산	×××		×××	
매출채권	×××		×××	
선급비용	×××		×××	

2) 한국채택국제회계기준에서는 재무보고서의 양식을 규정하지는 않지만, 한 번 결정한 보고서의 양식과 계정분류을 계속적으로 사용하도록 하고 있다.

과 목	당 기		전 기	
이연법인세자산	×××		×××	
……	×××		×××	
재고자산		×××		×××
제품	×××		×××	
재공품	×××		×××	
원재료	×××		×××	
……	×××		×××	
비유동자산		×××		×××
투자자산		×××		×××
투자부동산	×××		×××	
장기투자증권	×××		×××	
지분법적용투자주식	×××		×××	
……	×××		×××	
유형자산		×××		×××
토지	×××		×××	
설비자산	×××		×××	
(-) 감가상각누계액	(×××)		(×××)	
건설중인자산	×××		×××	
……	×××		×××	
무형자산		×××		×××
영업권	×××		×××	
산업재산권	×××		×××	
개발비	×××		×××	
……	×××		×××	
기타비유동자산		×××		×××
이연법인세자산	×××		×××	
……	×××		×××	
자 산 총 계		×××		×××
부 채				
				×××
유동부채		×××		
단기차입금	×××		×××	
매입채무	×××		×××	

과목				
당기법인세부채	×××		×××	
미지급비용	×××		×××	
이연법인세부채	×××		×××	
......	×××		×××	
				×××
비유동부채		×××		
사채	×××		×××	
신주인수권부사채	×××		×××	
전환사채	×××		×××	
장기차입금	×××		×××	
퇴직급여충당부채	×××		×××	
장기제품보증충당부채	×××		×××	
이연법인세부채	×××		×××	
......	×××		×××	
부 채 총 계		×××		×××
자 본				
자본금		×××		×××
보통주자본금	×××		×××	
우선주자본금	×××		×××	
자본잉여금		×××		×××
주식발행초과금	×××		×××	
......	×××		×××	
자본조정		×××		×××
자기주식	×××		×××	
......	×××		×××	
기타포괄손익누계액		×××		×××
매도가능증권평가손익	×××		×××	
해외사업환산손익	×××		×××	
현금흐름위험회피	×××		×××	
파생상품평가손익	×××		×××	
......				
이익잉여금(또는 결손금)		×××		×××
법정적립금	×××		×××	
임의적립금	×××		×××	
미처분이익잉여금 (또는 미처리결손금)	×××		×××	
자 본 총 계		×××		×××
부채 및 자본 총계		×××		×××

제2절 포괄손익계산서

2.1 포괄손익계산서

포괄손익계산서(statement of comprehensive income)는 일정기간 기업실체의 경영성과에 대한 정보를 제공하는 보고서로서, 재무제표 요소 중 수익과 비용을 비교하여 당기의 경영성과를 보여준다. 수익과 비용의 결과인 손익은 주주의 몫이므로 손익계산서의 결과는 재무상태표의 자본으로 연결된다.

포괄손익계산서의 양식은 계정식과 보고식의 두 가지 형태가 있으나, 공식적인 자료의 양식은 보고식을 따른다. 먼저 모든 보고서의 기본사항인 보고서의 명칭, 해당 기업명, 금액의 단위가 기재되어야 하며, 보고서 명칭 아래에 보고서의 기간이 반드시 기재되어야 한다. 수익과 비용은 영업활동의 결과이기 때문에 보고서 기간인 회계기간이 명확하게 제시되어 있어야 한다.

한국채택국제회계기준(K-IFRS)에서는 포괄손익계산서를 작성하도록 요구한다. 포괄손익계산서란 총포괄손익을 기업의 경영성과로 인식하여 당기순손익과 기타포괄손익을 합친 총포괄손익의 결과를 제공하는 보고서이다.

기타포괄손익(other comprehensive income)은 회계기준이 당기순손익의 계산에서 제외하고 있는 수익과 비용이라 할 수 있다. 넓은 의미에서 수익과 비용이지만 당기순손익으로 인식하기에는 불확실성이 내포된 항목들이 여기에 포함된다.

예를 들어 장기적인 투자목적으로 구입하여 보유하고 있는 다른 회사의 주식이 있다고 하자. 당기 말에 주식 가격이 취득금액보다 상승하였다면 이득이 발생한 것이다. 하지만 이 주식은 장기간 보유할 목적이어서 다음 회계기간에는 가격이 하락하여 손실을 볼 수도 있다. 당기에는 이득이지만 불확실성이 많은 이득인 것이다. 이런 이득은 기타포괄손익 계정인 매도가능금융자산평가손익이라는 계정으로 회계처리하지만, 이 계정은 당기순손익에 포함되지 않고 자본의 하나인 기타포괄손익누계액 항목으로 바로 연결된다.

한국채택국제회계기준(K-IFRS)의 포괄손익계산서 작성은 다음의 두 가지 유형 중 하나를 선택하여 작성할 수 있다. 한 유형은 당기순이익과 기타포괄손익을 함께 보여주는 형식으로 단일포괄손익계산서를 작성하는 것이다. 다른 유형은 당기순손익을 계산한 별도의 손익계산서를 작성하고, 이와 함께 당기순손익에서 시작하여 당기의 기타포괄손익의 내용을 나타내는 포괄손익계산서를 작성하는 방법이다. 단일포괄손익계산서를 간단하게 표시하면 아래와 같다.

포 괄 손 익 계 산 서

제×기 20××년×월×일부터 20××년×월×일까지
제×기 20××년×월×일부터 20××년×월×일까지

기업명 (단위 : 원)

과 목	당 기		전 기	
수익	×××		×××	
비용	×××		×××	
당기순이익		×××		×××
기타포괄손익		×××		×××
총포괄손익		×××		×××

2.2 손익계산서

당기순손익은 기업의 경영성과를 나타내는 대표적인 항목으로 많은 주주들이 관심을 가지는 항목이다. 당기에 많은 이익을 보고한 기업일수록 주주들에게 많은 배당을 할 가능성이 증가하고, 주가도 상승할 것이라 예측하기 때문이다. 그러나 당기순손익에는 기업의 주요 영업활동이 아닌 활동의 결과가 포함되어 있다. 이런 활동은 계속적으로 반복되지 않기 때문에 차후에도 이같은 성과가 달성될 가능성은 미지수이다. 물론 영업활동도 미래의 일이라는 점에서 미지수이기는 하지만 가능성이라는 점에서 분명 차이가 있다.

많은 회계정보이용자들 역시 이를 분명히 인식하고 있기에 손익계산서에서 가장 관심을 많이 받는 항목은 대체로 영업이익이다. 기업 관련 뉴스에서는 어느 기업의 당기 영업이익이 전기에 비해 대폭 떨어졌다는 사실을 빅뉴스로 전하기도 한다. 따라서 손익계산서는 영업손익 등에 대한 보다 구체적인 정보를 제공하는 형식으로 작성한다.

손익계산서의 첫 단계는 가장 중요한 영업활동에 의한 수익과 비용을 매출액, 매출원가로 구분하여 계산한 이익을 매출총이익(gross profit)이라는 항목으로 제공한다. 매출액은 상품 및 제품의 판매금액이며, 매출원가는 판매된 상품 및 제품의 원가를 의미한다.

매출액 − 매출원가 = 매출총이익

다음 단계는 매출총이익에서 판매비와관리비를 차감하여 영업이익을 계산하는 단계이다. 판매비와관리비는 판매활동과 기업의 조직 운영에서 발생된 비용을 말한다. 따라서 기업의 계속적이고 반복적인 주요 영업활동의 성과를 나타내는 항목이 영업이익이라 할 수 있다.

영업이익 = 매출총이익 − 판매비와관리비

다음으로는 주요 영업활동이 아닌 활동의 결과를 나타내는 단계이다. 영업이익에서 영업외수익을 더하고 영업외비용을 차감하여 법인세차감전순손익을 계산하는 것이다. 관행적으로 영업외수익과 영업외비용이라는 명칭을 사용하지만, 실질적인 성격은 차익과 차손 또는 이득과 손실을 의미한다.

법인세차감전 순이익 = 영업이익 + 영업외수익 − 영업외비용

세금은 기업의 경영활동에 의해 발생하는 비용과 성격이 다르다고 할 수 있다. 법인이 벌어들인 이익에 대해서는 세법에 따른 세금이 부과되므로 법인세비용은 다음 단계에서 계산된다. 법인세차감전순이이익에서 법인세비용을 차감하면 당기순손익이 계산된다.

당기순이익 = 법인세차감전 순이익 − 법인세비용

2.3 손익계산서 양식

일반기업회계기준과 중소기업회계기준은 포괄손익계산서가 아니라 손익계산서를 재무제표의 하나로 규정하고 있다. 아래는 일반기업회계기준에서 제시하는 손익계산서이다

손 익 계 산 서

제×기 20××년×월×일부터 20××년×월×일까지
제×기 20××년×월×일부터 20××년×월×일까지

기업명 (단위 : 원)

과 목	당 기		전 기	
매출액		×××		×××
매출원가		×××		×××
기초제품(또는 상품)재고액	×××		×××	
당기제품제조원가 (또는 당기상품매입액)	×××		×××	
기말제품(또는 상품)재고액	(×××)		(×××)	
매출총이익(또는 매출총손실)		×××		×××
판매비와관리비		×××		×××
급여	×××		×××	
퇴직급여	×××		×××	
복리후생비	×××		×××	
임차료	×××		×××	
접대비	×××		×××	
감가상각비	×××		×××	
무형자산상각비	×××		×××	
세금과공과	×××		×××	
광고선전비	×××		×××	
연구비	×××		×××	
경상개발비	×××		×××	
대손상각비	×××		×××	
……	×××		×××	

과 목	당 기		전 기	
영업이익(또는 영업손실)		×××		×××
영업외수익		×××		×××
이자수익	×××		×××	
배당금수익	×××		×××	
임대료	×××		×××	
단기투자자산처분이익	×××		×××	
단기투자자산평가이익	×××		×××	
외환차익	×××		×××	
외화환산이익	×××		×××	
지분법이익	×××		×××	
장기투자증권손상차손환입	×××		×××	
유형자산처분이익	×××		×××	
사채상환이익	×××		×××	
전기오류수정이익	×××		×××	
......	×××		×××	
영업외비용		×××		×××
이자비용	×××		×××	
기타의대손상각비	×××		×××	
단기투자자산처분손실	×××		×××	
단기투자자산평가손실	×××		×××	
재고자산감모손실	×××		×××	
외환차손	×××		×××	
외화환산손실	×××		×××	
기부금	×××		×××	
지분법손실	×××		×××	
장기투자증권손상차손	×××		×××	
유형자산처분손실	×××		×××	
사채상환손실	×××		×××	
전기오류수정손실	×××		×××	
......	×××		×××	
법인세비용차감전순손익		×××		×××
법인세비용		×××		×××
당기순이익(또는 당기순손실)		×××		×××

함께 읽어보기 **손익계산서**

손익계산서는 일정기간의 경영성과를 요약한 보고서이다. 손익계산서의 '손익'은 '손실과 이익'을 의미한다. '이익과 손실'이라 하지 않고, '손실과 이익'이라고 부르는 이유는 무엇일까? 어떤 학자는 다음과 같이 설명한다. 우리 조상들의 움츠러든 기질 때문에 손실이 나면 어쩌나 하고 겁낸 나머지 '손실 · 이익계산서(Loss and Profit Statement)'라 하게 되고 이를 줄여 손익계산서라 부르는 것은 아닐까 하는 의문이 든다. 그러나 서양사람들은 매우 공격적이기 때문에 이익을 앞세워 '이익 · 손실계산서(Profit and Loss Statement)'라 불렀으며, 요즈음은 손익계산서를 Income Statement라 하여 아예 손실이라는 말조차 빼버렸다.(출처:'즐거운 회계산책', 정헌석 지음, 김영사, 112~113쪽)

위의 주장이 옳을 수 있다. 그러나 다른 측면에서 생각해 볼 수도 있다. 손익계산서는 일정기간에 기업의 노력과 성과를 나타낸 보고서이다. 기업의 노력이란 무엇인가? 원재료를 매입하고 제품을 제조하여 판매하는 등의 활동을 말한다. 이러한 노력을 일반적으로 인정된 회계원칙에 따라 표현하면 '비용'이며, 이러한 노력의 결과로 나타난 성과가 '수익'이다. 과거에는 비용을 '손금'이라는 용어로 표현하였으며, 수익을 '익금'이라는 용어로 표현하였다. 지금도 세무회계에서는 이 용어를 사용하고 있다. 손금(노력)을 발생시켜야 익금(성과)을 얻게 된다. 일정기간에 기업의 노력과 성과를 나타낸 보고서를 손익계산서라 한다면, 노력이 있어야 성과가 있는 것이므로 손익계산서라는 표현은 논리적으로 타당한 명칭이다.

제3절 자본변동표

자본변동표(statement of changes in equity)란 한 회계기간 동안 발생한 소유자 지분, 즉 지본의 변동을 표시하는 재무제표이다. 자본변동표는 자본을 자본금, 자본잉여금, 자본조정, 기타포괄손익누계액, 이익잉여금(또는 결손금)으로 분류하고 그의 변동에 대한 포괄적인 정보를 제공한다.

자본이란 기업의 자산에 대한 소유주의 청구권으로, 주주에게 그들의 지분이 변동된 원인과 그 결과에 대한 정보를 제공하기 위해 자본변동표가 작성된다. 따라서 자본변동표에는 자본의 유입과 유출의 결과가 모두 표시된다. 손익거래의 결과는 이익잉여금과 기타포괄손익누계액 항목을 통해 제공되며, 자본거래의 결과는 자본금, 자본잉여금, 자본조정의 항목을 통해 나타난다.

자본변동표의 양식은 다음과 같다.

자본변동표

20×1년 1월 1일부터
20×1년 12월 31일까지

㈜XXX (단위 : 원)

	자본금	이익잉여금	기타포괄손익	합계
20×1. 1. 1	xxx	xxx	xxx	xxx
유상증자	xxx			xxx
당기순이익		xxx		xxx
배 당 금		(xxx)		(xxx)
20×1. 12. 31	xxx	xxx	xxx	xxx

제4절 현금흐름표

(1) 현금흐름표의 의의

기업은 자산의 취득, 부채 상환, 배당금 지급, 이자비용 지급 등의 경영활동을 위해 일정 수준의 현금을 보유하여야 한다. 잔액이 부족한 상태에서 당좌수표를 발행하거나 지급을 약속한 약속어음을 발행한 후에 현금을 지급하지 못하는 경우에는 부도가 발생하여 정상적인 경영활동을 해나가기 힘들어질 수 있다. 필요한 현금을 보유하거나 현금을 조달할 수 있는 능력은 기업을 위험에 처하게 할 수도 있으며 중요한 사업기회를 획득할 수 있게 만들기도 한다.

따라서 현금에 대한 정보는 많은 의사결정에 있어서 매우 중요한 정보이나 회계기록은 발생주의에 따라 이루어져 현금에 관한 정보가 부족해지는 괴리가 생긴다. 발생주의(accrual basis)는 거래나 사건이 발생한 시점에 수익과 비용을 인식하여 기록하는 것으로 현금의 유입, 유출과 관련이 없다. 발생주의는 회계기간에 따라 경영성과를 명확하게 구분할 수 있는 장점이 있으나 현금 조달 능력에 대한 정보를 담고 있다고 할 수 없다.

현금주의(cash basis)에 따라 재무제표를 작성한다면 경영성과를 적정하게 측정할 수는 없으나 현금이 유입되면 수익으로 인식되고 현금이 유출되면 비용으로 인식되기 때문에 수익과 비용의 판단이 비교적 명확하고 정보가 왜곡될 가능성이 줄어든다는 장점이 있다..

발생주의에 따른 영업이익이나 당기순이익이 높게 나타나는 기업이라도 벌어들인 이익을 모두 설비자산에 투자하였다면 현금보유액은 상당히 낮을 수 있다. 이런 경우를 이익의 질(quality of earnings)이 낮다고 평가한다. 당기순이익과 현금흐름이 모두 높게 나타날 때 이익의 질은 높아진다.

현금흐름표(statement of cash flows)는 기업이 창출하고 사용한 현금에 대한 정보를 영업활동, 투자활동, 재무활동으로 구분하여 제공하는 보고서이다.

(2) 현금흐름표의 현금

현금흐름표에서의 현금은 현금및현금성자산을 의미한다. 현금은 통화와 통화대용증권, 요구불예금을 말하며, 현금성자산은 유동성이 매우 높아 현금으로 전환이 쉽고 가치변동의 위험이 매우 작은 단기 투자자산을 의미한다.[3] 지금 당장 현금으로 전환이 가능한 자산을 현금으로 간주하는 것이다.

(3) 현금흐름의 분류

현금은 여러 가지 방법으로 창출될 수 있다. 현금흐름표에서는 경영활동을 영업활동, 투자활동, 재무활동으로 구분하여 각 활동에 의한 현금의 유입과 유출액을 표시하고 있다.

① 영업활동으로 인한 현금흐름

영업활동(operating activities)은 재화와 용역의 판매와 구입이라는 기본적인 영업활동과 함께 투자활동이나 재무활동에 속하지 않는 모든 활동을 포괄하는 활동을 의미한다.

영업활동으로 인한 현금유입은 재고자산의 판매에 따른 현금의 유입, 매출채권의 회수, 기타 투자활동과 재무활동에 속하지 않는 거래에서 발생된 현금유입을 말한다. 영업활동으로 인한 현금유출에는 원재료, 상품 등의 매입, 매입채무의 지급, 상품과 용역제공자에 대한 현금지출, 기타 투자와 재무활동에 속하지 않는 거래에서 발생된 현금유출이 포함된다.

② 투자활동으로 인한 현금흐름

투자활동(investing activities)은 자금의 대여 및 회수, 영업활동과 관련이 없는 금융자산과 투자자산의 취득과 처분, 유형 및 무형자산의 취득과 처분 활동을 말한다.

투자활동은 대여금의 회수, 투자자산, 유형 및 무형자산의 처분 등에 따라 현

---

3) 취득 시에 만기가 3개월 이내인 증권은 현금성자산으로 분류되는 대표적인 금융상품이다.

금이 유입되고, 자금의 대여, 자산의 취득 등에 의해 현금의 유출이 일어난다.

③ 재무활동으로 인한 현금흐름

재무활동(financing activities)은 현금의 차입과 상환, 신주의 발행이나 배당금 지급 등과 같은 자금의 조달 및 상환 활동을 말한다. 재무활동으로 인한 현금의 유입은 장·단기 자금의 차입, 사채의 발행, 주식의 발행 등에 따라 이루어지며, 차입금의 상환, 배당금의 지급, 유상감자, 자기주식의 취득 등으로 인해 현금이 유출된다.

현금흐름표는 각 활동에 따른 현금의 유입액과 유출액을 나타냄으로써 세부적인 현금창출능력을 가늠할 수 있게 한다. 현금흐름표의 간단한 양식은 다음과 같다.

현금흐름표

20×1년 1월 1일부터
20×1년 12월 31일까지

㈜XXX	(단위 : 원)
Ⅰ. 영업활동 현금흐름	xxx
Ⅱ. 투자활동 현금흐름	xxx
Ⅲ. 재무활동 현금흐름	xxx
Ⅳ. 현금의 증가	xxx
Ⅴ. 기초의 현금	xxx
Ⅵ. 기말의 현금	xxx

제5절 주 석

주석(footnotes)은 재무제표 본문에 관해 더 상세한 정보를 전달하기 위해 작성되는 것으로, 재무제표 전반 또는 계정과목에 기호를 붙이고 별지에 동일한 기호를 표시하여 세부적 내용을 서술하는 것을 말한다.

주석은 회계정보이용자에게 의사결정에 유용한 정보를 질적, 양적으로 완전하고 충분하게 제공하는 역할을 한다. 재무제표 본문에 표시하기 어려운 정보를 주석을 통해 공시하는 것이다.

주석을 통해 회계정보이용자는 재무제표를 제대로 이해할 수 있고, 다른 기업의 재무제표와 비교할 수 있다. 왜냐하면 회계처리 방법은 다양하며 그 중 기업의 상황을 가장 적절하게 표시할 수 있는 방법을 선택할 수 있기 때문이다.

한국채택국제회계기준은 원칙중심의 회계기준으로, 특정 방법과 특정 양식을 규정하는 대신 기업의 특성을 잘 반영하는 회계정보를 제공하도록 하고 있다. 따라서 한국채택국제회계기준을 준수하여 재무제표를 작성하였다는 사실, 재무제표에 적용한 중요한 회계정책, 각 재무제표에 표시된 항목에 대한 보충 정보와 기타 공시사항 등을 주석으로 표시하는 것이다.

연습문제

01. 다음 중 재무상태표에 대한 설명으로 옳은 것은? [FAT 2급, 31회]

① 일정기간 동안 발생한 기업의 경영성과에 대한 정보를 제공하는 재무제표

② 일정시점에 기업이 보유하고 있는 자산, 부채 및 자본에 대한 정보를 제공하는 재무제표

③ 일정기간 동안 발생한 자본의 변동을 표시하는 재무제표

④ 일정기간 동안 기업의 현금유입과 유출에 대한 정보를 제공하는 재무제표

02. 다음 중 재무상태표의 명칭과 함께 기재해야 하는 사항이 아닌 것은? [전산회계1급, 83회]

① 기업명	② 보고기간종료일
③ 금액단위	④ 회계기간

03. 다음 재무제표의 종류 중 (A)에 해당하는 것으로 가장 옳은 것은? [제102회 전산회계2급]

> (A)는/은 일정 기간 동안 기업의 경영성과에 대한 정보를 제공하는 재무보고서이다. (A)는/은 해당 회계기간의 경영성과를 나타낼 뿐만 아니라 기업의 미래현금흐름과 수익창출능력 등의 예측에 유용한 정보를 제공한다.

① 주석	② 손익계산서
③ 재무상태표	④ 자본변동표

04. 다음 중 재무상태표에 대한 설명으로 옳지 않은 것은? [104회, 전산회계2급]

① 일정한 시점의 재무상태를 나타내는 보고서이다.

② 기초자본과 기말자본을 비교하여 당기순손익을 산출한다.

③ 재무상태표 등식은 '자산=부채+자본'이다.

④ 자산과 부채는 유동성이 낮은 순서로 기록한다.

05. 손익계산서에 대한 설명 중 잘못된 것은? [전산회계1급, 73회]

① 제품, 상품 등의 매출액에 대응되는 원가로서 판매된 제품이나 상품 등에 대한 제조원가 또는 매입원가를 매출원가라 한다.

② 판매비와관리비는 제품, 상품, 용역 등의 판매활동과 기업의 관리활동에서 발생하는 비용으로서 매출원가에 속하지 아니하는 모든 영업비용을 포함한다.

③ 판매비와관리비는 당해 비용을 표시하는 적절한 항목으로 구분하여 표시하여야 하며 일괄표시할 수 없다.

④ 기업의 주된 영업활동이 아닌 활동으로부터 발생하는 수익과 차익은 영업외수익에 해당된다.

06. 다음 중 손익계산서에 대한 설명으로 옳지 않은 것은? [FAT 1급, 32회]

① 일정 기간 동안 기업실체의 경영성과에 대한 정보를 제공한다.

② 기업의 미래현금흐름과 수익창출능력 등의 예측에 유용한 정보를 제공한다.

③ 판매비와 관리비는 상품, 용역 등의 판매활동과 기업의 관리활동에서 발생하는 비용으로 매출원가에 속하지 아니하는 모든 영업비용을 포함한다.

④ 수익과 비용은 각각 순액으로 보고하는 것을 원칙으로 한다.

07. 다음 중 발생주의에 따라 작성되지 않는 재무제표는? [전산회계1급, 77회]

① 재무상태표　② 현금흐름표

③ 자본변동표　④ 손익계산서

08. 다음 중 일반기업회계기준에서 규정하고 있는 재무제표가 아닌 것은? [전산회계2급, 105회]

① 합계잔액시산표　② 재무상태표

③ 손익계산서　④ 주석

09. 다음 중 현금및현금성자산에 해당하지 않는 것은? [전산회계1급, 101회]

① 당좌예금

② 타인발행수표

③ 보통예금

④ 취득 당시 만기가 1년 이후에 도래하는 양도성예금증서

10. 다음 중 회계상 현금으로 처리하는 것은? [전산회계2급, 제101회]

(가) 자기앞수표	(나) 받을어음
(다) 당좌차월	(라) 우편환증서

① (가), (나)　② (나), (다)
③ (나), (라)　④ (가), (라)

11. 다음 지출내역 중 판매비와관리비에 해당하는 것을 모두 고른 것은? [전산회계2급, 102회]

가. 종업원 회식비용	×××원
나. 차입금 지급이자	×××원
다. 장애인단체 기부금	×××원
라. 사무실 전화요금	×××원

① (가), (나)　② (나), (다)
③ (가), (라)　④ (나), (라)

12. 다음의 손익계산서 항목 중 유형자산처분손실이 발생할 경우 변동되는 것은? [전산회계1급, 101회]

① 매출원가　② 매출총이익
③ 영업이익　④ 법인세비용차감전순손익

13. 다음의 계정과목 중 계정체계의 분류가 나머지와 다른 것은?[전산회계1급, 101회]

① 매도가능증권처분이익　② 자산수증이익
③ 단기매매증권평가이익　④ 자기주식처분이익

14. 다음 중 영업손익과 관련이 없는 거래는 무엇인가? [전산회계2급, 105회]

① 영업부 급여 500,000원을 현금으로 지급하다.
② 상품광고를 위하여 250,000원을 보통예금으로 지급하다.
③ 수재민을 위하여 100,000원을 현금으로 기부하다.
④ 사무실 전기요금 150,000원을 현금으로 지급하다.

15. 다음 중 영업손익에 영향을 미치는 거래는 무엇인가? [전산회계2급, 101회]

① 불우이웃을 돕기 위하여 기부금을 현금으로 지급하다.

② 운영경비 조달을 위한 사업용 자금 대출에 관한 이자비용을 보통예금으로 지급하다.

③ 영업부 직원의 급여를 보통예금에서 지급하다.

④ 정기예금에서 발생한 이자수익이 보통예금에 입금되다.

16. 다음 자료의 누락분을 반영한 수정 후 당기순이익은 얼마인가? [전산회계2급, 제101회]

- 수정 전 당기순이익 : 1,000,000원
- 이자비용 기간경과분 반영 누락 : 당기분 20,000원
- 전액 비용 처리한 지급보험료의 차기분 이월 누락 : 차기분 200,000원

① 820,000원 ② 1,180,000원

③ 1,200,000원 ④ 1,220,000원

17. 다음 중 일반기업회계기준에서 말하는 재무제표에 해당하는 것을 모두 고르면 몇 개인가? [전산회계1급, 제103회]

· 재무상태표 · 손익계산서 · 합계잔액시산표	· 수입금액조정명세서 · 자본변동표 · 주석	· 현금흐름표 · 제조원가명세서 · 주주명부

① 5개 ② 4개

③ 3개 ④ 2개

18. 다음 중 자본에 대한 설명으로 가장 옳지 않은 것은? [전산회계1급, 103회]

① 자본은 기업의 자산에서 모든 부채를 차감한 후의 잔여지분을 의미한다.

② 잉여금은 자본거래에 따라 이익잉여금, 손익거래에 따라 자본잉여금으로 구분한다.

③ 주식의 발행금액 중 주권의 액면을 초과하여 발행한 금액을 주식발행초과금이라 한다.

④ 주식으로 배당하는 경우 발행주식의 액면금액을 배당액으로 하여 자본금의 증가와 이익잉여금의 감소로 회계처리한다.

기업회계기준의 이해 제 8 장

생각해 볼 문제

01. 다양한 이해관계자가 이용하는 회계정보는 생산과 공시가 공정하고 신뢰성 있게 이루어져야 한다. 이를 위한 제도적 장치로서 '일반적으로 인정된 회계원칙'과 외부감사제도가 있다. 각각의 역할은 무엇일까?

02. 일반적으로 인정된 회계원칙(GAAP: Generally Accepted Accounting Principles)이란 정보제공자가 회계정보를 작성하고 제공하는 과정에서 준수해야 할 규범을 말한다. 일반적으로 인정된 회계원칙이 필요한 이유는 무엇일까?

03. 우리나라 회계기준제도는 한국채택국제회계기준(K-IFRS), 일반기업회계기준, 중소기업회계기준으로 구분되어 있다. 위 기준들의 특징은 무엇일까?

제1절 회계기준의 필요성

제2절 일반적으로 인정된 회계원칙

제3절 우리나라 회계기준체계

제4절 과거 회계역할에 대한 반성

제1절 회계기준의 필요성

1.1 다양한 회계정보이용자

회계의 목적에 대해 다양한 정의가 있지만 일반적으로 '회계정보이용자의 경제적 의사결정에 유용한 정보를 제공하는 것'으로 정의된다. 여기서 회계정보이용자는 기업 내부의 이용자와 기업 외부의 이용자로 구분할 수 있으며, 전자를 위한 회계를 관리회계(managerial accounting)라 하고 후자를 위한 회계를 재무회계(financial accounting)라 한다.

기업 외부의 이용자는 매우 다양하다. 이 중에서 주요 이용자 집단의 관계는 [그림 8-1]과 같이 정리할 수 있다. 여기에서는 주인(투자자)과 대리인(경영자), 외부감사인(공인회계사 등)의 관계만을 설명하기로 한다. 나머지는 회계이론 등에서 공부할 기회가 있을 것이다.

[그림 8-1] 주요 회계정보 이용자

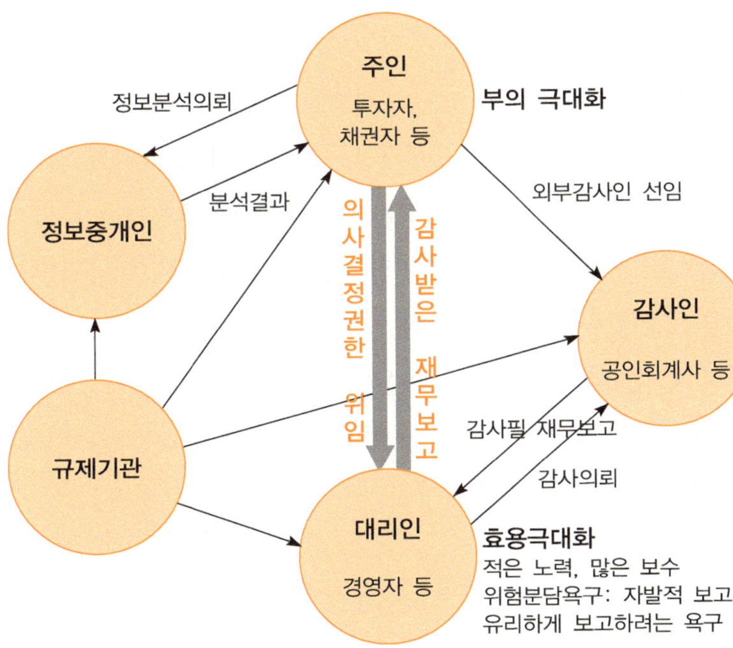

주인(투자자, 채권자 등)은 자신의 부가 극대화 되기를 바라면서 재산에 대한 의사결정 권한을 대리인(예를 들면, 경영자)에게 위임한다. 그리고 위탁자인 주인은 수탁자인 대리인이 당초의 약속대로 자신의 부를 극대화할 수 있도록 노력하였는지에 관한 정보를 원한다. 이러한 관계에서 대리인은 주인을 대신하여 의사결정하고 그 결과를 주인에게 설명 또는 보고할 책임인 회계책임(accountability)을 부담한다. 즉, 대리인인 경영자는 기업의 주인인 주주를 대신하여 의사결정을 하고 그 결과를 주주에게 보고해야 한다.

수탁자(경영자)는 자신의 의사결정 결과를 위탁자(주인)에게 보고하고 승인받음으로써 자신의 과거 의사결정 결과에 대한 회계책임을 면할 수 있기 때문에 자발적으로 보고하려는 욕구를 가진다(위험분담욕구). 즉, 재무보고(회계정보)는 수탁자인 경영자의 의사결정 결과를 표현한 것이므로 경영자가 주주총회에 회계정보를 보고하고 승인을 받으면 자신의 의사결정 결과에 대한 책임을 면하게 된다.

한편, 수탁자인 경영자의 보수는 보고된 성과에 따라 주주총회에서 결정되는데 대부분의 경영자는 보다 적은 노력으로 보다 많은 보수를 받고 싶어 한다. 이에 따라 가능한 한 자신이 잘한 것은 적극적으로 보고하고, 잘못한 것은 보고하지 않으려는 욕구를 가지기 때문에 투자자는 경영자의 보고를 그대로 믿을 수 없다. 그렇다고 투자자들이 기업의 경영활동을 직접 감시하거나 검토할 수도 없다. 만약 투자자 모두가 경영활동을 직접 감시하거나 검토하려 한다면 기업은 다른 업무를 모두 중단해야 될지도 모른다. 그러므로 투자자는 독립적인 제3자가 검토한 결과를 첨부한 재무보고를 원한다. 이러한 이유로 독립된 제3자로서의 공인회계사 감사가 필요한 것이다.

기업에 관한 정보를 원하는 정보이용자의 범위를 넓히면 모든 사회구성원이 정보이용자의 범주에 포함될 수 있다. 이러한 관점에서 정보이용자를 직접이용자와 간접이용자로 구분하여 정리하면 [표 8-1]과 같다.

〈표 8-1〉 회계정보이용자 집단과 그들의 정보욕구

이용자 집단		정보 욕구
직접 이용자	투자자(소유자)	자신 몫의 유지·증가 또는 처분, 경영자의 수탁 책임 평가
	채권자 (매출자 포함)	신용의 제공 또는 확대, 신용조건의 결정, 거래관계의 확대 또는 축소
	잠재적 투자자 (채권자 포함)	투자여부 및 금액 결정, 경영자의 수탁 책임 평가
	국세청	세금신고서 검토, 세액과 과태료 결정, 세무조사와 심사청구
	종업원	임금협상, 퇴직금 결정, 전직 희망자의 직업알선
	고객	가격변동 예상, 적정가격 여부 판단, 대체적 공급원의 탐색
	경영자	자금조달, 의사결정 결과의 평가, 배당정책 수립, 미래의 재무상태와 회계이익예측, 인수합병 결정
간접 이용자	재무분석가	투자조언(이익예측 포함), 대체적 투자와 비교한 전망 평가
	증권거래소	유가증권 상장 승인 또는 폐지, 거래 중지, 회계실무의 개선 또는 공시정보의 확대 요구, 증권거래의 중지명령
	변호사	법률준수, 계약조건 이행여부 판단, 이익배당의 합법성 판단
	정부규제기관	이익률의 적정성, 가격이나 요금 인상 또는 인하, 회계실무와 공시실무의 개선
	언론기관	기사 작성을 위한 분석과 정리, 추세와 비율 계산 및 분석
	경제단체	업종별 통계자료 수집과 비교분석, 기업과 경제단체의 이익도모
	노동조합	임금협상을 위한 자료 수집, 기업의 재무상태와 업계의 전망 평가

1.2 회계기준의 필요성

우리는 다양한 법률의 간섭을 받으면서 살아간다. 헌법을 비롯하여 발효 중인 우리나라 법령(법률, 대통령령, 부령)과 자치법규(조례, 규칙)는 거의 15만 건에 달한다. 이와 같이 무수히 많은 법률이나 법규가 우리의 삶을 간섭하고 있음에도 우리는 큰 거부감 없이 살아간다. 그 이유는 크게 두 가지로 생각할 수 있다.

하나는 우리를 간섭하는 법률이나 법규가 합리적이라고 판단하기 때문이다.

즉 관련 법률이 발의, 의견수렴, 논의, 표결 등의 정규절차를 거친 후 확정, 공포되기 때문에 합리적이라고 판단한다. 다른 하나는 이러한 간섭이 우리를 다소 불편하게 할 수도 있지만 이러한 간섭이 없는 경우에 비해 더 나은 삶을 영위할 수 있다고 믿기 때문이다. 예를 들어, 교통 신호등에 녹색 불이 들어왔을 때에만 교차로를 건널 수 있도록 간섭해도 거부감 없이 잘 따른다. 어린이들도 빨간 불이 켜지면 교차로에서 아무런 불만 없이 기다린다. 뿐만 아니라 우리는 속도제한 규정을 잘 따르고 있으며, 도로가 매우 혼잡한 경우에도 조건이 충족되는 경우에만 버스전용차선에 진입하며, 갓길 운전을 하지 않는다. 만약 자신이 불편하다고 교통법규를 지키지 않으면 어떻게 될까? 교통질서가 무너질 뿐만 아니라 때에 따라서는 이웃과 자신의 생명이 위협받게 될 것이다.

회계의 경우도 마찬가지이다. 회계실체의 경제활동을 식별, 측정, 기록, 분류, 요약하고 제공하는 과정에서 정보제공자와 정보이용자 모두에게 도움이 되는 규칙을 정하고 그 규칙을 지켜야 한다. 그렇지 않으면 경제시스템이 무너질 뿐만 아니라 회계실체와 이해관계자 모두에게 재앙이 될 수 있다.

회계정보이용자는 매우 다양하며, 다양한 회계정보이용자의 개별적인 욕구를 충족할 수 있는 규칙은 존재하지 않는다. 그러나 다양한 회계정보이용자의 공통적인 욕구를 충족시킬 수 있는 정보를 식별하고 측정해서 커뮤니케이션하는 것은 가능하다. 이를 위해 사회적으로 합의된 회계정보처리규칙을 모색하게 되는데 이 규칙을 일반적으로 인정된 회계원칙(generally accepted accounting principle: GAAP)이라고 한다.

제2절 일반적으로 인정된 회계원칙

기업회계의 이해관계자는 주로 투자자와 채권자 등을 말하여 이들은 투자, 자금제공의 시기 등 합리적인 의사결정을 위해 기업의 정보를 필요로 한다. 의사결정에 유용한 정보란 기업의 경제적 자원과 채무, 소유주에 대한 정보, 자금흐름에 대한 정보, 기업성과와 이익에 관한 정보 등이다. 이러한 정보를 제공하기 위해 기업은 재무제표를 보고하며 재무제표의 작성책임자는 기업의 경영자이다.

경영자는 경제적자원의 수요자이며 자원을 제공해준 외부의 이해관계자들에게 기업에 대한 정보를 제공해야 하는 정보생산자이다. 경영자는 기업 내부자로서 해당 기업에 대한 다양한 정보를 가지며 기업외부의 관계자들과 이해관계가 다를 수 있다. 따라서 정보생산자인 경영자와 정보이용자인 외부의 이해관계자는 정보 불균형과 이해상충 문제가 있을 수 있다. 이러한 문제를 극복하기 위한 방안은 회계정보를 생산하는 과정에서, 일련의 정해진 규칙을 따르게 하는 것이다.

만약 회계정보를 생산하는 과정에서 일반적으로 인정된 기준이 아니라 정보생산자가 각기 자의적으로 정한 기준으로 회계처리를 한다면 제공되는 회계정보를 믿을 수 있을 지 의문이다. 또한 기업별 회계정보의 비교가능성도 떨어질 것이다. 따라서 정보이용자의 경제적 의사결정에 유용한 정보, 즉 믿을 수 있는 회계정보를 제공하기 위해서는 타당하고 투명하며, 객관적으로 인정된 일련의 회계원칙이 반드시 필요하다. 즉, 다양한 이해관계자들이 이용하는 회계정보는 공정하고 신뢰성 있게 작성되고 보고되어야 하기 때문이다. 이러한 기준을 '일반적으로 인정된 회계원칙(GAAP: Generally Accepted Accounting Principles)'이라 하며 회계실무 및 재무제표 작성의 규범이 된다.

경영자로 하여금 공정하고 투명한 정보를 제공하도록 하는 제도적 장치로는 일반적으로 인정된 회계원칙(GAAP, generally accepted accounting principles)의 제정과 외부감사제도가 있다.

외부감사제도란 경영자가 생산한 회계정보가 투명하고 신뢰할 수 있도록 감시하는 제도이다. 재무제표를 작성하여 공시하는 경영자와 독립된 위치에 있는 외부감사인(공인회계사)이 기업의 재무제표가 일반적으로 인정된 회계원칙에 따라 적정하게 작성되었는지 여부를, 전문가로서 의견을 표명하도록 하는 제도를 말한다.

일반적으로 인정된 회계원칙은 권위 있는 회계기준 제정 기구에 의하여 공식적으로 발표된다. 우리나라 회계기준은 1985년에 제정된 "기업회계원칙"과 "재무제표규칙"으로 시작되었다. 기업회계원칙은 기업회계를 처리 보고하는 데 있어서 지켜야 한 기본적 기준으로서 재무제표규칙을 제정하는 근거라고 할 수 있다. 재무제표규칙은 재무제표 용어, 양식, 회계처리방식을 규정하고 있다. 우리나라는 1997년 12월 이후 겪게 되었던 금융-외환위기를 계기로 회계정보와 회계기준의 투명성에 대한 국제사회의 요구를 재인식하게 되었다. 이후 여러 가지 회계제도의 개혁을 추진하였으며 1999년에 정부로부터 기업회계기준의 제정권을 위탁받은 민간회계기준제정기구인 한국회계기준원을 설립하였다.

현재 우리나라는 권위 있는 회계기준 제정 기구에 의하여 공식적으로 발표된 3가지의 회계기준이 있다. 한국채택국제회계기준(K-IFRS, Korean International Financial Reporting Standards), 일반기업회계기준, 중소기업회계기준이 있다. 개별기업은 근거 법률에 따라 세 가지 회계기준 중 하나를 적용하여 회계정보를 생산하여야 한다.

함께 읽어보기

공인회계사 시험제도

공인회계사 시험제도는 1차 시험과 2차 시험으로 시행된다.

- 시험과목
  - 1차시험과목: 회계학, 경제원론, 세법개론, 경영학, 상법, 영어
  - 2차시험과목: 재무회계. 원가회계, 회계감사, 재무관리, 세법
  - 영어시험은 TOEFL기준 700점 이상 취득한 성적으로 대체한다.
- 시험형식
  - 1차시험은 객관식이며 주로 2월말에 시행되며 합격입원은 약 3천명이다.
  - 2차시험은 1차합격자에 한하여 응시할 수 있고 주관식시험이다. 주로 6월말에 시행되며 합격인원은 약 1천명이다. 2차과목은 과목별 부분합격제로서 2년 동안 응시할 수 있다.

제3절 우리나라 회계기준체계

3.1 회계기준을 규제하는 법률

「주식회사 등의 외부감사에 관한 법률(외감법)」은 외부감사를 받는 회사의 회계처리와 외부감사인의 회계감사에 관하여 필요한 사항을 정함으로써 이해관계인을 보호하고 기업의 건전한 경영과 국민경제의 발전에 이바지함을 목적으로 시행되고 있다(법 제1조). 이 법률은 이해관계자가 많은 기업을 대상으로 공인회계사의 외부감사를 의무화한 것으로, 적용 대상은 회사의 성격이나 직전 사업연도 말의 자산, 부채, 종업원 수 또는 매출액 등을 기준으로 결정한다(법 제4조, 시행령 제5조). 즉 주권상장법인이나 주권상장법인이 되려는 회사와 직전 사업연도 말의 자산, 부채, 종업원 수 또는 매출액 등이 일정 수준 이상인 회사의 경우 이해관계자가 많기 때문에 그들을 보호하기 위해 엄격한 회계기준을 적용할 필요가 있는 것이다.

우리나라의 모든 상거래와 회사의 법률관계를 광범위하게 규정하는 법률은 상법이다. 상법에서는 회사의 회계는 상법과 상법시행령에서 규정한 것을 제외하고는 일반적으로 공정하고 타당한 회계 관행에 따르도록 규정하고 있다(제446조의2). 상법시행령에서 규정한 것으로는 ① K-IFRS와 「일반기업회계기준」 ② 「공기업 · 준정부기관의 회계기준」, ③ 「중소기업회계기준」 등이 있다(제15조). 이 중에서 어떤 회계기준을 적용할 것인지에 관한 내용을 정리하면 [표 8-2]와 같다.

표에 나타난 바와 같이, 비영리조직이 아니라면 먼저 외감법의 적용 대상인지를 판단해야 한다. 외감법 적용 대상 기업이면 다시 K-IFRS을 의무 적용해야 하는지 아니면 선택 적용할 수 있는지를 판단해야 한다. 즉, 주권상장법인이나 주권상장법인이 되려는 회사이거나 금융회사는 K-IFRS를 의무적으로 적용해야 하며, 그 이외의 회사는 K-IFRS와 일반기업회계기준 중에서 선택하면 된다. 외감법의 적용 대상이 아닌 기업이라면 중소기업회계기준을 적용하면 된다.

〈표 8-2〉 회계기준의 적용

<table>
<tr><th>구 분</th><th>구분 기준</th><th>적용 기준</th></tr>
<tr><td rowspan="2">외감법 적용
대상 기업</td><td>K-IFRS 의무 적용
① 주권상장법인
② 주권상장법인이 되려는 주식회사
③ 금융지주회사, ④ 은행
⑤ 투자매매업사, 투사중개업사, 집합투사업자, 신탁업자 및 종합금융회사
⑥ 보험회사, ⑦ 신용카드업자</td><td>K-IFRS</td></tr>
<tr><td>K-IFRS 선택 적용</td><td>K-IFRS 또는
일반회계기준</td></tr>
<tr><td>외감법 적용
대상이 아닌 기업</td><td></td><td>중소기업회계기준</td></tr>
<tr><td rowspan="2">비영리조직</td><td>「공공기관의 운영에 관한 법률」의 적용을 받는 공기업 · 준정부기관</td><td>공기업·준정부기관
회계기준</td></tr>
<tr><td>기타 비영리조직</td><td>비영리기관회계기준
(자발적 적용)</td></tr>
</table>

비영리조직일 경우 공기업이나 준정부기관이면 「공공기관의 운영에 관한 법률」에 따라 「공기업 · 준정부기관 회계기준」을 적용하고, 그렇지 않을 경우 회계기준위원회가 발표한 「비영리기관회계기준」을 적용할 수 있다. 「비영리기관회계기준」은 비영리조직의 회계를 투명하게 하여 비영리조직이 사회적 보고책임을 충실히 이행하도록 만든다. 이는 사회적 요구에 부응하여 기부문화의 활성화를 위해 회계기준위원회가 제정한 기준이다. 그러나 법률에 따라 의무적으로 적용되는 회계기준이 아니므로 실제 적용은 비영리조직의 자발적 선택에 맡겨져 있다.

앞에서 언급한 각종 법률과 회계기준은 다음 사이트에서 검색할 수 있다.

각종 법률: 국가법령정보센터(https://www.law.go.kr/LSW/main.html)

회계기준: 한국회계기준원(https://www.kasb.or.kr/) 단, 「공기업·준정부기관 회계기준」은 국가법령정보센터에서 관련 법률 검색으로 가능

3.2 한국채택국제회계기준(K-IFRS)

우리나라 상장기업은 2011년부터 국제회계기준인 한국채택국제회계기준(K-IFRS)를 적용해 오고 있다. 한국채택국제회계기준(K-IFRS)은 우리나라의 회계투명성에 대한 국제적 신뢰도를 높이고 글로벌 기업에 대한 비교가능성을 높이는 역할을 하고 있다고 평가된다.

한국채택국제회계기준(K-IFRS)은 회계기준위원회가 국제회계기준을 근거로 제정한 회계기준이다. 국제회계기준을 한국어로 번역한 것이며 국제회계기준의 형태를 따른다. 한국채택국제회계기준(K-IFRS)는 기업회계기준서 및 기업회계기준해석서로 구성되어 있다.

'기업회계기준서'[1]는 원칙적으로 목적, 적용범위, 회계처리방법, 공시, 부록 등으로 구성된다. 기준서의 각 문단은 해당 기준서의 목적과 결론도출근거, '재무보고를 위한 개념체계'(이하 '재무회계개념체계'라 한다) 등을 바탕으로 이해하여야 한다.

재무회계개념체계란 외부이용자들을 위한 재무제표의 작성과 표시에 있어 기초가 되는 개념을 정립하기 위한 것이다. 재무회계개념체계는 기업실체의 재무보고 목적을 분명하게 확정하고 이를 달성하기 위한 기초개념을 제공하는 것을 목적으로 한다. 재무회계는 내·외부정보이용자를 위하여 기업실체의 거래를 인식, 측정, 기록하고 재무제표를 작성하는 것을 목적으로 하는 재무정보의 산출 및 보고절차이다. 재무회계개념체계는 재무보고의 핵심적 수단인 재무제표에 관한 기초 개념에 중점을 두며, 기업회계기준의 제정 또는 개정에 대한 일관성 있는 근거지침을 제공하고 재무제표 이용자의 해석에 도움을 주는 역할을 한다.

'기업회계기준해석서'[2]는 기업회계기준서에서 명시적으로 언급되지 않은, 새

---

1) 한국채택국제회계기준(K-IFRS)을 구성하는 기업회계기준서와 기업회계기준해석서를 구분하기 위해 주제별로 번호체계를 달리한다. 기업회계기준서의 일련번호는 국제회계기준(IAS: International Accounting Standard) 및 국제재무보고기준(IFRS: International Financial Reporting Standard)의 일련번호에 근거하여 부여한다. 국제회계기준(IAS)에 대응하는 기업회계기준서의 일련번호는 1001호부터 1099호까지를 사용하고 국제재무보고기준(IFRS)에 대응하는 기업회계기준서의 일련번호는 1101호부터 1999호까지 사용한다.

2) 기업회계기준해석서의 일련번호는 국제회계기준해석(SIC) 및 국제재무보고기준해석(IFRIC)의 일련번호에 근거하여 부여한다. 국제회계기준해석(SIC)에 대응하는 기업회계기준해석서의 일련번호는 2001호부

롭게 인식된 재무보고문제에 대하여 지침을 제공한다. 또한 구체적인 지침이 없다면 잘못 적용될 수 있는 내용에 대한 권위 있는 지침을 제공한다.

K-IFRS의 특징은 다음과 같다.[3)]

첫째, K-IFRS는 개념체계에 근거하여 일반원칙을 강조하는 접근방식(principle based approach)인 원칙중심의 회계기준이다. 따라서 일률적으로 적용가능한 단편적, 계량적 판단기준을 제시하기 보다는 회계기준의 근간이 되는 원리와 판단근거를 제시하므로 원칙과 경제적 실질에 기초한 전문가적 판단이 중요하다.

둘째, 종전의 회계기준이 개별재무제표 중심이었으나 K-IFRS에서는 연결재무제표가 주재무제표이다. 즉, 연결재무제표 중심의 회계기준이다. 따라서 종속기업이 있는 지배기업은 연결재무제표를 주재무제표로 작성 공시해야 한다.

셋째, 종전의 회계기준이 역사적 원가주의를 원칙으로 하였으나 K-IFRS는 공정가치회계(fair value accounting)를 확대 적용한다. 과거의 회계기준에서는 공정가치를 부분적으로 도입하였으나 K-IFRS에서는 투자부동산, 유・무형자산, 확정급여채무 등에도 확대 적용한다.

넷째, K-IFRS에서는 공시를 강화한다. 즉, 개별기업의 경제환경, 거래내용, 경제적 상황 등 의사결정이나 판단에 영향을 미칠 수 있는 세부사항에 대하여 상세한 공시를 중시한다.

3.3 일반기업회계기준

일반기업회계기준은 2011년 1월 1일부터 시행되고 있다. 일반기업회계기준은 외감법 적용대상기업 중 한국채택국제회계기준(K-IFRS)에 따라 회계처리하지 아니하는 기업의 회계와, 감사인의 감사에 통일성과 객관성을 부여하기 위하여 해당 기업의 회계처리 및 보고에 관한 기준을 정함을 목적으로 한다.

우리나라는 1999년 독립적인 민간기구인 회계기준위원회가 설립된 이후 일

터 2099호까지를 사용하고 국제재무보고기준해석(IFRIC)에 대응하는 기업회계기준해석서의 일련번호는 2101호부터 2999호까지 사용한다.

3) 회계기준위원회, 회계기준 60년 변천사, 47~48쪽

반기업회계기준을 제정하여 시행하고 있다. 회계기준위원회가 활동하기 이전 우리나라의 기업회계기준은 형식과 내용 면에서 국제적인 회계기준과 다소 차이점이 있었다. 기업회계기준의 형식이 기준서 형태가 아닌 법조문 형식으로 제정되어 왔으며, 특정 회계문제가 발생하여 수정이 필요한 경우에는 해당 부분을 수정하여 개정된 기업회계기준으로 공표하는 방식을 취해 왔다. 따라서 회계기준에 대하여 일관성의 결여, 자의적 해석의 여지, 정부의 규제 지향적 의지가 반영된 기업회계기준 제정 등 여러 가지 문제점을 안고 있었다. 이러한 문제점을 극복하고자 기업회계기준의 제정과 해석 및 회계분쟁에 대한 기본적 준거를 제공하기 위하여 회계기준위원회는 재무회계개념체계[4)]를 제정하였다. 한국채택국제회계기준(K-IFRS)의 재무회계개념체계를 바탕으로 하여 우리나라의 재무보고환경의 특수성을 고려하였다.

현재 일반기업회계기준에는 한국채택국제회계기준(K-IFRS)과 달리 별도의 일련번호를 부여하지 않았다. 일반기업회계기준은 각 주제별로 별도의 장으로 구분되고, 각 장은 본문과 부록으로 구성되며, 문단식 구조를 채택하고 있다. 각 문단은 각 장의 목적 및 결론도출근거와 '재무회계개념체계' 등을 배경으로 이해하여야 한다.

---

4) 일반기업회계기준에서 규정하고 있는 재무회계개념체계의 목적은 아래와 같다.

①회계기준제정기구가 회계기준을 제정 또는 개정함에 있어 준거하는 재무회계의 개념과 개념의 적용에 관한 일관성 있는 지침을 제공한다.

②재무제표의 이용자가 회계기준에 의해 작성된 재무제표를 해석하는데 도움이 되도록 재무제표 작성에 기초가 되는 기본가정과 제 개념을 제시한다.

③재무제표의 작성자가 회계기준을 해석·적용하여 재무제표를 작성·공시하거나, 특정한 거래나 사건에 대한 회계기준이 미비된 경우에 적용할 수 있는 일관된 지침을 제공한다.

④외부감사인이 감사의견을 표명하기 위하여 회계기준 적용의 적정성을 판단하거나, 특정한 거래나 사건에 대한 회계기준이 미비된 경우 회계처리의 적정성을 판단함에 있어서 의견형성의 기초가 되는 일관된 지침을 제공한다.

한편, 한국채택국제회계기준(K-IFRS)에서 규정하고 있는 재무회계개념체계의 목적은 아래와 같다.

①한국회계기준위원회가 일관된 개념에 기반하여 한국채택국제회계기준(K-IFRS)을 제·개정하는 데 도움을 준다.

②특정 거래나 다른 사건에 적용할 회계기준이 없거나 회계기준에서 회계정책 선택이 허용되는 경우에 재무제표 작성자가 일관된 회계정책을 개발하는 데 도움을 준다.

③모든 이해관계자가 회계기준을 이해하고 해석하는 데 도움을 준다.

일반회계기준을 적용하는 회사는 한국채택국제회계기준(K-IFRS)을 적용해야 하는 기업에 비해 상대적으로 규모나 회계인력이 작은 회사이다. 이를 고려하여 일반기업회계기준은 한국채택국제회계기준(K-IFRS)에 비해 간략하고 구체적으로 규정되어 있다. 예를 들면 원칙중심의 한국채택국제회계기준(K-IFRS)은 재무제표에 포함할 최소한의 항목을 예시하고 있는 반면 일반기업회계기준은 구체적인 재무제표 양식을 제시하고 있다.

3.4 중소기업회계기준

중소기업회계기준은 2014년 1월 1일 이후 최초로 시작되는 회계연도부터 적용하고 있다. 주식회사가 적용할 수 있는 회계기준은 한국채택국제회계기준(K-IFRS)과 일반기업회계기준이 있으나 외감법 대상이 아닌 중소기업은 위 회계기준을 적용하는 것이 복잡하고 부담이 크다는 지적이 있어 왔다.

중소기업회계기준은 중소기업의 회계처리 부담 완화와 이해관계자에게 유용한 정보를 제공한다는 비교적 상반될 수 있는 두 가지 목적을 적절히 조화시키기 위해 마련된 회계기준이다.

재무회계는 특정 집단의 이해관계에 치우치지 않는 일반 목적의 재무정보를 다양한 정보이용자에게 제공할 수 있어야 한다. 다만, 외부감사 대상이 아닌 주식회사는 그 정보이용자가 비교적 적고, 회계처리의 대상이 되는 거래 자체가 단순한 경우가 대부분이며, 회계처리 능력도 충분하지 못한 경우가 많아 이러한 회사가 적용하는 회계기준은 내용이 단순하고 적용하기 쉽도록 제정할 필요성이 있다.

중소기업회계기준은 일반기업회계기준과의 일관성을 유지하되, 회계정보의 유용성을 크게 떨어뜨리지 않는 범위에서 회계처리의 단순화와 법인세법 등과의 조화를 원칙으로 하여 제정되었다. 중소기업회계기준은 외부감사 대상이 아닌 주식회사를 대상으로 하므로, 비교적 규모가 작은 회사에 일반적으로 발생하는 거래 등에 적용되는 회계기준을 중심으로 구성되었다. 일반기업회계기준에 비해 상대적으로 간략하고 쉽게 이해할 수 있다.

제4절 과거 회계역할에 대한 반성

4.1 기업의 분식회계

1997년 11월 21일, IMF에 구제 금융을 요청하면서 우리나라는 대혼란에 빠져들었다. 환율은 급격히 올라가고, 한보철강을 필두로 수많은 기업이 도산하였으며, 실업률도 급증하여 수많은 근로자가 일자리를 잃었다. 이 지경에 이른 원인은 외환 보유 관리와 환율정책 실패, 금융기관의 부실 경영, 정경유착으로 인한 부실 대출 등이라는 주장이 있다. 이 중에서 부실대출의 가장 큰 원인은 정경유착에 있음이 분명하지만 다른 측면에서 보면 회계기준의 중요성을 무시한 결과라 할 수 있다.

외환위기 전에는 분식회계를 통해 재무상태와 경영성과가 양호한 것처럼 허위보고 하는 부실기업이 허다하였다. 일반적으로 투자자는 기대수익과 위험을 분석하여 투자하는데, 우량기업으로 위장한 기업의 재무보고서를 바탕으로 부실기업의 위험을 과소평가하고 지급 보증을 한 은행이 많았으며 한보그룹의 도산으로 그 실상이 드러나기 시작하였다. 그 결과 은행과 투자자들이 투자액을 회수하지 못한 채 도산함에 따라 자본거래가 어려워지고, 이에 따라 실물경제가 급격히 위축되어 줄도산이 이어졌으며, 외국자본이 빠져나가 외환위기를 겪게 된 것이다.

외환위기의 어려움을 당할 때까지 상당히 많은 기업이 자신의 재무상태와 경영성과를 적정하게 보고하지 않았다. 회계는 우량기업으로 위장하려는 부실기업이 선택한 화려한 옷과 화장품이라는 치욕적 수단으로 전락하였으며, 이러한 과오가 외환위기를 자초한 것으로 볼 수 있다. 회계가 보다 풍요로운 사회를 건설하고 보다 건전한 사회발전에 기여해야 함에도 불구하고 그러하지 못했던 것이다.

4.2 회계기준 제정기관의 분식 조장

외환위기 이전의 우리나라 기업의 분식회계 욕구는 말할 필요조차 없지만 정부도 노골적으로 분식회계를 조장한 것으로 볼 수 있다. 1974년 7월에 대통령령으로 공포된 「상장법인 등의 회계처리에 관한 규정」이 가장 중요한 회계기준의 역할을 담당하게 되었다. 그러나 1975년 11월에 재무부는 한국공인회계사회장 앞으로 공문(증이 1224-1852)을 보내 기업이 퇴직급여충당금(퇴직급여충당부채), 대손충당금, 특별상각, 탐광준비금 등을 법인세법 규정에 따라 회계 처리한 경우 적정한 것으로 보고 감사의견을 표명하라고 요구하였으며, 이 공문은 1975년부터 1984년까지 대통령령으로 공포된 법률의 적용을 배제하는 기상천외한 상황이 벌어졌다.

뿐만 아니라 1990년에 종합주가지수가 급격히 하락하자 유가증권평가손실을 계상하지 않도록 기업회계기준을 개정하였다. 1997년의 IMF 구제금융 신청의 혼란에도 불구하고 같은 해 12월 중순에 기업회계기준을 개정하여 급격한 환율변동에 따른 외화환산손실을 손실로 계상하지 않고 자산으로 계상할 수 있도록 함으로써 분식회계를 조장하였다. 이러한 과오가 온 국민에게 고통을 안겨준 비극의 원인 중의 하나로 볼 수 있다.

함께 읽어보기

550억 달러의 빚을 진 경제국치의 날

김수환 추기경의 십자가 목걸이도 금 모으기에 보태져

1997년 11월 21일 임창열 경제부총리가 충격적인 특별 기자회견을 가졌다. 우리 정부는 국제 통화기금(International Monetary Fund, IMF)에 자금 지원을 요청하기로 공식적으로 결정하였다는 내용이었다. 나라의 빚이 총 1,500억 달러가 넘는데, 우리가 가진 외화는 40억 달러에도 미치지 못한다는 설명이 뒤따랐다. 뒤이어 12월 3일 우리나라는 IMF로부터 210억 달러의 구제금융을 승인받았다. 더불어 국제부흥개발은행(International Bank for Reconstruction and Development, IBRD)이 100억 달러, 아시아개발은행(Asian Development Bank, ADB)이 40억 달러를 지원하기로 하여 총 350억 달러의 국제기관의 지원이 결정되었다. 다음날인 12월 4일 긴급히 55억 달러가 공수되었다. 그리고 미국, 일본, 독일, 프랑스, 영국, 캐나다, 호주에서 추가로 200억 달러가 지원되어 총 550억 달러를 지원받았다. 우리는 국제적으로 550억 달러의 빚을 진 채무국가가 된 것이었다.

이로써 간신히 국가 부도 사태는 면했지만, IMF는 우리나라에 가혹한 경제 구조조정을 요구 했다. 기업들이 무너지고 은행들이 도산했다. 수많은 주식들이 휴지 조각이 됐고, 일자리를 잃고 가족에게 알리지 못해 양복을 입은 채 산에 갔다가 퇴근하는 가장들의 '등산출근 현상'이 언론에 보도되기도 했다. 국민들은 달러가 없어 나라가 부도날 수도 있다는 것에 충격을 받았다.

이 때, 정확한 시발점은 알 수 없으나 대한제국기의 국채보상운동처럼 '금 모으기 운동'이 일어났다. 금은 곧 달러처럼 쓸 수 있으니, 장롱 속에 잠자고 있는 금을 모아 나라 빚을 갚자는 것이었다. 이렇게 확산된 '외채 상환 금모으기 운동'은 1998년 1월부터는 KBS 방송국의 '금 모으기 캠페인'이 시작되면서 전 국민이 보상과 헌납의 방식으로 금을 모으기 시작하였다. 결혼반지와 돌반지가 나왔고, 운동선수들은 금메달을 내놨다. 김수환 추기경도 금으로 된 자신의 십자가를 내놨다. 부모의 등에 업혀온 코흘리개 아이부터 백발의 어르신까지 수백 만의 국민이 금모으기에 동참하기 위해 길게 줄을 섰다. 위안부 피해 할머니들도 금반지를 내놨고 재외동포들까지도 합세했다. 그렇게 온 국민이 모은 금이 석 달 동안 227톤으로 18억 달러 어치, 현재 기준으로 2조 5천억 원어치였다. 금모으기에 동참한 사람 숫자만 약 351만 명이었다. 금모으기운동은 실제적으로 외환위기 탈출의 발판이 되기도 했으나, 하루 속히 나라 빚을 갚고 금융위기를 극복하자는 국민들의 단결력을 보여준 사례로, 외국인들에게는 '불가사의한 한국인의 힘'의 하나로 인상에 남았다. 2015년 8월 한 방송사(MBC)에서 '광복 70주년 대국민 의식조사'를 했는데 광복 이후 가장 자랑스러웠던 순간은 '월드컵 4강 진출'이었고, 그 다음이 1988년 올림픽 개최, 세 번째가 'IMF 극복, 금모으기 운동'으로 꼽혔다.

함께 읽어보기 IMF가 몰고 온 쓰나미가 휩쓸고 간 자욱

IMF 사태로 인해 15대 대선에서 정권 교체가 일어났고, 1998년 우리의 경제성장률은 -6.9%를 기록했다. 국민생활에 밀접한 변화로는 프로야구나 프로배구 등도 팀이 해체되고, 과자 등 식료품 가격이 크게 인상됐다. 요식업계에는 IMF국밥 등 IMF 수식어를 단 염가메뉴들이 생겨나는가 하면, 취업에 대한 국민들의 인식도 바뀌게 되었다. 기존에는 공무원은 대기업에 비해 급여가 적어 인기가 없었으나, 하루아침에 구조조정을 당해 대량 해고 사태를 겪는 대기업 사원을 보면서 안정된 직장의 공무원이 인기를 끌게 되었다.

돌이켜보면 IMF에 구제금융 요청을 하기까지에는 세계 경제의 흐름을 제대로 읽지 못한 우리의 미숙함이 있었다. 1994년 우리나라 경제는 지속적이고 안정적으로 발전하는 상태였고, 여러 가지 경제지표도 좋은 편이어서 외환보유량을 거의 바닥까지 낮춰도 큰 위험이 없으리란 판단 하에 보유하고 있던 외환을 아무 걱정 없이 쓰고 있었다. 그러나 1997년 태국부터 홍콩, 말레이시아, 필리핀, 인도네시아 등 동남아시아의 연쇄적 외환위기가 닥쳤다. 특히 태국과 인도네시아에는 국내의 제조업체들도 많이 진출해 있었고 은행, 종합금융사들도 진출해 있었다. 국제금융시장에서 3개월짜리 단기대출을 얻어 1년 이상 장기대출을 해주고 2~3%의 이자차익을 누리고 있었던 것이다. 그런데 동남아 외환위기로 외자조달이 중단되었고, 대출회수는 불가능해졌다. 외국 금융회사의 부채상환 독촉에 몰린 종금사들은 국내에서 대출을 회수해 외채를 상환하기 시작했다. 그 결과 외환보유고가 고갈되어 대외지급불능상태(Moratorium)에 빠지는 중대한 위기에 처하고 말았던 것이다. 당시 정부는 종금사들이 동남아 시장에서 어떤 영업행위를 하는지, 대출규모가 얼마인지 파악조차 못하고 있었다.

재정경제부에서 펴낸 IMF 체제 극복의 목표와 과제를 살펴보면, 기업 구조 관련 5대 개혁과제 중에서 첫 번째 과제가 기업경영의 투명성 제고를 위한 기업집단 결합재무제표의 조기 도입과 외부감사인 및 회계업무 담당자에 대한 벌칙의 상향 조정이었다.

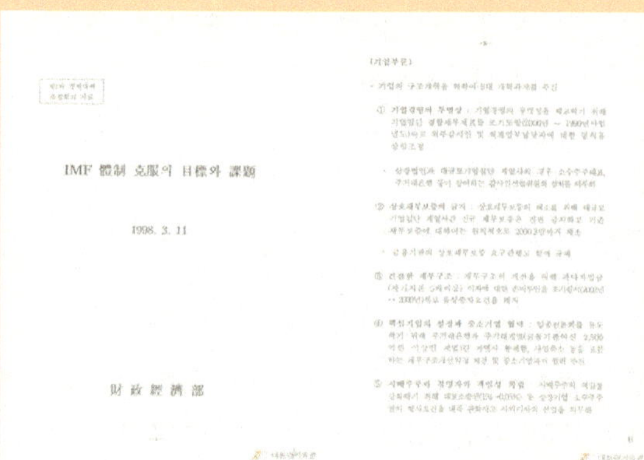
IMF 體制 克服의 目標와 課題

1998. 3. 11

財政經濟部

함께 읽어보기

IMF의 상환국에서 지원금을 주는 나라로!

1998년 2월 들어선 김대중 정부는 IMF의 개입을 전면적으로 받아들이고 경제개혁에 착수했다. '외환위기'때 39억 달러까지 떨어졌던 외환보유액은 이듬해인 1998년 말 520억 달러로 증가했다. 1998년 12월 IMF 긴급 보관 금융에 18억 달러를 상환한 것을 계기로 우리나라는 금융 위기로부터 서서히 벗어나갔다. 우선 단기성 고금리 차입금인 보완준비금융(SRF) 135억 달러를 1999년 9월에 조기 상환하였고, 60억 달러의 대기성차관자금(SBL)을 2001년 1월부터 상환하기 시작하였으며, 같은 해 8월 23일 1억 4,000만 달러를 최종 상환하였다. 이로써 2004년 5월까지 갚도록 예정되어 있던 국제통화기금 차입금 전액인 195억 달러를 조기에 상환하였는데, 이는 구제금융을 신청한 지 3년 8개월 만으로, 당초 예정보다 3년 가까이 앞당겨 국가채무를 정리한 것이다. (출처: 국가기록원, 기록으로 만나는 대한민국)

연습문제

01. 자본주의 경제에서 기업에게 자금을 공급하는 자가 기업에 대한 회계정보를 왜 필요로 하는지에 대해 설명하시오.

02. 일반적으로 인정된 회계원칙(GAAP, generally accepted accounting principles)에 대해 설명하시오.

03. 일반적으로 인정된 회계원칙의 특징을 기술하시오.

04. 우리나라의 회계기준 체계에 대해 설명하시오.

05. 국제회계기준(IFRS)의 특징을 설명하시오.

06. 다음 중 일반기업회계기준상 회계의 목적에 대한 설명으로 가장 거리가 먼 것은? [전산회계 2급, 106회]

① 미래 자금흐름 예측에 유용한 회계 외 비화폐적 정보의 제공
② 경영자의 수탁책임 평가에 유용한 정보의 제공
③ 투자 및 신용의사결정에 유용한 정보의 제공
④ 재무상태, 경영성과, 현금흐름 및 자본변동에 관한 정보의 제공

07. 다음 중 일정기간 동안 기업의 경영성과를 나타내는 재무보고서의 계정과목으로만 짝지어진 것은? [전산회계 2급, 106회]

① 매출원가, 외상매입금　　② 매출액, 미수수익
③ 매출원가, 기부금　　④ 선급비용, 기부금

08. 다음 중 재무상태표가 제공할 수 있는 재무정보로 올바르지 않은 것은? [전산회계 1급, 106회]

① 타인자본에 대한 정보　　② 자기자본에 대한 정보
③ 자산총액에 대한 정보　　④ 경영성과에 관한 정보

09. 다음 중 일반기업회계기준에서 규정하고 있는 재무제표가 아닌 것은? [전산회계 2급, 105회]

① 합계잔액시산표 ② 재무상태표
③ 손익계산서 ④ 주석

10. 다음 중 일정 시점의 재무상태를 나타내는 재무보고서의 계정과목으로만 짝지어진 것이 아닌 것은? [전산회계 2급, 105회]

① 보통예금, 현금 ② 선급비용, 선수수익
③ 미수수익, 미지급비용 ④ 감가상각비, 급여

11. 다음 중 기업 결산일의 경영성과를 나타내는 재무보고서의 계정과목에 해당하는 것은? [전산회계 2급, 104회]

① 예수금 ② 기부금
③ 선급비용 ④ 미지급비용

12. 다음 중 재무상태표에 대한 설명으로 옳지 않은 것은? [전산회계 2급, 104회]

① 일정한 시점의 재무상태를 나타내는 보고서이다.
② 기초자본과 기말자본을 비교하여 당기순손익을 산출한다.
③ 재무상태표 등식은 '자산=부채+자본'이다.
④ 자산과 부채는 유동성이 낮은 순서로 기록한다.

13. 다음 중 손익계산서의 영업이익에 영향을 미치는 것은? [전산회계 2급, 104회]

① 기부금
② 차입금에 대한 이자 지급액
③ 판매촉진 목적으로 광고, 홍보, 선전 등을 위하여 지급한 금액
④ 유형자산을 장부가액보다 낮은 가격으로 처분하여 발생한 손실 금액

14. 다음 중 재무회계에 대한 설명으로 옳지 않은 것은? [FAT 2급, 57회]

① 외부 이해관계자를 제외한 경영자에게 유용한 정보를 제공하기 위한 것이 목적이다.

② 재무제표의 작성과 표시에 대한 책임은 경영자에게 있다.

③ 일정 시점의 재무상태를 나타내는 정태적보고서는 재무상태표이다.

④ 재무제표는 재무상태표, 손익계산서, 현금흐름표, 자본변동표로 구성되며 주석을 포함한다.

15. 다음 중 재무회계에 대한 설명으로 옳지 않은 것은? [FAT 2급, 56회]

① 재무제표의 작성과 표시에 대한 책임은 경영자에게 있다.

② 현금흐름표는 재무제표에 해당하지 않는다.

③ 일반적으로 인정된 회계기준에 따라 작성되어야 한다.

④ 재무보고의 주된 목적은 투자 및 신용의사결정에 유용한 정보를 제공하는 것이다.

연습문제해답

1장 회계와 사회

5. ③　6. ①

2장 회계의 기초개념

2. ①　3. ②　4. ④　5. ②　6. ④

7. (1) ⑤　(2) ⑥　(3) ③　(4) ⑨　(5) ⑧

8. ②　9. ①　10. ④　11. ②　12. ②　13. ①

14. ② 2,700,000원 = 임대료 수령액 3,600,000원 - 차기분 임대료 900,000원

15. ② 검증가능성에 대한 설명임.

16. ① 자산(외상매출금) 과소계상 및 수익(상품매출) 과소계상

3장 재무제표의 기본요소

1. (1) ⑥　(2) ②　(3) ⑨　(4) ⑧

2. (1) ③　(2) ①　(3) ⑦　(4) ⑧　(5) ⑨

3. ③　4. ④　5. ④

6. ① (가) 유동자산, (나) 유동부채

7. ③ 판매 목적의 취득은 재고자산으로 영업활동 목적의 취득은 유형자산으로 처리한다.

8. ④　9. ④　10. ④　11. ③　12. ③　13. ②　14. ④　15. ④　16. ①

17. ② 회사가 판매를 위하여 보유하고 있는 자산은 재고자산(상품)이다.

18. ②　19. ③

20. ④ 무형자산을 최초로 인식할 때에는 원가로 측정한다.

21. ③ 일정기간 동안 기업의 경영성과에 대한 정보를 제공하는 재무보고서는 손익계산서로, 매출원가는 영업비용이고, 기부금은 영업외비용이다.

22. ③　23. ④　24. ④　25. ④

26. ① 기업주가 기업의 현금, 상품 등을 개인적으로 소비하는 것을 인출이라고 하며, 기업주의 인출이 자주 발생하는 경우 별도로 인출금 계정을 설정하여 처리할 수 있다. 기업주의 인출이 발생한 경우에는 인출금 계정 차변에 기입하였다가

기말 결산 시 인출금 계정 잔액을 자본금 계정에 대체한다.

27. ③ 임대보증금은 부채계정이다.
28. ③ 이익잉여금은 손익거래 결과이며, 나머지는 자본거래 결과이다.
29. ② 무형자산은 재화의 생산이나 용역의 제공, 타인에 대한 임대, 관리에 사용할 목적으로 기업이 보유하고 있으며, 물리적 실체는 없지만 식별할 수 있고, 기업이 통제하고 있으며, 미래 경제적효익이 있는 비화폐성자산으로, 소프트웨어는 무형자산에 해당한다.
30. ④ 이자비용은 영업외비용에 속한다.
31. (1) ① (2) ① (3) ⑤ (4) ④ (5) ② (6) ⑤ (7) ⑤ (8) ② (9) ⑤ (10) ①
32. ② 33. ④ 34. ②
35. ② 유동성이 높은 항목부터 배열하면 당좌자산 – 재고자산 – 유형자산 – 무형자산 순으로 나열한다.
36. ③
37. ④ 유동부채 : 단기차입금
38. (1) 180% (= 90,000/50,000)
    (2) 61.5% (= 139,000/226,000)
    (3) 40% (= 120,000/300,000)
    (4) 31,000원 (기초 이익잉여금 + 당기순이익 = 기말이익잉여금, x+30,000=61,000)
39. 판매비와관리비

4장 회계등식

1. ④
2. (1) 자산의 증가
   (2) 자본의 증가
   (3) 부채의 증가
3. ① 2,400원 ② 4,320원
4. (1) 13,300원
   (2) 7,600원
   (3) 1,500원
   (4) 3,600원 (x+2,000 – 800+1,500=6,300 x=3,600)
5. ④ 1,500,000원
   = 당기총비용 1,100,000원 + 당기순이익 400,000원
   · 당기순이익 : 기말자본 1,000,000원 – 기초자본 600,000원 = 400,000원
6. ④

7. ③ 5,700,000원

= 기말자산 11,000,000원 − 기말자본 5,300,000원

· 기초자본 : 기초자산 8,500,000원 − 기초부채 4,000,000원 = 4,500,000원

· 기말자본 : 기초자본 4,500,000원 + 증자 − 감자 + 당기순이익 800,000원 − 배당 = 5,300,000원

8. ③ 1,400,000원

= 기말부채 600,000원 + 기말자본 800,000원

· 당기순이익 : 총수익 1,500,000원 − 총비용 1,000,000원 = 500,000원

· 기말자본 : 기초자본 300,000원 + 당기순이익 500,000원 = 800,000원

9. ① 900,000원

= 기초자본금 1,000,000원 + 추가출자액 300,000원 + (총수익 400,000원 − 총비용 290,000원) − 기말자본금 510,000원

10. ③ 15,000,000원

= (기말자본금 70,000,000원 + 인출액 5,000,000원) − (기초자본금 50,000,000원 + 당기순이익 10,000,000원)

· 기말자본금 70,000,000원 + 인출액 5,000,000원 = 기초자본금 50,000,000원 + 당기순이익 10,000,000원 + 추가출자액 A

11. ② 직원을 채용하기로 한 것은 자산, 부채, 자본, 수익, 비용의 증감 변화를 가져오지 않으므로 회계상의 거래가 아닌 일반적인 거래에 해당한다.

12. ①

13. ① 수익이 증가하면 자산의 증가 또는 부채의 감소에 따라 자본의 증가

14. ③ 자산증가, 자본증가 · ①, ②, ④ 비용발생, 자산감소

15. ① 16. ② 17. ① 18. ③ 19. ② 20. ④ 21. ③

22. ① 450,000원

= 부채총액 600,000원 − 미지급금 150,000원

자산총계 : 보통예금 300,000원 + 외상매출금 700,000원 = 1,000,000원

부채총계 : 자산총계 1,000,000원 − 자본금 300,000원 − 이익잉여금 100,000원 = 600,000원

23. ④ 24. ④

25. 50,000원

26. 150,000원

27. 자산총계 3,055,000원 부채와 자본총계 3,055,000원 이익잉여금 자산총계 320,000원

28. ① 매출채권 144,000원 ② 자산총계 593,000원 ③ 단기차입금 19,500원
④ 매입채무 93,500원 ⑤ 자본금 340,000원 ⑥이익잉여금 100,000원

29. ① 130,000원 ②280,000원

30. (1) ① 소모품 900,000원 외상구입
② 토지 7,000,000원 현금구입
③ 영업활동 제공하고 2,300,000원 현금 수취
④ 영업비용 현금 지출 800,000원
⑤ 소모품 사용액 850,000원
⑥ 배당금 500,000원 지급
⑦ 부채 상환 위해 현금 지출 750,000원

(2) 6,750,000원 감소

(3) 150,000원 증가

(4) 650,000원

(5) 150,000원

31. (1)

	현 금	+	소모품	=	미지급금	+	자본금	+	이익잉여금
7/1	₩2,500,000						₩2,500,000		
7/3			₩220,000		₩220,000				
7/7	(625,000)								₩(625,000)
7/11	(170,000)				(170,000)				
7/15	2,850,000								2,850,000
7/20	(485,000)								(360,000)
									(125,000)
7/25	(200,000)								(200,000)
7/30	(750,000)								(750,000)
7/31			(70,000)						(70,000)
기말잔액	3,120,000		150,000		50,000		2,500,000		720,000

(2)

재무상태표

현 금	3,120,000	미지급금	50,000
소모품	150,000	자본금	2,500,000
		이익잉여금	720,000
합계	3,270,000	합계	3,270,000

손익계산서

임 차 료	625,000	용역매출	2,850,000
차량유지비	360,000		
잡 비	125,000		
광 고 비	200,000		
급 여	750,000		
소 모 품 비	70,000		
당기순이익	720,000		
합 계	2,850,000	합 계	2,850,000

32. 기초자본 ₩13,025,000 + 당기순이익 ₩10,225,000 - 배당금 ₩8,000,000 = 기말자본 ₩15,250,000

5장 거래의 기록

11. ④ 모두 옳다.

가. (차) 기계장치 100,000원(자산증가) (대) 보통예금 100,000원(자산감소)
나. (차) 현금 100,000원(자산증가) (대) 자본금 100,000원(자본증가)
다. (차) 보통예금 100,000원(자산증가) (대) 차입금 100,000원(부채증가)
라. (차) 외상매입금 100,000원(부채감소) (대) 현금 100,000원(자산감소)

12. ④ 잔액시산표 등식에 따라 기말자산과 총비용은 차변에 기말부채, 기초자본, 총수익은 대변에 잔액을 기재한다.

잔액시산표

안산㈜ 20x2.12.31. 단위 : 원

차변	계정과목	대변
100,000	현금	
700,000	건물	
	외상매입금	90,000
	자본금	720,000
	이자수익	40,000
50,000	급여	
850,000		850,000

13. ①

(차) 비품(자산증가) 1,500,000 원(대) 미지급금(부채 증가) 1,500,000 원 교환거래

14. ①

	거래요소의 결합관계	거래의 종류
①	자산의 증가 – 부채의 증가	교환거래
②	자산의 증가 – 자산의 감소	교환거래
③	부채의 감소 – 자산의 감소	교환거래
④	비용의 발생 – 자산의 감소	손익거래

15. ② 임대보증금과 임차보증금이 서로 바뀌었다.
16. ③ 순자산 변동이 없으므로 회계상 거래가 아니다.
17. ② 주요장부에는 총계정원장과 분개장이 있다.
18. ④ 혼합거래는 차변이나 대변의 한쪽 금액 일부가 수익 또는 비용이 나타나는 거래를 의미한다.

19. ③ 자본의 증가와 부채의 증가는 모두 대변에 기입되는 거래로 동시에 나타날 수 없다.
20. ① (차) 수수료비용 ××× (비용발생) (대) 미지급비용 또는 미지급금 ××× (부채증가)
21. ③ 상품을 매입하고 대금을 현금으로 지급한 것은 자산증가(상품)와 자산감소(현금)를 초래하는 회계상 거래이다.
22. ④ 회계상의 거래는 기업의 자산, 부채, 자본의 증감을 가져오거나 수익, 비용을 발생시키는 모든 활동을 말한다. 물품창고를 월 임차료 1,000,000원에 임차하는 계약을 체결한 것은 자산, 부채, 자본의 증감을 초래하지 않으므로 회계상의 거래가 아니다.
23. ④ 외상매출금은 일반적인 상거래에서 발생한 매출채권을, 미수금은 일반적인 상거래 외의 거래(유형자산 처분 등)에서 발생한 채권을 말한다.
24. ② 직원을 채용하기로 한 것은 자산, 부채, 자본, 수익, 비용의 증감 변화를 가져오지 않으므로 회계상의 거래가 아닌 일반적인 거래에 해당한다.
25. ③ 자산증가, 자본증가 ①, ②, ④ 비용발생, 자산감소
26. ③

(차)보통예금 1,000,000원(자산의 증가) (대) 단기차입금 1,000,000원(부채의 증가)

27. ①

① (차) 현금	100,000원	(대) 받을어음	100,000원
② (차) 보 통 예 금	200,000원	(대) 이자수익	200,000원
③ (차) 급여	2,000,000원	(대) 미지급비용	2,000,000원
④ (차) 복리후생비	500,000원	(대) 현 금	500,000원

28. ② 회계상의 거래는 기업의 자산, 부채, 자본의 증감을 가져오거나 수익, 비용을 발생시키는 모든 활동을 말한다. 종업원을 채용하고 근로계약서만을 작성한 것은 자산, 부채, 자본의 증감을 초래하지 않으므로 회계상의 거래가 아니다.
29. ④

(차) 현금 (자산의 증가) xxx (대) 매출채권(자산의 감소) xxx

30. ② 비용의 발생과 자산의 증가는 모두 차변에 기록된다
31. ④ (차)미수금 (대) 비품
32. ④ 위 거래에 대한 옳은 분개 내용은 (차) 차량유지비 80,000원 (대) 현 금 80,000원 오류 분개 결과 차량유지비 비용계정이 누락되고 차량운반구 자산계정이 증가하였으므로, 비용의 과소 계상 및 자산의 과대 계상이 나타난다.
33. ① 회계등식에 따라 차변에 기록되는 거래요소는 자산의 증가, 부채 및 자본의 감소, 비용의 발생이 되어야 한다.

34. ② 회계상 거래는 기업의 재무상태에 영향을 주고, 금액으로 추정할 수 있어야 한다. 상품구입계약체결은 기업의 재무상태에 영향을 미치지 않으므로 회계상 거래가 아니다.

35. ④ 회계상의 거래는 기업의 자산, 부채, 자본의 증감을 가져오거나 수익, 비용을 발생시키는 모든 활동을 말한다. 종업원을 채용한 것은 자산, 부채, 자본의 증감을 초래하지 않으므로 회계상의 거래가 아니다.

36. ④ (차) 미수금 ××× (대) 비품 ×××

37. ① (차) 여비교통비(비용의 발생) (대) 현금(자본의 감소)

38. ④ (차) 보통예금 3,000,000원(자산의 증가)
(대) 단기차입금 3,000,000(부채의 증가)

39. ④ 상품의 도난은 기업의 자산을 감소시키는 회계상 거래이다.

40. ②

① (차) 현금(자산의 증가) xxx (대)정기적금(자산의 감소) xxx
② (차) 장기차입금(부채의 감소) xxx (대)현금(자산의 감소) xxx
③ (차) 상품(자산의 증가) xxx (대)외상매입금(부채의 증가) xxx
④ (차) 급여(비용의발생) xxx (대)현금(자산의 감소) xxx

6장 회계순환과정의 완료

11. ① 결산 시 비용 계정과 수익 계정은 손익 계정으로 마감한다.

12. ② 2,700,000원 = 임대료 수령액 3,600,000원 - 차기분 임대료 900,000원
· 수령시점 : (차) 현금 3,600,000 원 (대) 임대료 3,600,000 원
· 기말결산 : (차) 임대료 900,000 원 (대) 선수수익 900,000 원

13. ① 자산 과소계상 및 수익 과소계상
· 아래의 올바른 회계처리가 누락되어 자산(외상매출금)과 수익(상품매출)이 과소계상된다.
20x2.12.26. (차) 외상매출금 (대) 상품매출

14. ② 1,180,000원 = 수정 전 당기순이익 1,000,000원 - 미지급이자 20,000원 + 선급보험료 200,000원

15. ④ (차) 이자비용 (대) 미지급비용

16. ③
① 비용의 이연, ② 수익의 계상, ③ 수익의 이연, ④ 비용의 계상

17. ③ 수정 후 당기순이익: 200,000원 + 20,000원 - 30,000원 = 190,000원

18. ① 단기차입금의 상환은 결산정리사항이 아니다.

19. ②

① (차) 선급보험료 ××× (대) 보험료 ××× (당기순이익 증가)

② (차) 이자수익 ××× (대) 선수수익 ××× (당기순이익 감소)

③ (차) 미수수익 ××× (대) 임대료수익 ××× (당기순이익 증가)

④ (차) 소모품 ××× (대) 소모품비 ××× (당기순이익 증가)

20. ② 20x3년 이자비용 = 10,000,000원 × 12% ×1월/12월

21. ① 수정 후 당기순이익 = 수정 전 당기순이익(1,000,000원) − 미지급 이자비용 (100,000원) − 임대료 선수분(300,000원) = 600,000원

22. ② 수정 후 당기순이익: 200,000원 + 20,000원 − 50,000원 = 170,000원

① (차) 이자비용 180,000원 (대) 미지급비용 180,000원

② (차) 이자비용 240,000원 (대) 미지급비용 240,000원

③ (차) 이자비용 180,000원 (대) 선급비용 180,000원

④ (차) 이자비용 240,000원 (대) 선급비용 240,000원

23. ① 미지급비용: 2,000,000원 × 12% × 9개월/12개월 = 180,000원

24. ②

20x2년 3월 1일 (차) 소모품비 200,000원 (대) 현금 200,000원
20x2년12월31일 (차) 소모품 50,000원 (대) 소모품비 50,000원

25. ③ (차) 선급비용 (대) 임차료

선급비용: 3,600,000원 × 4개월 /12개월 = 1,200,000원

26. ③ 당기에 현금을 수취하지 않았지만 당기의 수익으로 인식하는 계정과목은 미수수익이다.

27. ① 선수수익: 2,400,000원 × 5/12 = 1,000,000원

28. ③

<20×2년 12월 31일 회계처리>

(차) 선급비용 900,000원 (대) 보험료 900,000원

* 선급비용(20×3년분) = 1,200,000원 × 9개월/12개월 = 900,000원

29. ② 선수수익: 2,400,000원 × 7/12 = 1,400,000원

30. ① 소모품비 처리액 1,000,000원 − 사용액 800,000원 = 미사용액 200,000원 따라서 (차) 소모품 200,000원 (대) 소모품비 200,000원이다.

31. ①

32. ① 결산 후 당기순이익 = 100,000원 − 10,000원 − 20,000원 = 70,000원

33. ②

1 월 1일: (차) 소모품비 100,000원 (대) 현금 100,000원

12월 31일: (차) 소모품 20,000원 (대) 소모품비 20,000원

34. ③ (차) 선급비용 xxx (대) 임차료 xxx

35. ① '(차) 이자수익 (대) 선수이자'의 누락으로 부채의 과소계상, 수익의 과대계상이 나타난다.

36. ③ 가지급금은 금전의 지급이 있었으나 그 계정과목이나 금액이 확정되지 않았을 경우 사용하는 일시적 계정과목이므로 적절한 계정으로 대체하여 재무상태표에는 나타나지 않아야 한다.

7장. 재무제표

1. ② 2. ④ 3. ② 4. ④ 5. ③ 6. ④ 7. ② 8. ① 9. ④

10. ④ 당좌차월은 단기차입금, 받을어음은 매출채권에 해당한다.

11. ③ 차입금 지급이자와 기부금은 영업외비용에 해당한다.

12. ④ 유형자산처분손실은 영업외비용으로 영업이익에서 차감하므로 법인세비용차감전순손익 금액이 감소한다.

13. ④ 자기주식처분이익은 자본잉여금이고, 나머지 항목은 영업외수익이다.

14. ③ 기부금은 영업외비용으로 영업손익과 관련이 없다.

15. ③ 영업부 직원의 급여는 판매비와관리비에 해당하므로 영업손익에 영향을 미친다.
   · 기부금, 이자비용, 이자수익은 영업외손익이므로 영업손익에 영향을 미치지 않는다.

16. ② 1,180,000원
   =수정 전 당기순이익 1,000,000원 − 미지급이자 20,000원 + 선급보험료 200,000원

17. ①

18. ② 잉여금은 자본거래에 따라 자본잉여금, 손익거래에 따라 이익잉여금으로 구분한다.

19. ④

8장. 기업회계기준의 이해

6. ① [일반기업회계기준 재무회계개념체계 제2장 재무보고의 목적]
   · 투자 및 신용의사결정에 유용한 정보의 제공
   · 미래 현금흐름 예측에 유용한 (화폐적)정보의 제공
   · 재무상태, 경영성과, 현금흐름 및 자본변동에 관한 정보의 제공
   · 경영자의 수탁책임 평가에 유용한 정보의 제공

7. ③ 일정기간 동안 기업의 경영성과에 대한 정보를 제공하는 재무보고서는 손익계산서로, 매출원가는 영업비용이고, 기부금은 영업외비용이다.
8. ④ [일반기업회계기준 문단 2.44] 손익계산서는 일정 기간 동안 기업의 경영성과에 대한 정보를 제공하는 보고서이다. 손익계산서는 당해 회계기간의 경영성과를 나타낼 뿐만 아니라 기업의 미래현금흐름과 수익창출능력 등의 예측에 유용한 정보를 제공한다.
9. ① [일반기업회계기준 문단 2.4] 재무제표는 재무상태표, 손익계산서, 현금흐름표, 자본변동표로 구성되며, 주석을 포함한다.
10. ④ 일정 시점 현재 기업이 보유하고 있는 경제적 자원인 자산과 경제적 의무인 부채, 그리고 자본에 대한 정보를 제공하는 재무보고서는 재무상태표이다. 감가상각비와 급여는 손익계산서 계정과목으로 나머지 계정과목은 재무상태표 계정과목이다.
11. ② 기부금은 경영성과를 나타내는 손익계산서의 영업외비용 계정과목이다.
12. ④ [일반기업회계기준 문단 2.19] 자산과 부채는 유동성이 높은 항목부터 배열하는 것을 원칙으로 한다.
13. ③ 판매촉진 목적으로 광고, 홍보, 선전 등을 위하여 지급한 금액은 광고선전비로 판매비와관리비에 해당하며, 영업이익을 감소시킨다.
14. ① 재무회계의 목적은 외부 이해관계자에게 유용한 정보를 제공하는 것이다.
15. ② 현금흐름표도 재무제표에 포함된다.

찾아보기(INDEX)

저자소개

이중희(李重熙)

계명대학교 경영학과 및 대학원 회계학과 졸업
경북대학교 대학원 회계학과 졸업(경영학 박사)
University of Oregon, Visiting Scholar
공인회계사 시험위원
한국산업경영학회 상임이사, 편집위원장, 회장
한국회계학회 감사, 한국경영학회 이사, 부회장
한국경영교육인증원 감사, 이사
대구지방국세청 이의신청심의위원회 위원
국세청 자체평가위원회 위원
전국대학교부총장협의회 회장
계명대학교 경영대학장, 교무처장, 대학원장, 부총장
현) 계명대학교 명예교수, 대학평의원회 의장, 공인회계사

〈저서 및 역서〉

- 『한국의 전통회계와 내부통제시스템1』(공저), 민속원, 초판(2011).
- 『사업결합회계』, 경문사, 제6판(2014), 초판(1999).
- 『재무회계원리』(공저), 경문사, 제3판(2007), 초판(1999).
- 『회계와 사회』(공저), 명경사, 초판(2002).
- 『회계사상과 회계기준의 발전』(공저), 경문사, 초판(2002).
- 『재무회계』(공저), 경문사, 제3판(1999), 초판(1995).
- 『리스회계』, 경문사, 제2판(1996), 초판(1988).
- 『현대사회에 있어서 회계의 역할』(공저), 계명대 출판부, 초판(1993).
- 『회계원리』(공저), 경문사, 초판(1992).
- 『재무보고의 목적과 회계정보의 질적 속성』(공역), 계명대 출판부, 초판(1990).
- 『부기회계문제상해』(공저), 박영사, 초판(1987).
- 『효율적 자본시장과 회계정보』, 학문사, 초판(1981).

김영화

계명대학교 대학원(경영학 박사)
공인회계사, 세무사
현) 계명대학교 경영대학 세무회계학부 부교수
기재부 국세예규심사위원회 위원
조세심판원 비상임심판관

〈저서 및 역서〉

- 재산과 세금, 피엔씨, (2020)

김혜진

계명대학교 대학원(경영학 박사)
현) 계명대학교 경영대학 세무회계학부 조교수

〈저서 및 역서〉

- 예술로 풀어낸 회계; 마음으로 이해하기, 도서출판 청람, (2020 세종도서 선정)
- K-IFRS 회계원리, 경문사, (2019)
- 생활과 세금, 율곡출판사, (2023)

회계의 기본원리

2024년 2월 23일 초 판 1쇄 인쇄
2024년 2월 28일 초 판 1쇄 발행

저　　자 이중희 · 김영화 · 김혜진
발 행 자 한헌주
발 행 처 도서출판 경문사
서울특별시 서대문구 독립문로 21-9
전　　화 738-7035 팩스 722-4678
이 메 일 kmsp@korea.com
홈페이지 http://www.kmsp.co.kr
등　　록 1995년 11월 9일 제300-1995-138호

■ **정가 22,000원**　　ISBN 978-89-420-0946-6 93320